电子商务创业实训系列教材

# 电商直播

主 编 ◎ 王 健

清华大学出版社
北京

## 内 容 简 介

《电商直播》是一本针对中高职院校学生编写的教材,本书深入剖析了电商直播这一新兴商业模式,从理论到实践,全面展示了电商直播的魅力与潜力。本书介绍了电商直播的起源和发展背景,深入剖析了电商直播的核心要素和运营策略。从主播的选拔与培养、直播团队的组建、直播内容的策划与制作、观众互动与粉丝管理等方面,为读者提供了全面的电商直播运营指南。此外,重点分析了淘宝平台的电商直播实践,帮助读者更好地理解和应用电商直播策略。

本书可作为中高职院校电子商务专业的教学用书,也可作为相关企业的岗位培训和自学用书。

本书封面贴有清华大学出版社防伪标签,无标签者不得销售。
版权所有,侵权必究。举报:010-62782989,beiqinquan@tup.tsinghua.edu.cn。

图书在版编目(CIP)数据

电商直播 / 王健主编 . -- 北京:清华大学出版社,2025.2.
(电子商务创业实训系列教材). -- ISBN 978-7-302-68354-4

Ⅰ . F713.365.2

中国国家版本馆 CIP 数据核字第 2025W2K562 号

责任编辑:徐永杰
封面设计:汉风唐韵
责任校对:王荣静
责任印制:曹婉颖

出版发行:清华大学出版社
    网　　址:https://www.tup.com.cn,https://www.wqxuetang.com
    地　　址:北京清华大学学研大厦 A 座　　邮　编:100084
    社 总 机:010-83470000　　邮　购:010-62786544
    投稿与读者服务:010-62776969,c-service@tup.tsinghua.edu.cn
    质量反馈:010-62772015,zhiliang@tup.tsinghua.edu.cn
印 装 者:三河市春园印刷有限公司
经　　销:全国新华书店
开　　本:185mm×260mm　　印　张:16.5　　字　数:349 千字
版　　次:2025 年 4 月第 1 版　　印　次:2025 年 4 月第 1 次印刷
定　　价:52.00 元

产品编号:104206-01

# 前　言

随着信息技术的飞速发展和互联网的普及，电商直播已成为一种新兴的商业模式，并迅速改变了传统电商行业的格局。"图文+短视频+直播"的沉浸式商品浏览已经成为线上导购的必备场景，直播电商不仅缩短了供应链环节，减少了信息差，提高了用户信息的反馈速度，还通过更真实、精准、稳定的需求反馈实现了产业间的深度合作与共赢。党的二十大报告强调推动高质量发展的重要性，电商直播作为一种创新的商业模式，正是这一精神的体现。同时，两会期间，代表委员们也多次提到了数字经济的发展，电商直播作为数字经济的重要组成部分，其规范化、专业化发展受到了广泛关注。

2020年，人社部等部门在"互联网营销师"职业下增设"直播销售员"工种，"带货主播"成为正式职业。2021年，《职业教育专业目录（2021年）》在"电子商务"类中新增了"直播电商服务"专业。伴随着直播电商行业生态圈的逐步完善，企业对"直播+电商"人才的需求越来越大。电商直播，顾名思义，即通过直播平台进行商品销售的一种电商形式。它融合了直播互动、社交媒体传播、线上线下融合等多重优势，使得消费者能够更直观地了解商品信息，与主播实时互动，从而激发购买欲望。同时，电商直播也为商家提供了一个低成本、高效率的营销渠道，有助于提升品牌知名度，提高市场份额。

本书从电商直播的起源与发展入手，分析了电商直播在当前市场中的地位与影响。在此基础上，我们深入探讨了电商直播的核心要素，包括主播的角色定位、直播内容的策划与制作、观众互动的策略等，引领读者掌握直播间搭建与运维、直播电商执行、宣传推广与数据整理的知识和技巧，能够完成典型行业的直播间搭建、直播执行、直播间宣传推广、订单处理和数据初步分析等任务，以期为读者提供一套完整的电商直播运营指南。

在编写过程中，我们注重理论与实践相结合，既涵盖了电商直播的理论知识，也注重实践应用的讲解。我们相信，本书将成为电商直播领域的重要参考书，为广大电商从业者、研究人员以及相关专业的学生提供有益的指导和帮助。我们也期待通过本书的出版，能够进一步推动电商直播行业的发展，促进电商行业的进步和创新。

　　最后，我们要感谢所有为本书编写付出辛勤努力的作者、编辑和工作人员，感谢他们对电商直播行业的热爱和贡献。由于时间和编者水平有限，书中的疏漏和错误之处在所难免，敬请广大读者批评指正。

编　者

2024 年 4 月

# 目 录

**项目 1　直播的兴起** ……………………………………………………………… 1

　　任务 1-1　直播的产生与发展历程 ………………………………………… 2
　　任务 1-2　互联网直播的发展趋势 ………………………………………… 7
　　任务 1-3　主流直播平台介绍 ……………………………………………… 12

**项目 2　认识直播电商** …………………………………………………………… 17

　　任务 2-1　直播电商的基本概念及内涵 …………………………………… 18
　　任务 2-2　直播电商的主流模式 …………………………………………… 24
　　任务 2-3　直播电商的行业现状 …………………………………………… 29
　　任务 2-4　直播电商的发展趋势 …………………………………………… 36

**项目 3　直播电商的准备** ………………………………………………………… 46

　　任务 3-1　开通直播权限 …………………………………………………… 47
　　任务 3-2　熟悉直播平台的规则 …………………………………………… 56
　　任务 3-3　建立直播间 ……………………………………………………… 66

**项目 4　直播电商策划** …………………………………………………………… 83

　　任务 4-1　直播商品选择与策划 …………………………………………… 84
　　任务 4-2　高效直播团队组建 ……………………………………………… 98
　　任务 4-3　直播脚本设计 …………………………………………………… 104
　　任务 4-4　直播话术技巧 …………………………………………………… 119
　　任务 4-5　直播活动策划 …………………………………………………… 127

## 项目 5 直播电商实施 ················· 140

  任务 5-1  直播电商开场 ················· 141
  任务 5-2  直播商品推销 ················· 145
  任务 5-3  直播收尾 ················· 152
  任务 5-4  直播复盘 ················· 159

## 项目 6 直播电商营销 ················· 169

  任务 6-1  图文宣传 ················· 170
  任务 6-2  短视频推广 ················· 175
  任务 6-3  直播粉丝营销 ················· 179

## 项目 7 主播的管理与优化 ················· 188

  任务 7-1  主播的定位 ················· 189
  任务 7-2  主播正确的价值观 ················· 198
  任务 7-3  主播 IP 的打造 ················· 208
  任务 7-4  主播流量转化能力的提升 ················· 218

## 项目 8 淘宝直播 ················· 226

  任务 8-1  淘宝直播认知 ················· 227
  任务 8-2  淘宝直播实施 ················· 235
  任务 8-3  淘宝直播收益转化 ················· 243

**参考文献** ················· 256

# 1 项目 1 直播的兴起

**课程导入**

互联网的普及催生出许多新的业态,网络直播是具有代表性的业态之一。2016 年被誉为"网络直播元年",网络直播从此迎来其黄金时代。在数字化浪潮的推动下,直播已经从一种新兴的娱乐形式迅速发展为一种全球性的社会现象。它不仅重塑了人们获取信息和娱乐的方式,还极大地影响了商业营销、教育传播乃至社会互动的方方面面。本项目提供了一个全面的视角,以便读者能深入理解直播文化的形成、技术演进及其对社会的深远影响。

## 学习重点

1. 直播的产生与发展历程。
2. 互联网直播的发展趋势。
3. 主流直播平台介绍。

# 任务 1-1　直播的产生与发展历程

**知识目标：**
1. 了解直播产生的背景。
2. 掌握直播的发展历程。

**技能目标：**
能够对直播的发展历程进行分析。

**思政目标：**
1. 引导学生关注民生，以便具备应有的社会担当和责任感。
2. 培养学生积极探索的好奇心，能主动获取和了解行业信息。

## 一、直播产生的背景

### （一）直播的定义

网络直播分为广义和狭义两种：广义的网络直播是指利用互联网即时通信技术，通过网络进行现场直播，并将直播内容发布在互联网上，具有交互性强、可直观观看、内容形式丰富、不受时间地点限制等特点；狭义的网络直播是指具有娱乐性质的互动式视频，主播通过视频直播软件进行才艺直播或者电竞直播，并与受众进行互动，受众还可以购买网络虚拟道具进行打赏。

### （二）直播产生的背景

**1. 科技的发展**

科技的发展是网络直播发展的直接诱因。手机价格下降及人们对信息的需求促进了移动终端的普及。2013 年，我国移动智能终端占移动终端的比例已经突破 70%，标志着我国已进入智能手机时代。同样，流媒体不断更新发展，从而使在线实时直播成为可能。后来，5G 技术的发展让直播的零时延成为可能。无延迟直播实时评论如图 1-1 所示。

图 1–1　无延迟直播实时评论

2. 物流网络的成熟

物流的快速发展及"智慧物流"的出现不仅降低了物流的运输成本，而且大大提升了物流效率，为直播电商发展提供了强有力的交货基础。

3. 移动支付的出现

通过移动支付（图 1–2）的快捷转账，我们可以轻松地实现生活缴费、车票购买、手机充值等，真正做到足不出户也能办理各种业务。移动支付提供的这种便捷、可信赖的支付方式，使直播电商能够产生并经营。

图 1–2　移动支付

（资料来源：移动支付加盟网）

**4. 适应消费者需求**

电商直播的发展既有生产者的形象建构，也有接受者的认知趋向与个人定位。从生产者角度讲，根据马斯洛需求层次理论（图1-3），如今人们生活水平的提高，人们的需求必然会由低层次向高层次—自我实现—递进发展，而自我价值的实现可以有很多方式，对网络主播来说，根据拉康的凝视理论，他者的凝视可以带来主体自我的认同，完成对自我价值的肯定。这种建构提高了主播群体对直播的依赖性。

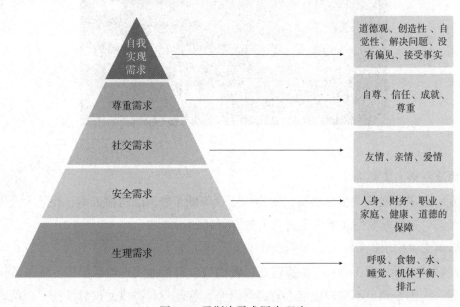

图1-3　马斯洛需求层次理论

对于观众来说，直播能满足他们的以下四个心理需求。

（1）好奇心理。网络直播的标题往往都很吸引眼球，满足了观众的好奇心。看直播的人群中，有很大一部分观众是为了满足自身的好奇心，热衷于很多比较奇葩的事件及主播的日常生活。

（2）娱乐心理。大部分收看网络直播的观众主要是为了打发时间、减少孤独感，并且希望能够获得一些快乐。最初的直播，主要以颜值美女为吸引点，但是现在，很多段子、相声等展现才华的节目逐渐成为直播的热门，能够给围观的人群带来快乐。

（3）从众心理。网络直播能在短时间内发展如此迅速，不少参与其中的围观者都是从众心理在作怪。个体在社会群体的影响下对于网络直播的观点及审查标准都趋向一致。

（4）孤独心理。网络直播以在一个直播平台房间的形式开展群体互动交流，主播与观众进行交流，观众在直播间里互相评论及发表意见。网络直播的形式有效地减少了孤独感，让观众有共同的话题，强化了集体的归属感。

### 直播——万亿级市场的加速崛起

直播经济主要基于移动终端,通过电商平台、短视频平台以及传统互联网平台等介质参与供应链,凭借视觉化的展现和平民化的交流,突破了物理距离及信息不对称的阻碍,将看似不起眼的零碎上网时间凝聚成巨大的市场空间。直播经济不等同于网红经济,它的含义更加广泛,人人可当主播、万物皆可直播。

据《第53次中国互联网络发展状况统计报告》显示,截至2023年12月,中国网络直播用户规模已达到10.67亿人,较2022年12月增长了3 613万人,占网民总数的97.7%。这一增长趋势表明网络直播继续在中国数字经济中占据重要地位,尤其是在短视频领域,用户规模达到10.53亿,较2022年12月增长了4 145万人,占整体网民的96.4%。此外,电子商务直播市场也继续扩大,直播电商的渗透率在2024年也将进一步提升,成为移动互联网的重要推动力量。

这些数据表明,直播经济作为"移动+产业"的输出端,正在经历快速增长,并取得了业内外的广泛认可。

(来源:中国互联网络信息中心CNNIC发布的《第53次中国中国互联网络发展状况统计报告》)

事实上,在"互联网+手机"不断改变人们生活方式的今天,尤其是在新冠疫情暴发之后,直播经济越来越多地进入大众生活,并影响着其他经济业态,被认为是供给侧改革的助推剂之一。

## 二、直播的发展历程

### (一)直播的发展历程

直播的发展主要经历四个阶段,如图1-4所示。

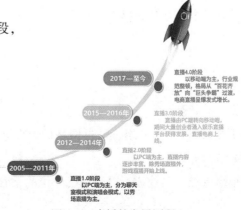

图1-4 直播的发展历程

## （二）全民直播时代

当前我国互联网直播的内容和形式呈现出多元化发展的特征，网络直播与各行业业态之间的融合持续加深，"直播+"爆发出强大的生命力。这种融合不仅是我国产业融合创新的重要体现，也是直播平台未来拓宽收益转化模式的主要方向。全民直播时代已经到来，平台竞争呈现白热化趋势，具有优质内容的平台有望在竞争中胜出。

**主播涌入孙海洋家，全民直播时代应有怎样的礼仪？**

2021年12月6日，电影《亲爱的》原型孙海洋与被拐14年的儿子孙卓相认，一家人终得团聚。7日，孙海洋夫妇与儿子孙卓回到湖北监利老家。现场鞭炮声声，人头攒动，热闹非凡。不少主播到场直播，入夜后也未离去。视频中，一些主播的围观行为受到热议。比如，一个主播不断询问孙海洋"我们没有打扰到你吧？"，孙海洋回答"没有"。得到答复后，这一主播向观众表示，"他也希望我们到这里来直播，你们快点关注下这个账号，待会停播了，就找不到了。"孙海洋一家出名之后遭遇直播围观，以至于"家中大门被迫常打开"，全民直播时代，孙海洋家如今的处境并非新鲜事。

（来源：https://mp.weixin.qq.com/s/YbZp71TAQDxKDaseDBuWEg）

想一想：针对以上案例，思考全民直播时代我们应有怎样的礼仪呢？

**一、实训主题**

直播发展历程各阶段的特点。

**二、实训目的**

通过检索和分析直播1.0到直播4.0各阶段的模式特点，了解直播发展历程各阶段的特点。

**三、知识点**

直播发展历程。

**四、实训说明**

**步骤1** 教师下发任务：4人一组，通过网络检索直播1.0到直播4.0各阶段的模式，并将结果填入表1–1中。

**步骤2** 每个小组选派一名代表，分享自己小组的检索和分析结果。

表 1-1　直播发展各阶段的模式特点

| 直播发展阶段 | 典型平台 | 模式特点 |
| --- | --- | --- |
| 直播 1.0 | | |
| 直播 2.0 | | |
| 直播 3.0 | | |
| 直播 4.0 | | |

**步骤3** 评价反馈：对分析结果进行讨论，小组互评、教师给出评价，并完成表 1–2。

表 1-2　实训评价反馈表

| 实训课程（项目名称） | | | | |
| --- | --- | --- | --- | --- |
| 评价项目 | 主要内容 | 自我评价 | 小组互评 | 教师评价 |
| 实训规范（10分） | 遵守操作规程，不违规操作设备。<br>实训场地的整洁和工具的正确使用。 | | | |
| 实训准备（10分） | 对实训内容有充分的了解和准备。<br>提前收集了必要的资料和信息。<br>对实训所需的工具和材料进行了适当的准备。 | | | |
| 实训项目（50分） | 是否能够独立或在小组内完成实训任务。<br>在实训中是否能够灵活运用所学知识和技能。<br>在实训中的表现，包括创新思维和问题解决能力。 | | | |
| 实训过程质量控制（10分） | 是否能够对实训过程中的关键点进行检查和控制。<br>是否能够及时发现并纠正实训中的错误和偏差。<br>是否能够根据反馈进行必要的调整以提高实训质量。 | | | |
| 实训效果（20分） | 在实训结束后的成果展示，包括完成的任务、制作的成品等。<br>实训目标的达成情况，以及学生对实训目标的理解和实现程度。<br>反思和总结，包括实训中的收获、存在的问题和改进建议。 | | | |

# 任务 1-2　互联网直播的发展趋势

**知识目标：**

1. 了解直播的发展现状。

2. 掌握中国在线直播行业未来发展趋势。

**技能目标：**

1. 能够对中外直播现状进行分析。

2. 能够合理预测互联网直播未来发展趋势。

**思政目标：**

培养脚踏实地精神，践行实干和奋斗精神。

## 一、中国互联网直播发展现状

随着我国网络直播行业不断创新，细分领域不断涌现，直播服务向细分化、垂直化方向发展，用户规模不断扩大，行业满意度越来越高。

### （一）用户规模持续扩大

由于越来越多的人逐渐接受了直播方式，这使直播的渗透率逐渐增长。头部互联网平台的布局与垂直领域应用的发展助推着网络直播行业向多元化场景发展，持续吸引着众多的潜在用户。

艾媒数据显示，我国在线直播用户规模保持连续增长态势，如图1-5所示。

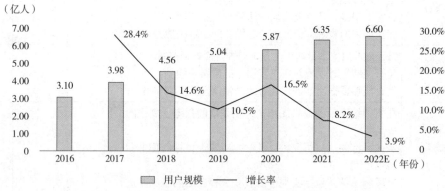

图1-5 2016—2022年我国在线直播用户规模及预测
（资料来源：艾媒咨询）

### （二）用户使用直播平台的频率及时长增加

为了给用户提供更高质量的直播内容，直播平台不断优化内容生产体系，从而使直播平台使用频率和使用时长不断增长。艾媒数据显示（图1-6），2021年第三季度，我国在线直播用户一周使用直播平台4~5次的占比为45.40%，每次观看直播的平均时长为1~2小时的受访用户最多，占比为58.9%。

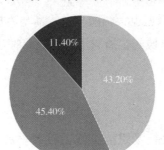

图 1-6　2021 年第三季度我国在线直播用户使用直播平台的频率
（资料来源：艾媒咨询）

### （三）直播向垂直细分领域发展

2021 年，我国在线直播不断地向泛娱乐直播、电商直播、企业直播等细分领域发展。一方面，在线直播平台不断转型，不断布局多元化内容，使用户可以看到更多垂直领域的内容；另一方面，5G 通信技术、音视频技术等新技术使在线直播突破了地域限制和领域限制，网络直播行业迎来了更多元的应用场景，用户因而可以获得更多类型的内容。这些发展使得直播平台月活用户量不断增长（图 1-7）。

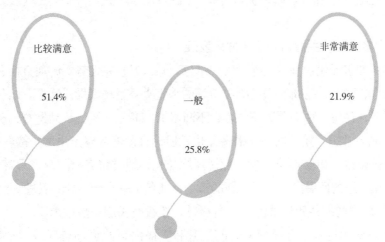

图 1-7　2021 年第三季度我国在线直播内容的满意度调查
（资料来源：艾媒咨询）

## 二、中国在线直播行业未来发展趋势

### （一）技术赋能，推动全民直播时代的到来

随着互联网技术的创新及移动设备的普及，网络用户从 PC 端逐渐转移到移动端。移

动直播崛起，推动着全民直播时代的到来。随着5G网络商用逐渐普及，网络直播的音质、画质和流畅度都在不断提升，延迟也大幅减少，主播与主播之间的沟通、合作更快捷，这有助于打破圈层壁垒，让不同领域的主播与用户实现即时互动。

### 直播技术赋能，线上教育再占风口

随着互联网的飞速发展、商业业态的不断升级，"线上"与"线下"正以前所未有的速度大迈步融合，风险中酝酿生机。而教育则是受新技术影响最典型的行业，传统教育机构、在线教育平台/互联网巨头、各类直播平台纷纷上线线上教育直播和录播课，技术服务企业为教育机构提供直播技术支持。

新冠疫情推动在线教育行业低成本创新，再加上互联网巨头加持和直播技术赋能，线上教育再占风口。当然，机遇与挑战共存。线下教培机构转型线上必然面临很多问题，线下教育转型线上要对产品进行相应的改变，并主动寻求专业技术服务企业的支持，推进自身数字化发展。

（来源：https://zhuanlan.zhihu.com/p/577458152）

想一想：在这种情况下，教培机构有什么机遇？

### （二）内容多元化，主播向专业化方向发展

直播内容更加多元化，垂直化直播发展迅速。除占有领先优势的游戏直播、秀场直播之外，类似于教育、财经、电商、IT等细分市场的垂直直播呈现爆发式增长。以前较少进入视野的汽车、保健、住房、军事等直播内容也不断增加。商务会展、新品发布、现场拍卖等移动直播将逐步成为常态。随着网络直播多元化发展，直播平台应当注重扶持众多垂直领域，挖掘新颖的直播形式，以防网络直播行业过度同质化，通过将直播与众多垂直领域相结合，最大限度地挖掘行业的发展潜力，开辟新的市场，使各个垂直行业的发展进入新的轨道。

### （三）在线用户的黏性和消费能力不断提升，在线时长进一步增加

随着直播技术的进步、行业影响力的提升和直播内容的垂直与深入，原有的"90后""00后"群体关注并进入网络直播的趋势更加明显，其他年龄层多元化的内容需求将得到不同程度的满足，在线用户的黏性和消费能力也将得到较大提升。

### （四）商业收益转化形式不断创新，拓展了盈利渠道

随着直播用户数量增长速度放缓，礼物分成等盈利模式已很难继续拓展，在这一趋势下，直播平台需要拓宽业务范围，创造出新的商业模式。直播平台应赶上知识经济的风口，培养用户的付费习惯，推动营销产业链合作升级，开发出更多的内容营销和互动营销

形式，通过泛娱乐节目和赛事 IP 吸引众多的潜在用户。

### （五）通过法律法规规范网络直播行业，促使其向健康方向发展

近些年来，国家逐步出台了与在线网络直播行业相关的各项政策，针对众多问题，如未成年人保护、个人信息安全、假冒伪劣产品监管、虚假广告等，提出了明确的监管措施，有效提升了网络直播行业的准入门槛。而随着国家对网络直播行业的监管日渐趋严，网络直播行业的模糊空间将极大地压缩，行业规范性增强，从而使该行业实现健康、快速的发展。在网络直播行业中，加大政策面的介入和提升监管力度已经是一种共识。国家及行业协会在禁止违法及低俗内容、保护知识产权和隐私等方面都制定了明确的措施。监管的深入和法律法规的完善进一步提高了网络直播的门槛，过去粗犷化的平台发展模式面临着终结，对直播内容和主播的要求正在不断提高，这将助推网络直播行业向健康方向发展。

#### 一、实训主题
中外电商直播发展现状的异同。

#### 二、实训目的
通过对国外电商直播发展的检索和分析，了解中外电商的发展情况。通过小组合作也能提升小组间的默契以及团队合作意识。

#### 三、知识点
中国互联网直播发展现状。

#### 四、实训说明
**步骤1** 教师下发任务：4人一组，通过网络检索，了解国外电商的发展情况，并将结果填入表 1-3 中。

**步骤2** 选派一名成员发表观点。

表 1-3　国内外电商发展的异同分析表

| 异 | 同 |
| --- | --- |
|  |  |
|  |  |

**步骤❸** 评价反馈：对分析结果进行讨论，小组互评、教师给出评价，并完成表 1-4。

表 1-4 实训评价反馈表

| 实训课程（项目名称） | | | | |
|---|---|---|---|---|
| 评价项目 | 主要内容 | 自我评价 | 小组互评 | 教师评价 |
| 实训规范（10 分） | 遵守操作规程，不违规操作设备。<br>实训场地的整洁和工具的正确使用。 | | | |
| 实训准备（10 分） | 对实训内容有充分的了解和准备。<br>提前收集了必要的资料和信息。<br>对实训所需的工具和材料进行了适当的准备。 | | | |
| 实训项目（50 分） | 是否能够独立或在小组内完成实训任务。<br>在实训中是否能够灵活运用所学知识和技能。<br>在实训中的表现，包括创新思维和问题解决能力。 | | | |
| 实训过程质量控制（10 分） | 是否能够对实训过程中的关键点进行检查和控制。<br>是否能够及时发现并纠正实训中的错误和偏差。<br>是否能够根据反馈进行必要的调整以提高实训质量。 | | | |
| 实训效果（20 分） | 在实训结束后的成果展示，包括完成的任务、制作的成品等。<br>实训目标的达成情况，以及学生对实训目标的理解和实现程度。<br>反思和总结，包括实训中的收获、存在的问题和改进建议。 | | | |

# 任务 1-3 主流直播平台介绍

**知识目标：**

1. 了解各类主流直播平台。

2. 了解各直播平台的现状。

**技能目标：**

能够合理选择直播平台。

**思政目标：**

1. 具备社会责任感，践行社会责任。

2. 具备创新意识。

## 一、综合类直播平台

综合类直播平台是指包含户外、生活、娱乐、教育等多种直播类目的平台，用户在这类平台上可以观看的内容较多。目前，具有代表性的综合类直播平台有花椒直播（图1-8）、一直播、映客等。这种类型的直播平台在直播行业具有较大的优势，因为其涵盖的直播内容比较丰富，受众群体也比较大。

图1-8 综合类直播平台的分类界面举例
（资料来源：花椒直播）

## 二、游戏类直播平台

游戏类直播平台是以游戏实时直播为主要内容的平台。全球电竞行业的发展促进了游戏直播行业的发展，游戏直播成为直播产业中不可忽视的力量。

游戏类直播趣味性强，颇受游戏爱好者的追捧。游戏类直播平台中主播的收入来源包括游戏推广分成、商品代言及用户"打赏"等。目前，游戏类具有代表性的直播平台有斗鱼、虎牙直播、企鹅电竞、战旗直播、龙珠直播等。

**发挥直播平台特色，虎牙持续创新践行社会责任**

自成立以来，虎牙公司一直重视安全风控、产品合规、企业社会责任等"软实力"建设。近年来，虎牙持续强化平台安全防护闭环建设、不断升级内容风险识别和防控技术。同时，在抗疫、脱贫、助残、助老、环保、反诈等多领域持续发力，并结合自身直播平台特色,探索出"直播+"等形式,创新践行企业社会责任。

2022年第三季度,虎牙公司积极践行社会责任,以"直播+"的创新方式,在环保公益、乡村振兴战略、非遗文化等领域持续输出正能量内容。

在第12个"全球老虎日"来临之际,虎牙公司发起"虎卫家园·保护野生虎"系列公益活动。开学季期间,虎牙公司还积极推动乡村振兴战略,推动乡村信息化建设。虎牙公司向广东省清远市大麦山镇捐赠了40台电脑,改善教学设施,帮助山区小学搭建跨越城乡"数字鸿沟"的桥梁。

围绕中国传统佳节,虎牙发动平台正能量主播参与"来虎牙过传统中国节"系列活动,通过虚实同框的方式,线上线下联动,以生动有趣的直播内容向网友普及中国传统佳节民俗民风。未来,虎牙公司将继续以更丰富的正能量内容矩阵和"直播+"等新颖形式不断推动行业健康发展,并积极履行企业社会责任。

(来源:http://www.xinhuanet.com/tech/20220121/cbdc464829674a4ba58972b9fc8d22c5/c.html;http://www.eeo.com.cn/2022/1115/567106.shtml)

作为游戏直播平台的领头羊,虎牙积极发挥自身平台的特色,以"直播+"的创新方式,在环保公益、乡村振兴战略、非遗文化等领域持续输出正能量内容,持续创新践行社会责任。不仅企业应该履行社会责任,我们也应该主动承担自身的责任和义务,做一个有担当的公民和从业者。

### 三、秀场类直播平台

秀场类直播主要展示的是主播的自我才艺,用户在这类平台浏览不同的直播间,就像穿梭于不同的演唱会或才艺表演现场一样。目前比较有代表性的秀场类直播平台有腾讯NOW直播、YY直播等。

**秀场直播打赏行为**

秀场直播的主要内容是主播在直播间与观众聊天互动,偶尔穿插唱歌或跳舞等才艺展示。平台中的主播多为外貌姣好的年轻女性。由于以男观众"打赏"女主播为主,在大众媒体中,秀场直播作为"情感外卖工厂"经常伴随着"美颜""土豪""套路"等负面关键词出现，屡遭公众诟病。网友一掷千金打赏、未成年人偷偷打赏以及公职人员挪用公款打赏而引发的法律纠纷和犯罪等问题屡见报端。由此也引发了关于设立直播打赏冷静期等政策讨论。

（来源：https://mp.weixin.qq.com/s/iF1M3oUrnReTe9chK8Uvaw）

想一想：直播打赏这一新的消费趋势反映了什么样的社会根源和社会变迁？

## 四、商务类直播平台

商务类直播具有更多的商业属性，在这类直播平台上进行直播的企业通常带有一定的营销目的，它们尝试以更低的成本吸引用户并产生交易。目前，具有代表性的商务类直播平台是淘宝直播，而很多短视频平台（如抖音、快手等）也上线了电子商务直播功能。

## 五、教育类直播平台

传统的在线教育平台以语音、PPT或视频录播的形式向用户分享知识，虽然能把教学内容完整地传达给学员，呈现形式也足够多样化，但是这些形式不利于师生间进行及时有效的沟通，无法实现实时答疑和讲解。为了解决这些问题，教育类直播平台应运而生，从幼儿早教到基础教育辅导、职业培训，教育类直播在各个细分领域出现并发展，实现知识收益转化。

教育类直播平台支持以文字、语音等方式进行师生的实时互动，在直播过程中，老师可以随时关注讨论区中的学员留言并适时进行集中回答，提升互动性，使师生沟通更加便捷。同时，教育类直播还便于老师根据学员的互动、反馈意见适时调整教学计划。除了分享知识外，教育类直播平台还提供教学服务，包括课后答疑、作业批改、出题考试，甚至还有就业帮助等。目前，教育类直播平台可以分为两类：一类是在传统教育平台的基础上增加直播功能，如网易云课堂、沪江CCtalk等；另一类是独立开发的教育类直播平台，如荔枝微课、千聊、短书、小鹅通等。

### 一、实训主题

电商直播平台的选择。

### 二、实训目的

通过实训，指导学生判断直播平台的属性，合理选择直播平台。

### 三、知识点

直播平台的分类。

### 四、实训说明

**步骤1** 教师下发任务：分享你认识的直播平台，并选取两个进行对比分析。

**步骤2** 学生对直播平台展开分析，并完成表1-5。

**步骤3** 教师选取学生发表观点。

表1-5 直播平台分析表

| 直播平台 | | |
|---|---|---|
| 主打 | | |
| 内容 | | |
| 功能 | | |
| 评价 | | |

**步骤4** 评价反馈：对分析结果进行讨论，教师给出评价，并完成表1-6。

表1-6 实训评价反馈表

| 实训课程<br>（项目名称） | | | | |
|---|---|---|---|---|
| 评价项目 | 主要内容 | 自我评价 | 小组互评 | 教师评价 |
| 实训规范<br>（10分） | 遵守操作规程，不违规操作设备。<br>实训场地的整洁和工具的正确使用。 | | | |
| 实训准备<br>（10分） | 对实训内容有充分的了解和准备。<br>提前收集了必要的资料和信息。<br>对实训所需的工具和材料进行了适当的准备。 | | | |
| 实训项目<br>（50分） | 是否能够独立或在小组内完成实训任务。<br>在实训中是能够灵活运用所学知识和技能。<br>在实训中的表现，包括创新思维和问题解决能力。 | | | |
| 实训过程质量<br>控制（10分） | 是否能够对实训过程中的关键点进行检查和控制。<br>是否能够及时发现并纠正实训中的错误和偏差。<br>是否能够根据反馈进行必要的调整以提高实训质量。 | | | |
| 实训效果<br>（20分） | 在实训结束后的成果展示，包括完成的任务、制作的成品等。<br>实训目标的达成情况，以及学生对实训目标的理解和实现程度。<br>反思和总结，包括实训中的收获、存在的问题和改进建议。 | | | |

# 项目 2 认识直播电商

### 课程导入

在这个由互联网技术革新驱动的新时代,直播电商已经迅速崛起,成为连接消费者与商品、服务的新型桥梁。它不仅改变了传统的购物体验,而且重塑了商业模式和市场营销策略。直播电商是直播经济中的重要组成部分。以直播为代表的带货模式给消费者带来更直观、更生动的购物体验,为新消费、新经济发展增添新动力。

### 学习重点

1. 直播电商的基本概念及内涵。
2. 直播电商的主流模式。

3. 直播电商的行业现状。

4. 直播电商的发展趋势。

## 任务 2-1　直播电商的基本概念及内涵

**知识目标：**

1. 了解直播电商的基本概念。

2. 掌握直播电商和传统电商的区别。

**技能目标：**

能够比较直播电商与其他购物形式的差异。

**思政目标：**

引导学生积极践行相关政策规定和理念。

### 一、认识直播电商

#### （一）直播电商的定义

直播电商是指商家通过主播或关键意见领袖（key opinion leader，KOL）以视频直播的形式现场推荐商品或服务并最终成交的电商渠道。直播电商是电商领域出现的新场景、新业态，是数字化时代背景下直播与电商双向融合的产物。

#### （二）直播电商的本质

在市场经济发展的不同阶段，零售商业的形式有所不同，人、货、场这三个基本要素之间的关系也将发生不同的变化。

进入直播电商时代，直播电商是以主播为载体，以内容为介质，以直播为渠道，商品通过主播产生的内容触达用户，从而形成用户对产品的购买，如图 2-1 所示。

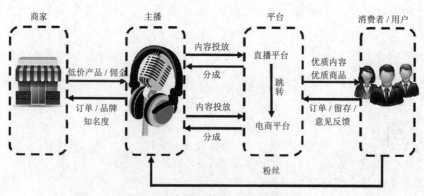

图 2-1　直播电商模式的简约模型

直播电商的本质就是通过重构人、货、场这三要素来实现精准匹配。

1. "人"的变革

在传统的零售商业销售模式中，"人"多指代的是消费者。例如过去的线下零售，主要靠好的店铺位置，坐等消费者进店消费。电商时代，流量为王，有流量的地方就有商机。但在直播电商模式下，"人"是直播里的另一个角色，就是主播。"人"从传统链条中的消费者转化为体验者，主播通过对品牌产品的体验分享进行有效直播。被动式购物变为双向互动式电商，这一模式让"人"的价值得到凸显，主播的影响力成了可以货币化的社交资产。

2. "货"的变革

货即产品，是直播间的中枢；直播电商实现了去中间化。同时，实时的、多方位的视频代替了原来的图文展示，以一种更真实和直观的方式展示产品。所以，不管从货品的展示还是货源上，直播电商都更加拉近了距离，缩短了决策时间。

当然，最核心的还是产品高质量的品质和售后，可以为主播和品牌方带来更高的复购率，从而使得直播带货成为网红主播与生产厂家的完美互补。品牌为主播提供了具有市场竞争力的品质和价格，直播带货可以为品牌引流，主播也能通过多种形式进行收益转化。

要注意的是，不同类型的货在直播电商模式下也有不同的销售路径，不同类型的主播也有自身适合推广的产品。

3. "场"的变革

场，即消费场景。场是整个直播带货中连接主播、商品和消费者的场景和平台，根据是商品推荐导向还是顾客需求导向，是强消费属性还是强内容属性，可以把直播电商平台分成四类，如图2-2所示。

图2-2 直播电商平台分类

作为新型电商业态，早在2016年，拼多多以"社交电商"为切入点，可谓把传统电商拉到了一个新高度，有效地解决了电商获客成本的问题，拉动下沉市场流量井喷式增长。而直播电商的崛起，承担的角色更多的是解决用户快速成交的转化，为销售成交提供更好的解决方案。

直播电商的场景是主播通过商品内容来引导用户购物，就模式而言属于典型的"货找人"场景。因此，直播电商的本质一定是流量转化和"货找人"。

### 直播间考出促消费高分答卷

相关数据显示，在3个月内，"疯狂小杨哥"直播单场场均观看3 605.8万人，场均销售额达2 500万~5 000万元。根据第三方监测数据，2022年"双11"期间，直播电商累计销售额达1 814亿元，同比增速146.1%。

消费市场竞争激烈，同类产品多如牛毛，除了个别品牌不愁卖，大多数品牌都愁销量，甚至有品牌将收入的70%以上用于营销。还有非标准化的农产品，经常滞销，急需大主播帮忙。站在社会消费全局看，直播带货实际上是将粉丝的注意力转化为购买力，最终形成促消费的澎湃动力。

（来源：http://money.fjsen.com/2022-11/29/content_31191461.htm）

对于促进消费来说，直播带货是个有力抓手。直播带货还处于发展阶段，相关部门应立法监督规范，建立行业准则。不过，直播带货畅通供需循环、满足消费需求、支持乡村振兴战略的积极意义不应被忽视。电商直播从业人员应积极践行相关政策规定和理念。

### （三）直播电商的特点

**1. 强互动性**

直播电商的消费场景具有良好的互动性。主播在向用户介绍商品信息时可以在直播中试用商品，让用户直观地感受到商品的使用效果，大大提升用户的购物体验。同时，用户也可以针对商品信息进行发言互动，参与到直播中。这样不仅能增强用户的参与感，还能提升用户对商品和品牌的信任感，有利于促使用户作出购买决策。

**2. 强IP属性**

主播具有很强的IP属性，在用户的心智中有着独特的标签。对于用户来说，主播不仅仅是一个为他们推荐商品的人，更是他们的情感寄托，是他们心中值得信赖的人设形象，因而用户自愿去购买主播推荐的商品。

### 3. 去中心化

在直播电商生态链中,主播数量众多且类型多样,很多主播不仅在电商平台拥有公域流量,还在其他媒体平台拥有自己的私域流量。与传统电商相比,直播电商具有较强的去中心化的特点,为更多的主播提供了运营个人 IP 的可能性。

## 二、直播电商与传统电商的区别

直播电商模式兼具销售与营销的功能。与传统电商模式相比,直播电商模式在多个维度都具有显著的优势。直播电商与传统电商的对比见表 2-1。

表 2-1　直播电商与传统电商的对比

| | 传统电商 | 直播电商 |
| --- | --- | --- |
| 售卖逻辑 | 人找货:传统电商以"人找货"的方式进行搜索式购物,用户在网上通过关键词搜索—浏览筛选—加购付款—完成下单。 | 货找人:直播电商以"货找人"的逻辑进行售卖,用户无法主动在直播间搜索自己需要的产品,而是根据主播的介绍来判断自己是否下单。 |
| 产品呈现 | 图文为主:传统电商主要以图文形式向用户展示产品价值、卖点,消费者需要耗费一定的时间筛选比对信息。 | 现场直播:直播电商依靠直播带货软件的加持,基于实时的视频让消费者能更全面地了解产品或服务。 |
| 社交属性 | 弱社交:传统电商中,购物社交属性比较弱,消费者只能通过买家评价或者客服两个渠道进行产品交流,形式比较单一,反馈也不够及时。 | 强社交:直播带货中,购物社交属性非常强,消费者和主播可以即时互动:可以向主播提出疑问,主播进行解答;也能在评论区进行讨论,形式比较多元,反馈也很及时。 |

## 三、直播电商的价值

直播电商的价值包括以下两个方面:

### (一)提高供需链路的转化效率,解决各方痛点

直播电商重构"人—货—场"要素,提高供需链路的转化效率。艾瑞咨询数据显示,40% 的快手电商运营者的粉丝转为意向购买者,头部主播的直播购买转化率为 6%~18%,而传统电商的转化率仅为 0.37%。

从参与方来讲,直播电商给品牌商(供货方)、直播平台、用户和主播都带来了价值,见表 2-2。

表 2-2  直播电商给参与方带来的价值

| 参与方 | 带来的价值 |
| --- | --- |
| 品牌方（供货方） | 流量聚焦成本低，直播是品牌商清库存和促销的有效手段；<br>缩短供应链环节，节约品牌商（供货方）其他营销的开支；<br>获得新用户，提高品牌或商品的曝光率，做到品效合一。 |
| 直播平台 | 内容平台：增加流量收益转化模式，加速商业化收益转化进程；<br>电商平台：增加内容属性，激发用户非计划需求，促成成交转化，降低流量获取成本与用户激活成本；<br>MCN/直播基地：提供直播过程中主播、场地、培训、策划等核心资源；<br>工具服务商：提供数据服务、电商直播代运营、企业直播服务。 |
| 用户 | 引入专业主播的选品能力；<br>实时互动，获得交互式购物体验；<br>优化产品展示，减少调研决策行为，降低信息获取成本；<br>限时低价，降低用户决策成本，促成非计划性消费。 |
| 主播 | 增加流量收益转化渠道；<br>增加就业和获得财物的机会。 |

从直播电商的产业端来讲，直播电商压缩流通费用和信息沟通成本，提高产业链效率；迎合核心用户需求，推动下沉市场电商渗透率的提升；提高了部分非标品的电商渗透率；重构信任背书方式；加快供给端产品开发速度，加快 C2M（customer-to-manufacturer，用户直连制造）柔性生产进程。

**（二）各类优势渠道整合，供给端持续输出价值**

最初直播营销只是不断尝试的众多营销渠道之一，现阶段这种模式的成功应归因于需求端驱动，即用户的驱动。与其他多种购物形式相比，直播电商现阶段带给用户的综合价值是比较明显的，它的出现类似于购物渠道从线下到线上，再从线下到全渠道的趋势演变，是行业多链路优势的整合。长期来看，直播电商前期是需求端驱动供给端，后期是供给端驱动需求端，即供给端持续通过直播为用户带来高价值。

### 直播电商在高端品牌中的运用策略

策略（图 2-3）：

➢ 选择头部主播，而且要选择与品牌内涵一致的头部主播，以维持高端形象。

➢ 在直播中谨慎使用降价手段，以送赠品和服务为主，以此维护价格体系。

➢ 严格控制直播中商品的供应量，以此作为与大众消费品牌的区分。

（来源：https://mp.weixin.qq.com/s/g3P-O8tui8d0JY9POiPGXg）

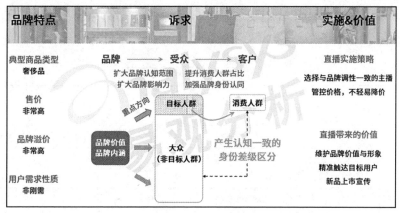

图 2-3 直播电商在高端品牌中的运用策略

**一、实训主题**

直播电商与其他购物形式的对比。

**二、实训目的**

通过检索、分析和比较直播电商与其他购物形式在方式和相关特征上的差异,了解直播电商这一带货模式相较其他带货模式的优越性。

**三、知识点**

直播电商的价值。

**四、实训说明**

**步骤1** 教师下发任务:4人一组,通过网络检索,分析和比较直播电商与其他购物形式在方式和相关特征上的差异,并将结果填入表2-3中。

**步骤2** 完成后选派一名成员分享这次实训任务的成果和体验。

表 2-3 直播电商与其他购物形式的对比

| 购物形式 | | 直播电商 | 短视频电商 | 货架式电商 | 电视购物 | 线下导购 |
|---|---|---|---|---|---|---|
| 方式 | | | | | | |
| 特征 | 互动性 | | | | | |
| | 体验感 | | | | | |
| | 专业性 | | | | | |
| | 价格优势 | | | | | |
| | 流量 | | | | | |
| | 转化率 | | | | | |

**步骤3** 评价反馈：对比较结果进行讨论，小组互评、教师给出评价，并完成表2-4。

表2-4 实训评价反馈表

| 实训课程（项目名称） | | | | |
|---|---|---|---|---|
| 评价项目 | 主要内容 | 自我评价 | 小组互评 | 教师评价 |
| 实训规范（10分） | 遵守操作规程，不违规操作设备。<br>实训场地的整洁和工具的正确使用。 | | | |
| 实训准备（10分） | 对实训内容有充分的了解和准备。<br>提前收集了必要的资料和信息。<br>对实训所需的工具和材料进行了适当的准备。 | | | |
| 实训项目（50分） | 是否能够独立或在小组内完成实训任务。<br>在实训中是否能够灵活运用所学知识和技能。<br>在实训中的表现，包括创新思维和问题解决能力。 | | | |
| 实训过程质量控制（10分） | 是否能够对实训过程中的关键点进行检查和控制。<br>是否能够及时发现并纠正实训中的错误和偏差。<br>是否能够根据反馈进行必要的调整以提高实训质量。 | | | |
| 实训效果（20分） | 在实训结束后的成果展示，包括完成的任务、制作的成品等。<br>实训目标的达成情况，以及学生对实训目标的理解和实现程度。<br>反思和总结，包括实训中的收获、存在的问题和改进建议。 | | | |

## 任务2-2 直播电商的主流模式

**知识目标：**
1. 了解电商平台自建直播平台模式。
2. 掌握直播电商的三种主流模式。

**技能目标：**
能够查找和收集不同产品类别直播电商卖家的典型行业案例。

**思政目标：**
1. 具备法律意识，维护消费者的合法权益。
2. 具备社会责任感，助力优质产业。

## 一、电商平台自建直播平台

在电商平台自建直播平台模式下,直播平台由电商平台搭建,消费者可以在电商平台内观看直播,并可以直接在电商平台内下单。例如,电商平台淘宝推出的直播平台"淘宝直播",其中涵盖了母婴、美妆、潮搭、美食、运动健身等范畴,消费者可以通过淘宝直播频道、微淘频道收看相关内容,如图 2-4 所示。

图 2-4 淘宝直播界面

淘宝直播定位于消费类直播,实际上就是想让观众更多地购物、更多地下单。例如,由阿里百川支持的"边看边买"功能,如图 2-5 所示,让用户在不退出直播的情况下就能够直接下单购买主播推荐的商品,目前正在使用此功能的商家包括优酷、微博、头条等。

图 2-5 阿里百川"边看边买"

### 修文县"平台+直播"激活电商经济助力农产品销售

一是拓展交易平台。以电商产业园为载体,借助淘宝、京东、苏宁等知名电商平台开设网店2 500余家,打造"爱·享鲜生""阳明优选""零道一"等自建网购平台20余个,扩大农产品交易规模。2022年1—11月农产品网络零售额预计完成2.1亿元,同比增长15%。

二是培育带货达人。打造直播电商孵化基地,推进"一站式"标准直播间建设,集结返乡青年、大学毕业生、农村创业带头人等开设一批直播企业,培育一批带货"网红",发展直播产业。截至2022年12月8日,开设直播电商企业29家,培育直播带货达人6名,建成标准直播间3个,预计全年直播交易额达1 500万元。

三是保持供货稳定。开发黔小猴等5个猕猴桃网红产品,并筛选辣椒面、李子、折耳根等特色产品,通过"电商中心+平台+基地+农户"全链条运营模式,化解农产品滞销问题。2023年以来,电商助力销售各类农产品7 200余吨。

(来源:https://mp.weixin.qq.com/s/SHhVvQc4qy8IVBM64RByhA)

想一想:还有哪些方法可以激活电商经济,助力农产品销售?

### 《消费者权益保护法》第四十四条

电商平台自建直播平台,直播平台亦为电子商务平台,其责任自然无法与电商平台相分离。《消费者权益保护法》第四十四条规定,消费者通过网络交易平台购买商品或者接受服务,其合法权益受到损害的,可以向销售者或者服务者要求赔偿。网络交易平台提供者不能提供销售者或者服务者的真实名称、地址和有效联系方式的,消费者也可以向网络交易平台提供者要求赔偿;网络交易平台提供者作出更有利于消费者的承诺的,应当履行承诺。网络交易平台提供者赔偿后,有权向销售者或者服务者追偿。网络交易平台提供者明知或者应知销售者或者服务者利用其平台侵害消费者合法权益,未采取必要措施的,依法与该销售者或者服务者承担连带责任。

网络并非法外之地,无论平台使用者还是网络平台提供者都应增强法律意识,维护消费者权益。

(来源:https://baike.so.com/doc/1221208-1291778.html)

## 二、电商卖家直播卖货

这种模式实际上就是电商卖家在直播平台上直播卖货的过程。在过去，用户在天猫、京东搜索出大量的商品，通过对货品的不断比较进行选择。然而电商直播通过主播在直播平台上介绍产品或者试用产品，屏幕上附带有随手可以点击的优惠券、红包、福袋等，商品链接能够实现用户"边看边买""边玩边买"的体验。直播的互动性极大吸引了粉丝的注意力，在这个过程中，成交率往往很高，很大程度上实现了在线下和卖家面对面交流的效果，增加了真实性，所以很适合单次金额不高、可以刺激购买的2C类业务。

## 三、短视频平台直播带货

短视频社交平台近年来快速发展，创造了一个集视听媒介、社交网络和精准传播为一体的新型社会信息交互渠道，为各类社会活动的互联网化提供了新契机。其中，基于短视频社交平台产生的"短视频+直播电商"，已经发展成一个由厂商、服务商和短视频社交平台运营商共同构成的新型商业业态，促进了整个互联网商业营销方式的变革。

例如，作为日活超6亿的抖音平台，庞大的流量基础和逐步完善的电商内容生态，一直是商家和内容创作者追逐的流量洼地。

根据飞瓜数据，2021年6月1日到7日之间，抖音太平鸟女装官方旗舰店的直播销售额超3 000万元，成了该时间段内服饰品类榜首。太平鸟服饰自2020年入驻抖音后，品牌直播月度GMV平均增速为78%。在抖音电商抢新年货节期间，太平鸟女装单场直播成交额达2 800万元。

品牌在短视频平台通过直播实现营收增长后，大量品牌开始加速入驻建立直播矩阵，促进了直播主播数的增长，也让电商直播再次迎来黄金增长期。数字是最真实的，短视频直播平台已经成为商家关注的新机会。而这些数字也一度让行业揣测，天猫、京东、拼多多的电商三足鼎立之势或许将被打破。

**抖音直播帮福鼎白茶打破地域圈层**

拥有万顷茶园基地的行茶好茶叶在原料品质环节便具备优势，但因受众有限、难以承接新客流量，在"打响品质白茶知名度"之间，还差一个"品牌心智"。

2022年"双11",行茶好茶叶与多位达人携手,不仅合作带货,还跟福鼎当地百年白茶品牌梅伯珍茶业进行品牌IP合作,协同专项项目的站内曝光资源,最终打造品销效应,其间销量增幅高达527%。抖音为白茶商家配备多重曝光资源,激发广泛用户对白茶的兴趣与探知行为。通过曝光资源加持,项目在助力商家提高产品曝光度的过程中,同时强化传播关键词"福鼎白茶",协同放大福鼎白茶产业带的传播声量。

项目瞄准用户对"暖冬喝白茶"的种草偏好,通过爆款好物玩法与多元物料进行用户种草,输出趣味海报与花式喝法,所打造的"白茶竟然可以这么喝"话题页实现1 836万次播放。使用场景与情绪需求链接,层层激发用户兴趣、赢得用户青睐,不仅让更多用户接触到福鼎白茶产业带,也助力福鼎白茶产业带建立品质化的品牌印象。

(来源:https://news.sina.com.cn/sx/2022-12-01/detail-imqqsmrp8220564.shtml)

作为电商直播的相关从业人员,应该助力优质产业带商家打破地域圈层,让更多用户能够享受产业带的优价好物,多聚焦于更多产业带生态的曝光与增长,助力打造产业带名片,提升地方好品好商的知名度,为商家与消费者缩短沟通距离,也为当地产业发展带来增量价值,在获得经济效益的同时为社会的发展出一份力。

**一、实训主题**

搜集不同种类产品的直播电商卖家。

**二、实训目的**

通过上网检索,搜集不同种类产品的直播电商头部卖家的案例,了解电商卖家直播卖货的行业情况。

**三、知识点**

直播电商的主流模式。

**四、实训说明**

**步骤1** 教师下发任务:4人一组,通过网络检索,搜集不同种类产品的直播电商卖家的案例,并将结果填入表2-5中。

**步骤2** 完成后选派一名成员发表观点。

表 2-5　不同种类产品的直播电商卖家

| 产品类别 | 直播电商头部卖家 | 主要直播平台 |
|---|---|---|
|  |  |  |
|  |  |  |
|  |  |  |
|  |  |  |

**步骤3** 评价反馈：对搜集结果进行讨论，小组互评、教师给出评价，并完成表2-6。

表 2-6　实训评价反馈表

| 实训课程（项目名称） | | | | |
|---|---|---|---|---|
| 评价项目 | 主要内容 | 自我评价 | 小组互评 | 教师评价 |
| 实训规范（10分） | 遵守操作规程，不违规操作设备。<br>实训场地的整洁和工具的正确使用。 |  |  |  |
| 实训准备（10分） | 对实训内容有充分的了解和准备。<br>提前收集了必要的资料和信息。<br>对实训所需的工具和材料进行了适当的准备。 |  |  |  |
| 实训项目（50分） | 是否能够独立或在小组内完成实训任务。<br>在实训中是否能够灵活运用所学知识和技能。<br>在实训中的表现，包括创新思维和问题解决能力。 |  |  |  |
| 实训过程质量控制（10分） | 是否能够对实训过程中的关键点进行检查和控制。<br>是否能够及时发现并纠正实训中的错误和偏差。<br>是否能够根据反馈进行必要的调整以提高实训质量。 |  |  |  |
| 实训效果（20分） | 学生在实训结束后的成果展示，包括完成的任务、制作的成品等。<br>实训目标的达成情况，以及学生对实训目标的理解和实现程度。<br>反思和总结，包括实训中的收获、存在的问题和改进建议。 |  |  |  |

# 任务 2-3　直播电商的行业现状

**知识目标：**

1.了解淘宝、快手、抖音三个直播平台的发展。

2.了解各互联网公司的直播业务。
**技能目标：**
能够把握当下各类直播电商平台的发展历程和各自的特色。
**思政目标：**
加强对"乡村振兴战略"等政策的理解，能在今后的工作中具备正向价值内容创作的意识。

## 一、淘宝直播的兴起

如图 2-6 所示，在 2016 年直播元年，淘宝也上线了直播板块，但在那时，淘宝直播板块的位置还在手机淘宝 App 的第四屏，即打开手机淘宝后，要用手往下划 4 下，才能看到入口。

图 2-6　淘宝直播的历程

2018 年 3 月 30 日之后，淘宝直播板块的位置移到了淘宝 App 第一屏的位置，流量一下子从百万级上升到了千万级，较早入驻的机构纷纷获益。同时，机构和商家直播都被放开了限制，只要商家有 MCN 模式运营经验，都可以申请开通淘宝直播。

2019 年，超过一半的天猫店铺开通了淘宝直播。

2020 年，淘宝直播宣布：所有线下商家都能零门槛、免费开播，甚至没有淘宝店也能开通淘宝直播，当月新开播商家数量飙升。

到了 2023 年，中国直播电商市场规模达到 4.9 万亿元，直播电商已成为网络购物用户购买商品的重要途径之一。淘宝直播在这一过程中不断创新和完善，形成了多元化的商业模式和成熟的市场体系。

与京东、拼多多等电商平台相比，淘宝直播培养出了李佳琦等头部主播，先入局的流量以及品牌优势，让淘宝直播成为品牌及主播卖货的主战场。

淘宝是强电商属性，具有丰富的商品品类，可以依托自身流量和外部平台流量作为流量分发的基数，且用户多以一、二线城市为主，四、五线下沉市场也有覆盖。淘宝通过建立直播入口，可以直接将货、人聚集在一个场景中，对于品牌而言，是理想的线上销售场景。但是，强电商属性也意味着在该平台进行直播的品类十分丰富（图2-7），这对于小众品牌商家来说不具备优势，流量较为集中在头部商家和主播。

图 2-7　淘宝直播界面图
（资料来源：淘宝网）

## 二、快手直播的带动

依靠短视频发展起来的快手，在拥有了大量用户后，又找到了新的发展方向：将互联网电商和互联网直播两个行业聚合到一起，通过不断优化，慢慢走上了直播电商的路。

2018年年底，快手牵手电商，快手小店购物车目前已经对接了淘宝、天猫、京东、拼多多、有赞、魔筷星选六种主流电商交易平台及自建小店等。相比抖音，快手注重下沉市场，流量均匀分发，很受三、四线城市喜爱。疫情期间，快手电商通过推出多重专项扶持举措，切实帮助不少门店商家在线上恢复生意，缓解特殊时期的经营压力。

快手兼具媒体和电商双重基因，受益于私域流量和粉丝黏性，快手电商发展迅速，已经成为覆盖全国的国民级业务。快手以下沉市场为主，弱运营管控，基于社交和用户兴趣进行内容推荐，主推关注页推荐内容，同时增进主播和粉丝之间的关系和黏性。

## 三、引领直播潮流的抖音

如图 2-8 所示，2017 年，抖音直播上线，当时的开播门槛较高，抖音粉丝在 5 万以上的达人才有开播的权限，随后直播的门槛越来越低。

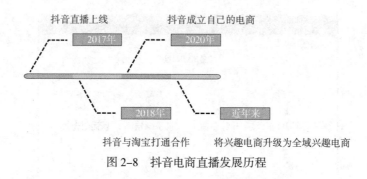

图 2-8　抖音电商直播发展历程

2018 年 3 月，抖音与淘宝打通合作，多个百万级以上的抖音号开始出现购物车按钮，点击后就可出现商品推荐信息，该信息能够直接链接淘宝。同年 5 月，抖音为部分达人开通了商品橱窗链接，用户可进入达人的个人店铺购物。同年 12 月，购物车功能正式开放。自此，抖音正式踏入"短视频 + 直播"电商之路。

2020 年 6 月，抖音成立自己的电商部门，官方应用程序"抖音小店"横空出世。同年 10 月，抖音直播正式切断与第三方电商平台的合作。

近年来，抖音宣布将兴趣电商升级为全域兴趣电商。在这一新的发展阶段，兴趣电商的经营场域从以短视频、直播为核心的内容场，延伸至以搜索、商城、店铺共同构成的中心场，以及加深品销协同的营销场。由此，"人找货"和"货找人"的链路被双向打通，商品也成为其中的关键角色，好商品是好内容的前提，也是好服务的基础。对于经营者来说，在全域兴趣电商时代，洞察消费者的兴趣所在，进而围绕用户兴趣进行内容创作和商品开发，才能获得持续的增长。

抖音电商逐渐成了行业热门，大量用户通过短视频直播的推荐，发现并购买获得心仪商品；大量商家通过商品内容的营销方式让自己的品牌、商品被用户知晓并购买；大量明星、达人纷纷投入进来，成为一名电商主播，通过自己的影响力、专业度、责任心为万千粉丝精挑细选并推荐万千好物，让万千好物走入千家万户。

## 四、各大平台高调入局

除了淘宝、快手、抖音，各大互联网公司紧锣密鼓地加速布局直播电商业务。2020 年 3 月，微博宣布正式推出"微博小店"，斗鱼上线"斗鱼购物"；2020 年 11 月，百度上线电商直播。此前，微信小程序、陌陌、知乎、小红书、网易考拉、京东、拼多多、蘑菇街、洋码头等也已经入局直播带货，这意味着以 BAT 为代表的互联网公司全部入局直播带货。

## （一）微信小程序

微信小程序直播是微信在 2020 年 2 月 28 日"新鲜出炉"的直播方式，也是微信官方提供的商家经营工具和原生直播平台。商家通过直播组件，可以在微信小程序中实现直播带货，用户则可以在小程序内观看直播（图 2-9）。

图 2-9　微信小程序直播

## （二）微博

2020 年 3 月，微博全面升级电商产品功能，正式推出"微博小店"（图 2-10）。微博小店为用户提供一整套店铺管理服务，主要包括：商品的添加与管理、核心经营数据服务、推广信息设置等功能。用户开通微博小店后，不仅可以系统化管理和展示店铺，而且可以解锁电商内容激励、小店购物津贴、返佣激励计划等多项专属权益。同时，微博小店宣布推出一系列电商扶持政策，包括电商内容激励计划、小店购物津贴、返佣激励计划、专属运营对接、在线电商学院、专属直播权益等多项权益。

图 2-10　微博上线"微博小店"

微博已建立起独特的"内容—粉丝—用户—收益转化"粉丝经济模式，在收益转化方式上提供了广告代言、电商、付费订阅等多元化选择。其中，电商是微博内容作者最主要的收益转化方式，大V用户中发布电商内容的比例达到30%。随着微博小店的上线，微博进一步强化了"社交+电商+直播"的消费场景，为用户的电商收益转化发挥了很大的效能。

### （三）斗鱼直播

早在2016年"双11"，斗鱼与淘宝合作，实现边看边买的电商场景，此后还正式上线电商平台"鱼购"，业务线拥有20多人，但模式更像是传统电商，并非现在的主播带货。

斗鱼电商直播项目启动以来，斗鱼已经先后通过峰峰三号、正直博等户外主播在直播带货业务上进行了尝试，与阿迪达斯、耐克等运动品牌展开过合作。斗鱼也明确了购物定位——日用品、食品类、男性运动潮牌、科技数码等。

斗鱼直播带货主要针对男性为主的粉丝群体。这个定位与斗鱼的用户属性相关，由于此前以游戏、二次元内容见长，斗鱼用户中单身男性占比77.5%。

斗鱼在电竞行业为游戏"带货"的能力在行业中有目共睹，"斗鱼购物"正是平台在游戏推荐之外满足用户多样化消费需求的一次全新尝试。

**抖音获得电商行业内容生态健康指数第一名**

国内首份《电商行业内容生态健康指数报告》提出"电商行业内容生态健康指数"这一概念，包括免疫指数和责任指数两大一级指标和相应的二级、三级细分指标。综合评估发现，抖音电商以总分98.1分摘得电商行业内容生态健康指数第一，并在内容活跃性、内容正向度等细分指标上获得第一。

评估结果显示，激发创作者活力和鼓励正向价值内容创作，是抖音电商内容生态保持健康状态的主要原因。

一方面，抖音电商内容创作者增长迅速，分布均衡、多集中于腰部，原创用户内容生产活跃，带货能力较强。飞瓜数据的研究显示，2022年上半年抖音新入场的创作者比2021年同期增长172%，腰部创作者迎来快速发展期，上半年粉丝量在100万以下账号涨粉量占比达到73.5%。其中既有前央视著名主持人"王小骞""李小萌"，也有回乡创业，投身乡村振兴的年轻人，如"婵子姐弟"。

另一方面，正向积极的信息在抖音电商内容生态中占据主导地位。《报告》分析抖音电商平台信息发现，正向情绪的内容占比95.4%，"新农人计划""好物推荐""山货上头条""春雨计划""乡村振兴""全民好书计划"等成为高频词，这体现了抖音电商在建设内容生态、培育优质作者和践行社会价值上的努力。

近年来，越来越多"新农人"走进抖音电商，把当地特色的农产品销往全国各地。

（来源：《电商行业内容生态健康指数（ECHI）报告》http://qiye.chinadaily.com.cn/a/202212/05/WS638d9da5a3102ada8b2253c3.html）

内容生态是指内容生产相关主体在运营中进行的生态化发展，只有几者之间都能相互关联互助、和谐发展才能实现内容生态。如果竞争模式不健康，买流量、买内容、买用户、高投入不可持续，大量补贴确实推动了一段时间内的注意力热潮，但也很容易导致低俗化泛滥不可遏制，给商业化和政府监管带来极大风险。从内容生态的长远发展来看，确保健康的核心不是无节操炒作，也不是塑造没有正能量的"空心偶像"，而是发现和满足用户的核心需求。

一、实训主题

整理教材中未介绍的直播电商平台的发展情况。

二、实训目的

通过搜集和检索各类直播电商平台，让学生进一步了解直播电商的行业现状。

三、知识点

直播电商的行业现状。

四、实训说明

步骤1 教师下发任务：介绍两个教材以外的直播电商平台。

步骤2 学生对直播平台展开分析，并完成表2-7。

步骤3 教师选取学生发表观点。

表2-7 直播平台分析表

| | | |
|---|---|---|
| 直播电商平台 | | |
| 平台直播业务开通的时间 | | |
| 主打 | | |
| 用户画像 | | |
| 评价 | | |

**步骤4** 评价反馈：对分析结果进行讨论，教师给出评价，并完成表2-8。

表 2-8 实训评价反馈表

| 实训课程<br>（项目名称） | | | | |
|---|---|---|---|---|
| 评价项目 | 主要内容 | 自我评价 | 小组互评 | 教师评价 |
| 实训规范<br>（10分） | 遵守操作规程，不违规操作设备。<br>实训场地的整洁和工具的正确使用。 | | | |
| 实训准备<br>（10分） | 对实训内容有充分的了解和准备。<br>提前收集了必要的资料和信息。<br>对实训所需的工具和材料进行了适当的准备。 | | | |
| 实训项目<br>（50分） | 是否能够独立或在小组内完成实训任务。<br>在实训中是否能够灵活运用所学知识和技能。<br>在实训中的表现，包括创新思维和问题解决能力。 | | | |
| 实训过程质量<br>控制（10分） | 是否能够对实训过程中的关键点进行检查和控制。<br>是否能够及时发现并纠正实训中的错误和偏差。<br>是否能够根据反馈进行必要的调整以提高实训质量。 | | | |
| 实训效果<br>（20分） | 在实训结束后的成果展示，包括完成的任务、制作的成品等。<br>实训目标的达成情况，以及学生对实训目标的理解和实现程度。<br>反思和总结，包括实训中的收获、存在的问题和改进建议。 | | | |

# 任务 2-4　直播电商的发展趋势

**知识目标：**

1. 了解当下直播电商出现的新的变化趋势。

2. 把握电商内容化在人、货、场三个元素上的体现。

3. 了解5G技术对直播电商行业的影响。

**技能目标：**

能够通过合理的判断标准对一场电商直播的内容质量进行评判。

**思政目标：**

1. 了解发展科技和创新对国家和经济发展的重要意义。

2. 增强科教兴国的思想认知，培养自身的实践能力和创新精神。

# 一、直播电商的新改变

## （一）长期主义，注重"直播间品牌"打造

在当下这个时代，直播将会是一种非常长期的形式，也是未来消费趋势中很重要的一种形式。所以，直播已经成为品牌方战略级的项目，是这个时代驱动下的产物。

随着行业监管叠加政策扶持，以及经济稳健增长、技术不断发展成熟等，直播电商行业呈现规范化、品牌化、长期化的趋势。

随着国家对直播营销多个政策的出台，以及8条红线的提出，多平台主动完善治理规则、主播首推选品标准合规化，推动着消费场景的转移和直播电商行业的渗透，整个直播电商生态进一步健康有序地发展。和国家高质量发展旋律一致，直播电商的发展在品质上也不断夯实和升级，而不仅仅是靠规模制胜。

在长期主义成为直播电商发展主旋律的当下，"直播间品牌"将成为行业标杆，引领行业打造出更成熟的直播电商生态，引爆线上消费潜力的同时也推动着消费和零售产业链的升级。而在直播电商常态化的过程中，企业自播逐渐形成一股不容忽视的力量，成为直播电商不断渗透和普及的主渠道。

## （二）形成直播矩阵

如今，活跃在各个电商平台上的品牌身影越来越多，他们通过积极参与电商活动、邀约头肩腰尾部KOL带货和开启高时长、高频次常态直播，逐渐找到了符合自己经营的方式，也有很多品牌在店播外，建立起了一支成熟的自播账号矩阵。例如，美的基于不同的产品、服务和解决方案搭建起了自播账号矩阵，在抖音设置有@美的官方旗舰店、@美的空调、@美的智能家居旗舰店、@美的冰箱旗舰店等多个蓝V账号（图2-11）。蓝V的差异化定位，不仅能够更好地服务用户的个性化内容获取需求，也能为直播间导入更精准的流量，提升用户在直播间的停留与转化。

图2-11 美的在抖音搭建的自播矩阵的部分账号

### "直播+"转变为"+直播"！直播电商进入个性化布局阶段

"这款沙拉鸡胸肉，喜欢健身的姐妹可以拍起来。"2022年11月29日晚，杨云在其抖音直播间内带领网友"云健身"，同时利用间隙推荐低脂鸡胸肉、跳绳等运动、健身相关产品。2022年初，奥运冠军杨威与人合作创办某品牌管理有限公司，同年5月，杨威夫妇开始在抖音试水直播电商，杨威凭借个人影响力带货国产商品，杨云则开启线上直播健身课堂，边引流边带货。

《湖北日报》全媒记者采访发现，无论是达人直播还是品牌店播，都在走向个性化运营。品牌、商家基于自身定位，结合大数据对商品售卖趋势、粉丝画像的洞察，通过精准、多元的运营策略，提升商品销量。不少商家已从单纯的直播卖货，转为通过直播做品牌打造和消费者运营。

（来源：https://mp.weixin.qq.com/s/uSbL_oHdEpqTRsp3KBP2ZA）

想一想：这种个性化运营的趋势会对直播带货产生什么影响？

## 二、直播电商内容化大趋所示

电商平台通过直播内容实现电商内容化，内容平台通过内容孵化带货实现内容电商化，二者相互影响、互相渗透。马斯洛需求理论同样适用于直播电商场景（图2-12），用户从看商品到看内容，从物质需要、情绪需要再到价值需要，小小直播间正在发生着巨大的"审美"升级。

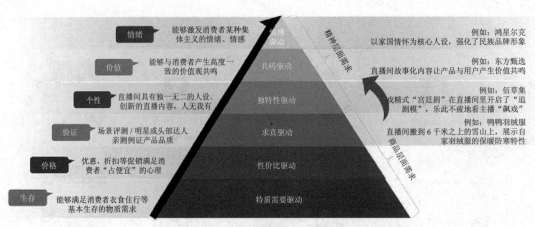

图2-12 马斯洛需求理论在直播电商场景的应用
（资料来源：《2023年中国直播电商机会洞察报告》）

近年来，随着高客单价品类在电商上的直播渗透率提升，用户的直播购物习惯也开始慢慢养成，内容化直播模式的转型为行业开辟出一个业务增长的新突破口。

基于平台大数据验证，直播优质内容商业价值更高，在 GPM 表现上（每 1 千次曝光产生的销售额）较低质、普通内容分别高出 84.9% 和 35.9%，在用户消费决策方面，优质内容用时也更短。

电商内容分级体系包含 6 个一级维度，如图 2-13 所示。其中声画质量是基本门槛，信息价值和直播交互是核心维度，作者影响力、品牌价值、商品品质是加分项。

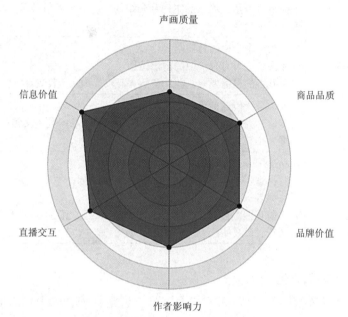

图 2-13　直播内容质量分级权重示例
（资料来源：《流量突围新引擎：2022 抖音电商优质内容说明书》）

其中，"信息价值"的判断维度和判断标准见表 2-9。

表 2-9　直播信息价值内容质量的评判标准

| 判断维度 | | 判断标准 |
| --- | --- | --- |
| 出镜主体 | 专业度 | 出镜人/物品的形象，作为出镜主体是否合适<br>a. 主播着装：是否得体（不夸张/不低俗/干净整洁）<br>b. 主播谈吐：语速/音量是否适中，介绍是否有条理性<br>c. 主播情绪：是否积极/稳定<br>d. 物品陈列是否整齐，是否存在引人不适/低俗等问题 |

续表

| 判断维度 | | 判断标准 |
|---|---|---|
| 信息含量 | 专业度 | 是否可持续向看播用户正向输出，让用户获得增益（如：加深商品了解、学到知识）<br>a.商品决策属性的信息含量（如：服装—款式/颜色/面料、美妆—功效/成分含量/使用方法、食品—口感/成分等）<br>b.相关领域专业性观点含量（如：技能展示、功能原理、设计理念等）<br>c.画面/音频信息配合度（如：介绍细节展示细节；介绍整体展示整体款式） |
| | 可读性 | 信息是否便于用户理解<br>主播语言表达：展示的案例和介绍的信息是否通俗易懂，在用户理解层面是否具有高门槛 |
| | 趣味性 | 是否为一个合格的直播间<br>直播内容是否有有价值的信息传递<br>符合基本的直播要素，如：讲解、互动、展示/表演等（反例：挂机） |
| 信息输出 | 价值观 | 内容本身所传达的价值观是否正确<br>内容传达的观点、认知、理解、判断是否存在问题（反例：认可或借用拜金、炫富、小三、出轨等话题博眼球） |
| 场景化/商品卖点 | 场景化介绍 | 商品适用场景信息的丰富程度怎么样<br>a.商品适用场景描述的丰富、形象程度（如：季节、场合、肤质、喜好、使用习惯等）<br>b.人货场匹配度："出镜形象、场景/环境、商品" 三者是否违和，是否可给消费者以真实感/沉浸感 |

## （一）人——内容品质化

在此前的直播带货领域，"货"大于"人"可以说是共识，因为在前期跑马圈地时期比的就是硬实力，"货"的概念不但代表着主播能否提供"全网最低价"，也包括商品供应链、选品的品控等方面的能力优势。

但随着产业进一步发展，这些前期优势有些是后来者难以匹配的，有些会随着平台服务能力的完善逐渐抵消，"人"的价值会在这个过程中逐渐放大。无论是抖音的"兴趣电商"还是快手的"新市井电商"，都在给传统的直播生态上附加值，或者是兴趣内容，或者是圈层影响力。

带货的方式也是有质量的，有差异化价值的，是真正的"知识干货"。企业或主播可以开启"专业+种草达人+主播"同场带货模式，将新颖丰富的直播内容+专业有用的知识+带货环节融合在一起，用户看完直播不仅能够学到知识，而且还能安心购买，且意犹未尽。此外，在直播内容方面，私域直播也可以在趣味性内容方面多下功夫，最好和主播人设结合起来，让直播呈现高质量的可观看性，让直播内容能够健康且合理地发展，主播也能快速成长。

从转型开始，东方甄选就一直在尝试双语带货，经历了半年的市场验证，最终在2022年6·18大促季来临之际赢得了多方点赞。在董宇辉老师出圈的那场直播中，消费者在直播间里有了一种满满的知识获得感。在介绍原切牛排时，董宇辉给观众讲解了"7分熟""全熟"等英文用词，课堂式的直播间，高频输出的知识点，让东方甄选彻底打出了核心价值。在东方甄选直播间里，没有宝宝和家人，没有喊单式叫卖，只有段子式的知识点，譬如卖大米时会讲解农作物与人类起源，卖冻干榴莲时会科普物理原理。信手拈来的各种好玩又醒脑的知识点，激起了消费者浓厚的兴趣。

（来源：https://www.sohu.com/a/560332166_104421）

### （二）场——场景形式不断创新

相较于传统的图文详情页介绍，直播电商带给了消费者更全面的购物体验，在直播间，用户可以通过多维度、立体化的呈现方式去了解商品细节。而在这方面，伴随着5G时代的到来以及直播新科技的不断研发直播电商在未来，将会不断带给用户新的惊喜。

举个例子，在目前的技术手段上，主播可以采用多机位、体验式、画中画或虚拟场景融合等5G技术方式为直播间产品的销售赋能，吸引精准消费者；还可以利用分屏画面来呈现画面，比如一屏是主播在展示美食的卖点，一屏是生产线有大量的产业工人劳动，另一屏我们能看到冷链仓储配送的即时画面。

事实上，随着MR/VR技术的发展，一些直播间还拥有了更明显的沉浸式体验，通过营造虚拟直播间，360度全视角的身临其境，同时其他感官也将被逐步模拟出来。未来，随着科技的进步，借助人工智能机器人+VR/MR技术+5G的组合，或许它会将我们带入一个全新的"视界"，蕴藏无限可能。

### （三）货——货品多元化

在"万物皆可播"的环境下，内容带货的"货"不再局限于食品、服饰、美妆等刚需型品类，越来越多的小众行业正在借助平台和内容升级完成"走出去"。对于这类非刚需、高客单价产品来说，通过直播实时展示货品，对消费者来说无疑降低了选择难度，也免去了各类代理商的层层加价，大大缩短了消费决策的路径。

消费相对疲软的当下，用户对非必要性消费的意愿减弱，但兴趣电商却能在用户"闲逛"的过程中有效激发购物需求。例如，香云纱羽绒服、羊毛帽衫、盘扣连衣裙……伴随着模特款款走上T台，一场新品发布会在直播间上演。在模特们的精彩演绎之下，这些融合了古风与时尚的高端服饰吸引了不少的观众驻足，感受着定制面料制成服饰的独特魅力。

2021年10月，来自杭州的主播静龙锦累计GMV近2 000万，而这次活动也为静龙锦带来了 10 倍日销的 GMV。在快手"116 品质购物节"期间，静龙锦的 GMV 更是环比日均增长 800%。

作为最早一批入驻快手的小众垂类品牌，静龙锦早期通过科普短视频的方式，不仅快速打开了小众商品线上销售局面，还积累了较强的私域优势，以充分保障高复购率，跻身快手丝绸类目 TOP1。

## 三、与传统电商进一步融合

淘宝直播正在加大对直播电商的内容投入，抖音、快手上线和加大货架商城，可以让传统电商从直播电商的增长中获益，而未来直播电商还会因为技术进步和各平台互联互通以及竞争出现更多的变化和创新，无论是电商平台、内容平台还是社交平台，在直播带货业务领域仍然有需要强化和提升的部分。

直播电商的互动性、主播的感染力和引导消费能力都要比货架电商强很多，这些特性都能够让直播电商在大促期间获得更好的增长。目前，兴趣电商 + 货架电商已成趋势，一方面让传统电商从直播电商的增长中获益；另一方面也体现出直播电商未来的增长潜力。

## 四、5G 等技术推动行业发展

2020 年是 5G 商用元年，在这一年，各项与网络有关的产业都在 5G 的加持下，向更高、更快、更好的方向迈进。直播电商本身依托于网络不断地向前推进，所以必然会受到 5G 的影响，以一种新的姿态为消费者服务。

### （一）优质画面和声音，带来优质观看体验

直播电商对于画面和声音有一定的要求，主播需要借助动感强的画面、流畅度好的声音，更加全面、立体地向消费者进行商品展示。

5G 最大的特点就是高速度、低延迟。5G 的全面普及，使得数据传输速度又一次得到升级，在 5G 的驱动下，直播电商将迎来更好的发展机会。不但整体画面、声音流畅，而且主播在实时展示商品的瞬间也能无比清晰，无论商品纹理，还是头发丝、毛孔等都能看得一清二楚。对于那些更加注重商品细节的消费者，清晰度高、卡顿率低、音质好、低延时的实时直播，不但能够进一步加深对产品的理解，还能给其带来极好的直播观看体验。这与 4G 时代的直播电商相比，更容易促成消费者购买。

### （二）新技术应用，带来新奇购物体验

5G 技术的普及，可以使那些原本在 4G 时代无法"大展拳脚"的前沿技术有更好的用武之地。5G+VR，应用于直播电商购物领域，在未来可以成为主流。直播电商是在线上完

成实时直播、线上完成即时购物。有了5G+VR，未来的直播电商将不再需要消费者反复研究买家秀和商品评价，而是让消费者真正看得到自己试穿的样子。消费者只需要提前扫描身体录入数据，就可进入虚拟环境中试穿。这样，无论是码数、颜色还是款式，适合与否，答案立现。对于消费者而言，不但可以有效提升消费者购物的新奇感，还可以带来更加便捷的购物体验；对于商家而言，不但省去了主播试穿的时间成本、工资成本等，而且能有效提升销售转化率。

（三）万物互联，带来优质物流体验

做电商，前端有推广，中端有交易，后端有物流，才能形成一个完整的交易闭环。所以，物流环节能否给消费者带来良好体验，也是做直播电商不可忽视的重要方面。

随着网购的不断普及，消费者不仅关注产品品质，而且对物流配送的时效性也提出了越来越高的要求。他们更加希望自己能在最短的时间内收到包装完好的产品，也希望自己能够实时、精准地了解自己购买产品的物流情况。这就给仓库物流带来了新的机遇和挑战。

5G+物联网，可以实现万物互联，人、货、场的连接更加紧密，买家—货品—仓库—拣货员—运输员—运输路线—配送员—买家签收，整个流程变得更加透明化、可追溯，将更好地实现动态物流的实时、精准跟踪。物流实现质的飞跃，使得消费者可以获得比4G时代更好的物流体验。

未来已来。5G时代的来临，将为直播电商的发展带来更多省时、省力、省成本的优势，同时也为直播电商赢得更加快速、高效的变现能力。5G全面商用，直播电商的好戏才刚刚开始。

**唯品会"智慧物流"破题人力短板**

在2022年的消费节大促中，为了更好地在电商节期间保障配送，电商平台在积极行动。举例来看，唯品会一方面与顺丰建立了战略合作关系，另一方面，为了应对可能会出现的人力不足的问题，唯品会自营的物流仓储也提前根据订单预测补充人力，准备了充足的包装物料。

唯品会在智慧物流方面的尝试并非孤例。据旷视科技方面介绍，国控广州物流中心进行数智化升级后，整体效率提升25%，每天平均作业完成时间提前2小时，预计未来5年将节约上千万元成本。

（来源：https://baijiahao.baidu.com/s?id=1751936823363959421&wfr=spider&for=pc）

如今，从输送系统、分拣系统、货到人拣选系统、电子标签分拨系统、集货缓存系统、智能包装系统再到纸箱折盒封盒系统等多个环节，数字化的手段正在愈加密集地覆盖至物流配送。在数字化加持下，物流行业正在加速升级。这不仅是快递物流数字化所带来的效率增益，更意味着我国快递物流行业全球竞争力的提升。从该案例中可以看到发展科技和创新对国家和经济发展的重要意义，作为直播电商的从业者也应增强科教兴国的思想认知，培养自己的实践能力和创新精神。

一、实训主题

对一场电商直播的信息价值进行评分。

二、实训目的

通过实训，让学生能灵活运用所学的理论知识，能对一场电商直播的信息价值作出合理科学的内容质量评估。

三、知识点

电商直播内容质量判断。

四、实训说明

**步骤1** 教师发布任务：选择一场有代表性的电商直播进行观看，根据所学的直播信息价值内容质量的评判标准的相关知识给予评分。

**步骤2** 学生在观看直播后进行分析评判，并完成表2-10。

**步骤3** 教师选取学生分享自己的评分结果和理由。

表2-10 电商直播信息价值内容质量评分表

| 判断维度 | | 判断标准 | 得分 |
| --- | --- | --- | --- |
| 出镜主体（20分） | 专业度 | 主播着装 | （ /5分） |
| | | 主播谈吐 | （ /5分） |
| | | 主播情绪 | （ /5分） |
| | | 是否存在引人不适等问题 | （ /5分） |

续表

| 判断维度 | | 判断标准 | 得分 |
|---|---|---|---|
| 信息含量（30分） | 专业度 | 商品决策属性的信息含量 | （　　/6分） |
| | | 相关领域专业性观点含量 | （　　/6分） |
| | | 画面/音频信息配合度 | （　　/6分） |
| | 可读性 | 主播语言表达 | （　　/6分） |
| | 趣味性 | 直播内容是否有有价值的信息传递 | （　　/6分） |
| 信息输出（10分） | 价值观 | 内容传达的观点、认知、理解、判断是否存在问题 | （　　/10分） |
| 场景化/商品卖点（40分） | 场景化介绍 | 商品适用场景描述的丰富、形象程度 | （　　/20分） |
| | | 人货场匹配度 | （　　/20分） |

**步骤4** 评价反馈：对评分结果进行讨论，教师给出评价，并完成表2-11。

表2-11　实训评价反馈表

| 实训课程（项目名称） | | | | |
|---|---|---|---|---|
| 评价项目 | 主要内容 | 自我评价 | 小组互评 | 教师评价 |
| 实训规范（10分） | 遵守操作规程，不违规操作设备。<br>实训场地的整洁和工具的正确使用。 | | | |
| 实训准备（10分） | 对实训内容有充分的了解和准备。<br>提前收集了必要的资料和信息。<br>对实训所需的工具和材料进行了适当的准备。 | | | |
| 实训项目（50分） | 是否能够独立或在小组内完成实训任务。<br>在实训中是否能够灵活运用所学知识和技能。<br>在实训中的表现，包括创新思维和问题解决能力。 | | | |
| 实训过程质量控制（10分） | 是否能够对实训过程中的关键点进行检查和控制。<br>是否能够及时发现并纠正实训中的错误和偏差。<br>是否能够根据反馈进行必要的调整以提高实训质量。 | | | |
| 实训效果（20分） | 在实训结束后的成果展示，包括完成的任务、制作的成品等。<br>实训目标的达成情况，以及学生对实训目标的理解和实现程度。<br>反思和总结，包括实训中的收获、存在的问题和改进建议。 | | | |

# 3 项目3 直播电商的准备

## 课程导入

　　不论是作为新手还是具备经验的从业人员，要打造一场合格的电商直播，都需要做好充分的准备工作。电商直播都依托于对应的平台，所以，开通相应平台的权限、熟悉平台的规则、学会创建直播间，这些都是开启一场带货直播的必要条件。此外，直播前的准备工作还包括对目标市场进行深入分析、了解潜在客户的需求和偏好以及竞争对手的策略，这有助于制定出更具吸引力的直播内容和营销策略。

1. 开通直播权限。
2. 熟悉直播平台的规则。
3. 建立直播间。

# 任务 3-1　开通直播权限

**知识目标：**

了解淘宝、快手和抖音三个平台各类主体直播权限开通以及相关资质认证的流程和注意事项。

**技能目标：**

能够在主流直播电商平台开通自己账号的直播权限。

**思政目标：**

增强法制意识，强化构建健康绿色直播电商生态的责任和担当。

## 一、淘宝直播开通权限

### （一）商家开通直播权限的条件

商家进入淘宝卖家直播入驻后台申请直播权限时，系统会自动校验商家是否符合开通条件：

（1）若符合开通条件，页面会显示"确认开通"，点击后即可开通直播权限进行直播。

（2）若不符合，则不显示"确认开通"，页面上将会给出不符合项，商家可以通过下述条件自检自查（图 3-1）。

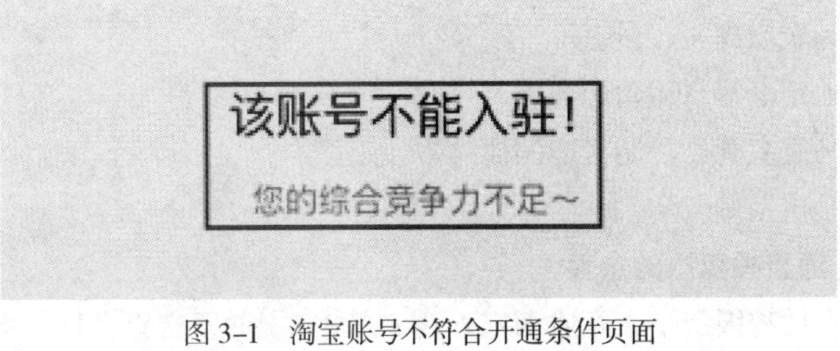

图 3-1　淘宝账号不符合开通条件页面

开通条件如下：

（1）淘宝或天猫店铺入驻直播需符合类目要求，限制推广商品类目无法入驻，限制类目可查看淘宝官网《淘宝直播平台限制推广商品说明》，如图3-2所示。

规则解读：

一、"淘宝直播平台限制推广商品"，是指主播未经允许不得通过直播形式推广应属以下类目的商品：

| 类目 | 淘宝网 | 天猫 | 闲鱼 | 阿里健康 | 淘宝特价版 |
| --- | --- | --- | --- | --- | --- |
| 疫苗服务 | 不允许 | 不允许 | 不允许 | 不允许 | 不允许 |
| 体检/医疗保障卡 | 不允许 | 不允许 | 不允许 | 不允许 | 不允许 |
| 成人用品/情趣用品 | 不允许 | 不允许 | 不允许 | 不允许 | 不允许 |
| 天猫点券 | 不允许 | 不允许 | 不允许 | 不允许 | 不允许 |
| 机票/小交通/增值服务 | 不允许 | 不允许 | 不允许 | 不允许 | 不允许 |
| 数字娱乐 | 不允许 | 不允许 | 不允许 | 不允许 | 不允许 |
| 腾讯QQ专区 | 不允许 | 允许 | 不允许 | 不允许 | 不允许 |
| 游戏服务 | 不允许 | 不允许 | 不允许 | 不允许 | 不允许 |
| 手机号码/套餐/增值业务 | 不允许 | 不允许 | 不允许 | 不允许 | 不允许 |

图3-2 关于主播发布淘宝直播平台限制推广商品的实施部分细则

（资料来源：淘宝网）

（2）淘宝或天猫店铺入驻直播需符合基础营销规则和综合竞争力的要求，会对店铺的综合数据进行校验，包括不仅限于以下数据：店铺品牌影响力、店铺动态评分、品质退款、退款纠纷率、消费者评价情况、虚假交易、店铺违规等。具体如下：

①店铺一钻及一钻以上级别。

②店铺具有一定微淘粉丝量。

③店铺具有一定老客户运营能力。

④店铺具有一定主营类目所对应的商品数。

⑤店铺具有一定销量。

（二）个人开通直播权限的条件

相较于商家直播权限，个人开通淘宝直播（图3-3）的要求更宽松。

图 3-3　个人开通淘宝直播
（资料来源：淘宝直播）

（1）必须有一个绑定了支付宝实名认证的淘宝账号，且年满 18 周岁（同一身份信息下只能允许 1 个淘宝账户入驻）。

（2）淘宝账号已在阿里创作者平台注册成为达人。

（3）账号未开店；已开店的账号希望申请成为达人主播，必须先释放店铺；若不释放店铺，需要走店铺直播权限开通流程。

（4）具备一定的主播素质和能力，满足淘宝直播平台的主播要求。

平台还会根据达人的内容生产、粉丝运营等进行综合评估，进行等级划分，不同等级可获得相应的激励机制。

（三）机构开通直播权限的条件

用淘宝账号登录淘宝直播机构后台，开通机构类直播权限的账号须满足以下要求（图 3-4）：

图 3-4　机构开通直播权限的条件
（资料来源：明智云）

（1）账号需要绑定支付宝，并通过支付宝实名校验。

（2）实名认证必须为企业账号，通过企业认证。

（3）账号所有者的身份主体只允许开通一个机构账号。

（4）账号所有者的身份主体需要通过淘宝联盟实名认证。

登录后需要选择入驻的角色类型。目前机构后台分为8个角色类型，请选择符合公司业务发展的1个类型进行入驻。入驻成功后可以再申请开通其他类型的角色。

角色包括（图3-5）：

（1）MCN机构：提供UGC/KOL/红人/明星/自媒体等达人孵化服务。

（2）商家直播服务商：为淘宝/天猫店铺提供直播代播、代运营托管、直播培训等商家直播服务。

（3）档口直播服务商：为线下档口商家提供直播能力培训和运营支持。

（4）导购直播管理：线下品牌、经销商及第三方机构，管理导购直播服务。

（5）村播服务：为新农人提供直播能力培训、运营孵化。

（6）PGC专业内容及制作机构：电视、媒体、制作公司、传播公司等。

（7）整合营销机构：提供整合营销能力的公司。

（8）直播供应链基地：自有品牌/供应链/工厂资源，能够为机构/主播提供货品支持。

图3-5　入驻角色类型选择

（资料来源：明智云）

## 知识

《中华人民共和国未成年人保护法》第七十六条规定,网络直播服务提供者不得为未满十六周岁的未成年人提供网络直播发布者账号注册服务;为年满十六周岁的未成年人提供网络直播发布者账号注册服务时,应当对其身份信息进行认证,并征得其父母或者其他监护人同意。

2022年5月7日,中央文明办、文化和旅游部、国家广播电视总局、国家互联网信息办公室联合发布《关于规范网络直播打赏 加强未成年人保护的意见》(以下简称《意见》)。《意见》指出,禁止未成年人参与直播打赏,严控未成年人从事主播,优化升级"青少年模式"规范重点功能应用,加强高峰时段管理等。

(来源:https://xueqiu.com/4410154833/219344294)

## 二、抖音直播开通权限

### (一)个人开通直播账号和商品橱窗的条件

抖音个人注册账号后,通过实名认证即可开通直播权限。

个人如果想开通商品橱窗功能(见图3-6),其开通的条件如下:

(1)实名认证。

(2)个人主页视频数(公开且审核通过)≥10。

(3)账号粉丝量≥100。

图3-6 手机端开通商品橱窗功能

(资料来源:抖音电商学习中心)

## （二）抖音企业账号开通直播的条件

抖音企业蓝V是品牌在抖音的官方阵地，品牌主可将其作为内容营销的媒介，通过良好的内容创作和运营沉淀潜在用户，使他们转化为自己的粉丝，实现营销闭环。

企业号完成企业认证后，即可开通直播功能。

企业账号资质认证步骤（图3-7）：

（1）包括头像、用户名、签名等账号信息应符合企业身份。

（2）提交企业营业执照、认证申请公函等文件，抖音平台对此的审核十分严格，需认真对待，可以在官网和认证流程中找到下载模板。

（3）支付一定的审核费用。

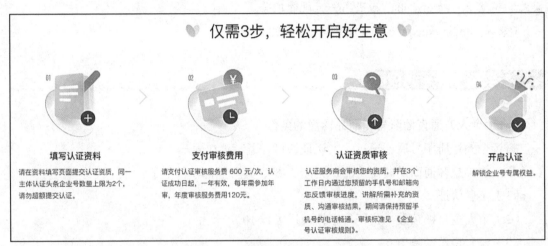

图3-7 抖音企业蓝V认证步骤

（资料来源：抖音官网）

## （三）注意事项

（1）讲解投资类直播，如推荐、分析、预测、引导投资等专业知识的主播，都需要提前获得平台认证。

（2）注意不能出现侵犯其他用户及第三方合法权益的信息，如涉及商标、软著、专利等，或者认证信息使用某小说或电视剧名称，但未提供相关有效资质。

### 虚假情感主播

"母亲重病无人管，继父卷钱跑路没良心""丈夫出差5个月，老婆却怀孕4个月""善良女人流落街头，无良老公吃香喝辣"……在短视频平台上，不少情感主播打着伸张正义的旗号，以连麦或现场调解的方式，处理着一桩桩情节离奇的家庭纠纷。直播间里，成千上万的观众在为当事人打抱不平时，全然不知这只是对方故意编排的一场戏，更没想到自己正落入他们设下的带货圈套。

对于这类现象，此前曾有短视频平台发布《"卖惨带货、演戏炒作"违规行为处罚公告》。公告称，平台已对卖惨带货、编造离奇故事、演戏炒作等行为进行违规处罚。仅30天内，平台便处理相关违规直播间446个，封禁违规账号33个，其中包含10个粉丝超百万主播，另有多位主播被封禁直播权限。

（来源：https://www.360kuai.com/pc/99e11b02444e13813?cota=3&kuai_so=1&sign=360_57c3bbd1&refer_scene=so_1）

想一想：如何辨别虚假情感主播呢？

## 三、快手直播开通权限

### （一）个人开通直播账号的条件

个人在快手首次直播之前，要先申请直播权限，需要满足以下所有条件后才能开通直播权限：

（1）满18周岁、实名认证。

（2）绑定手机号、当前账号状态良好。

（3）作品违规率在要求范围内。

系统一般会自动标记"当前账号状态良好"和"作品违规率在要求范围内"这两点。除非快手账号在申请直播权限的近期有过违规行为，这时系统会提示"账号异常，请恢复再试"，或者提示"历史违规作品过多"。因此，主播要遵守平台规范，多发布优质短视频，以此来稀释作品违规率，直到达到条件为止。

### （二）快手机构入驻的条件

如果商家、企业或相关公会要以机构的身份进行直播，须先入驻快手机构。申请成为快手机构，需要满足以下基本条件：

（1）拥有正规营业执照的实体公司/机构，且具有服务类的增值税专用发票资质。

（2）在自己内容领域持续产出优质内容。

（3）与旗下子账号有签约，对子账号的内容生产有掌控力。

（4）申请机构中有专人负责快手平台运营。

（5）待申请机构旗下账号无抄袭、发布不雅内容、违反国家政策法规等违规记录。

### （三）快手小店的开通

要在快手直播时添加商品，账号须开通快手小店功能。快手小店是供商户入驻开设店铺向消费者销售商品或服务，达成交易意向并向商户提供其他与交易有关的辅助服务的平台。

快手小店功能的开通需要按照所选择的入驻资质提供相关的资料（图3-8）：

（1）个人资质：实名认证。

（2）个体工商户资质：实名认证和营业执照。

（3）企业资质：实名认证和营业执照。

图3-8 快手小店开店步骤

（资料来源：搜狐网）

### 一、实训主题

试操作在淘宝、抖音、快手三个平台开通个人直播权限，了解三个平台权限开通流程的异同。

### 二、实训目的

通过实际操作和比较分析，了解个人开通直播权限的注意事项。

### 三、知识点

开通直播权限。

### 四、实训说明

**步骤1** 教师下发任务，同学在操作的过程中留意三个平台开通直播权限流程的异同，并将分析结果填入表3-1中。

**步骤2** 完成后老师抽选一名学生发表观点。

表 3-1　三个平台个人直播权限开通流程的异同

| 异 | 同 |
| --- | --- |
|  |  |
|  |  |

**步骤3** 评价反馈：对于分析结果进行讨论，教师给出评价，并完成表3-2。

表 3-2　实训评价反馈表

| 实训课程<br>（项目名称） | | | | |
| --- | --- | --- | --- | --- |
| 评价项目 | 主要内容 | 自我评价 | 小组互评 | 教师评价 |
| 实训规范<br>（10分） | 遵守操作规程，不违规操作设备。<br>实训场地的整洁和工具的正确使用。 | | | |
| 实训准备<br>（10分） | 对实训内容有充分的了解和准备。<br>提前收集了必要的资料和信息。<br>对实训所需的工具和材料进行了适当的准备。 | | | |
| 实训项目<br>（50分） | 是否能够独立或在小组内完成实训任务。<br>在实训中是否能够灵活运用所学知识和技能。<br>在实训中的表现，包括创新思维和问题解决能力。 | | | |

续表

| 评价项目 | 主要内容 | 自我评价 | 小组互评 | 教师评价 |
|---|---|---|---|---|
| 实训过程质量控制（10分） | 是否能够对实训过程中的关键点进行检查和控制。是否能够及时发现并纠正实训中的错误和偏差。是否能够根据反馈进行必要的调整以提高实训质量。 | | | |
| 实训效果（20分） | 在实训结束后的成果展示，包括完成的任务、制作的成品等。实训目标的达成情况，以及学生对实训目标的理解和实现程度。反思和总结，包括实训中的收获、存在的问题和改进建议。 | | | |

## 任务 3-2　熟悉直播平台的规则

**知识目标：**

1. 了解淘宝直播规则。

2. 了解抖音直播规则。

3. 了解快手直播规则。

**技能目标：**

1. 能够合规完成一场电商直播。

2. 能够制作符合平台标准的直播间封面图。

**思政目标：**

1. 培养正确理解和实践职业规则规范的能力。

2. 增强法律意识，具备不侵犯消费者合法权益的认知。

### 一、淘宝直播规则

通过阿里创作平台及淘宝直播平台的网站、客户端及小程序发布直播等内容的主播，在直播中出镜的直播营销人员（即在直播间直接向社会公众开展营销的人员，包含但不限于轮班主播、助播、嘉宾等），通过直播间推广销售商品的商家（即发布的商品有在直播间宝贝口袋展示的商家）都需遵守《淘宝直播管理规则》。

其违规处置和信用评价如图 3-9 所示。

账号的合规安全码（图 3-10）可以帮助主播了解自己近期的合规情况，这关系到该账号是否可以获取平台相关的保障，守住绿码才能获取营销活动等权益。

图3-9 淘宝的违规处置和信用评价
（资料来源：淘宝直播白皮书）

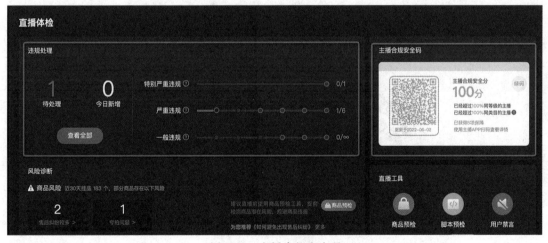

图3-10 主播合规安全码
（资料来源：淘宝直播白皮书）

合规安全码一共有四种颜色，分别是绿色、黄色、红色和灰色，不同颜色代表了不同的直播安全风险等级。原则上合规安全分越高、合规安全等级越高的主播，所获取的保障服务越全面。目前合规安全码有几大重点服务保障：营销活动保障、直播扶持计划保障、申诉服务保障、黄牛防控工具服务保障等。

（一）直播内容规范

在遵守国家法律法规和相关发布要求的基础上，淘宝平台的违规行为包括但不限于：

1. 发布低质量直播内容

（1）录播：未经允许直播过程中播放录制的视频。

（2）多开：未经允许多个主播（主播账号）发布相同的直播内容；未经允许通过多个平台发布相同的直播内容。

2. 发布不当信息

（1）发布广告信息，包括但不限于：发布易导致交易风险的外部网站的信息或商品，如发布社交、导购、团购、促销、购物平台等外部网站或 App 的名称、LOGO、二维码、超链接、联系账号等信息。特定市场另有约定的除外。

（2）未经许可，发布新闻、游戏、电影、电视剧、综艺节目、体育赛事、境外节目等内容（图 3-11）。

**发布未经许可的内容**

未经许可，发布新闻、游戏、电影、电视剧、综艺节目、体育赛事、境外节目等内容。

图 3-11 不可发布未经许可的内容
（资料来源：淘宝直播白皮书）

（3）未经平台允许，发布淘宝直播平台限制推广的商品。包括但不限于淘宝直播平台限制推广类目商品等。

3. 不正当竞争

（1）虚假交易：主播通过虚构或隐瞒交易事实、规避或恶意利用信用记录规则等不正当方式，获取虚假的商品销量、店铺评分、信用积分、排位名次或成交金额等不当利益。

（2）对消费者设置不合理交易条件：通过主播发布的信息判断，存在设定霸王条款、不合理条件等情况，如不关注不发货、不依法支持退换货等。

4. 骚扰他人

对他人实施骚扰、侮辱、恐吓等妨害他人合法权益的行为。

5. 不当使用信息

未经允许发布、传递、出售或通过其他不正当方式使用平台商业信息/他人信息，或致使平台商业信息/他人信息存在泄露风险的。

6. 描述不当

（1）主播对商品或服务的描述，与卖家商品信息要素（包括且不限于标题、图片、价格、运费、属性、区域、详情描述、品类等）不一致，且损害消费者利益的。

（2）对商品或服务的描述，与买家收到的商品或接受的服务，或经淘宝平台抽检/排查到的商品或服务不相符的。

（3）主播未披露商品瑕疵的。

（4）信息层面判断夸大、过度或虚假承诺商品效果及程度。

7. 推广材质不符或不合格商品

（1）主播推广的商品材质或成分信息与买家收到的商品不符。

（2）主播推广的商品涉嫌不符合国家生产标准。

8. 发布侵权信息

（1）发布的信息涉嫌不当使用他人商标权、著作权、专利权、肖像权、姓名权等权利，包括但不限于：昵称、头像、自我介绍、封面图等信息冒充他人身份、侵犯他人合法权利。

（2）未经授权盗用他人视频或复制他人内容进行直播。

（3）发布造成或可能造成用户误认、混淆的信息。

（二）淘宝直播封面规范

（1）封面图不要带有文字（日常直播间封面图允许使用平台官方提供的贴图、角标等带有大促、促销等其他元素的内容）。

（2）图片中商品不要杂乱堆砌，如需多商品展示，需要摆设美观或相对整齐。切勿杂乱堆砌，显得商品廉价。

（3）封面图不要贴其他的元素，要保持图片的整体性及美观度（例如：爱心、表情包贴图等）。使用表情包类型的图片，会审核不通过。

（4）不要使用拼接明显、修图过度的图片。

（5）封面不要带有黑边、播放器样式、按钮等。

（6）封面确定是一、二线可认知类明星主头像或者明星姓名标题需要提前报备确认具备相关合作协议等。

（7）封面图不要与直播内容无关（封面图与直播内容毫无关系，纯属博眼球设置的图片将无法通过审核）。

### （三）淘宝直播标题规范

（1）直播标题是测试、试播、测试直播等测试类型标题一律无法通过审核。

（2）不得以暗示等方式误导用户，例如"观看人数××××"等。

（3）直播标题不得以蹭社会热点事件/博眼球等手段进行不正当营销。

淘宝直播的标题还需避免以下情况：

（1）封面标题为"附近×××米，距离主播×××米"。

（2）封面标题为不雅、非主流三观性质的文案，例如"撩汉神器""撩妹神器"等。

（3）夸张宣传，例如"3天瘦10斤"等过度承诺的标题。

（4）盗用、隐喻、暗示他人强行关联的行为，例如：暗示、隐喻、盗用其他主播或知名度较高的个人与自己直播间存在关系。

（5）直播标题借助负面事件/艺人进行不正当营销等。

（6）未经允许借用平台名义营销，例如使用阿里员工、阿里小二等身份。

## 二、抖音直播规则

### （一）主播规范

（1）主播在平台内外均应遵守相关法律法规、部门规章、规范性文件、行业公约的规定，坚持正确价值导向，践行与弘扬社会主义核心价值观，遵循公序良俗，传递社会正能量，内容积极健康、向上向善，保证直播及互动环境绿色、健康、文明、有序。如主播违反，平台有权视主播违规情节严重程度（包括但不限于违规意图、时间、主体、影响、次数等因素）作出独立判断，并对主播实施相应的处罚，如图3-12、图3-13所示。

图3-12　处罚抖音违规主播　　　　　图3-13　抖音处罚公示
（资料来源：环球网）　　　　　　（资料来源：抖音电商学习中心）

（2）如果直播间用户在观播或互动（包括但不限于评论、打赏）过程中存在违反法律法规、平台规则的行为，主播有义务及时制止该行为或阻断其传播。

（3）主播还应确保参与本人直播活动的嘉宾的相关行为符合《抖音直播行为规范》要求。

### （二）电商直播间封面管理规范

为了规范电商创作者商品分享行为，保障消费者权益，维护平台交易秩序，根据现行法律、行政法规、部门规章及有关规定，以及《电商创作者管理总则》《商品信息分享功能服务协议》等平台规则与协议，抖音制定了《电商直播间封面管理规范》。其大致要求如下。

（1）创作者设置的直播间封面图，应遵守国家法律法规以及《电商创作者管理总则》等平台规则规定，不得含有违反法律法规、有违公序良俗等相关信息。

（2）创作者设置的直播间封面图，不得含有虚假宣传、违规营销等干扰平台运营秩序、侵犯消费者合法权益的内容。包括但不限于：

①直播间封面图不得含有诱导消费者私下交易及存在其他可能侵害消费者合法权益的内容。

②直播间封面图不得含有虚假夸大、超范围描述、虚构商品来源背景、功效、效果等虚假宣传内容。

③直播间封面图不得含有宣传招募主播、主播学徒、代理商、加盟商等违规内容。

④直播间封面图不得含有贬低/辱骂第三方、返现诱导好评等不正当竞争的内容。

⑤直播间封面图不得含有违规利用体育赛事、自然灾害、疫情、突发公共安全事件、网络舆论事件等进行营销的内容。

⑥直播间封面图不得含有随机/不确定性派发商品、以小博大等诱导消费者交易的内容。例如：盲盒、赌石等。

（3）创作者设置的直播间封面图，应图片清晰、光线明亮、实景拍摄、主体适中、主题明确，不得含有引人不适、传播负能量、画面质量低等画风低质的内容。

### （三）电商直播间营销互动玩法规范

直播间营销玩法，是抖音电商平台电商场景下，创作者开展的加强用户互动、促进直播间氛围的活动玩法，包括但不限于抽奖、赠品、秒杀、优惠折扣、免单返现、拼团、粉丝团任务等。

为了提升抖音平台交易体验，规范平台达人直播间开展有奖销售、优惠活动秩序，保障消费者权益，根据国家现行法律、法规、规章，以及各平台服务协议与规则，制定了《抖音电商直播间营销互动玩法规范》。其大致内容如下。

（1）创作者应真实、客观、准确地描述活动、奖品、赠品和优惠信息，不得进行虚假或引人误解的描述。

（2）创作者发布的单一奖品价值不得高于人民币5万元，且单场直播向同一个消费者发放的奖励价值不得高于人民币 5 万元。

（3）活动应保障消费者合法权益，及时兑现承诺，不得出现损害用户体验或给用户 /平台造成不良影响的情况。

（4）创作者应合法合规使用抖音平台提供的营销工具产品功能，不得将之用于赌博、诈骗等违规活动。

（5）平台提供官方营销工具的，直播间进行商品推广销售时须使用平台提供的工具及相关玩法：抽奖、拼团、赠品、秒杀等。

（6）创作者采用粉丝团任务玩法的，宣传时需清晰、明确展示任务要求、福利具体信息、兑现方式等相关信息，不得进行虚假或引人误解的宣传描述，如图 3-14、图 3-15 所示。

图 3-14  粉丝团任务玩法 – 加入粉丝团 + 发送评论
（资料来源：抖音直播间）

图 3-15  粉丝团任务玩法 – 发送评论
（资料来源：抖音直播间）

（7）除了抽奖、粉丝团任务玩法外，直播间宣传的所有形式营销互动玩法，玩法信息涉及的权益、商品 / 赠品等信息需在商品详情页展示。

想一想：为什么直播间要制定规则规范？你见过哪些不规范的直播行为？

### 宁波某玩具有限公司未及时更新营业执照信息案

当事人在抖音社交平台上设立了电子商务销售店铺，其在店铺上公示的主体信息经营范围为2016年12月19日办理营业执照变更时的信息。2021年8月4日，当事人再次进行了经营范围变更，扩展了经营范围，但其未及时在抖音店铺上更新营业执照信息。根据《中华人民共和国电子商务法》第十五条第二款规定：营业执照信息发生变更的，电子商务经营者应当及时更新公示信息。鉴于当事人的违法行为，北仑区市场监督管理局依照《中华人民共和国电子商务法》第七十六条的规定对其进行了行政处罚。

（来源：https://mp.weixin.qq.com/s/LbcONhRwXU34k9uIyYTqRA）

想一想：该如何增强直播电商人员的法律意识？

## 三、快手直播规则

### （一）主播规范

快手主播必须遵守《快手直播管理规范》，并有义务维护积极健康的直播环境，对直播封面、直播标题、直播内容、连麦用户、麦序信息、公屏言论等使用直播服务所产生的内容负责。否则，快手平台有权依据直播事实及影响程度，对违规内容及主播作出处罚。

（1）主播应当规范自己的直播行为，生产合法、健康的直播内容。

①禁止实施或传播违法违规行为、信息（如侵犯他人合法权益、泄露他人隐私等）。

②禁止实施或传播其他不良行为、信息（如抽烟、喝酒、恶意博眼球等行为）。

（2）主播在直播中应当着装整洁、规范，穿着得体。

（3）主播在直播中应当行为举止得体。

（4）主播在直播中语言表达应当得体。

（5）主播在直播中应遵守快手平台管理规范，严禁主播在直播中出现扰乱平台管理秩序的行为。例如：

①宣传、推广、导流到其他平台的行为，包括但不限于鼓动用户使用其他工具、宣传其他平台活动、多平台直播等（图3-16）；

图3-16 快手直播引导站外交易示例
（资料来源：快手直播管理规范）

②直播、转播、展示未获授权的版权内容，未获许可转播他人作品，包括但不限于转播受版权保护的影视剧综艺节目、转播盗播他人内容等；

③冒充官方或未经许可假借官方名义发布不实信息、从事违规行为活动、歪曲官方信息、曲解平台规则、误导其他用户等；

……

注意：直播结束不代表平台管理结束，如被发现，或被举报直播中曾有违规行为，一经证实，也会对主播进行追溯处罚。

（二）直播封面规范

1. 快手鼓励的直播封面

（1）封面清晰美观，比例适当，无拉伸和变形，具有可看性。

（2）封面传达的价值观积极向上，风格干净明亮，整体给人美感。

（3）封面主体突出，脸部特征明显，人物举止舒适，形象真诚友善。

（4）封面包含直播的关键信息，或使用有吸引力的关键词，整体内容贴合直播主题。

2. 快手不鼓励的直播封面

（1）直播封面标题使用不当，引导性强。

（2）直播封面中存在着装不当的画面，或展示易引发联想的姿势或动作。

（3）直播封面中展示易引发性联想的文字、物品、场景、人物或不雅场所。

（4）直播封面中含有可能影响观看体验的内容（如奇装异服、血腥画面等）。

**构建标准和规则是实现电商行业良性运作的关键步骤**

【行业前沿】电商平台的可持续发展，要求持续的内容生态建设。国内首份《电商行业内容生态健康指数报告》（简称《报告》）指出，电商行业传统的底线问题治理模式，已远远不能满足行业健康发展需求，在底线问题治理之上，如何构建内容标准，提升电商内容生态的质量，成为亟待解决的问题。标准化、规范化内容创作，将电商行业内容生态健康建设提升到一个新的维度，使得新渠道、新青年、新消费不只是形式上的创新，更是消费品质的整体升级。

北京师范大学新闻传播学院某教授指出，构建标准和规则是实现电商行业良性运作的关键步骤。头部电商平台正积极构建电商内容分级体系，明确创作者责任，打造健康内容生态。

2021年5月，抖音电商公布《电商创作者管理总则》，率先将电商创作者明确定义为新型内容营销主体，开创性地提出"应知明知责任"；2021年10月，抖音电商上线《电商内容创作规范》，首次明确平台"真实、专业、可信、有趣"的内容标准，对平台鼓励和不鼓励的内容作出清晰界定；2022年3月，《2022抖音电商优质内容说明书》详细解释了电商内容分级体系。

抖音电商通过一系列对创作者以及内容的引导和规范措施，明确了优质内容的标准和创作的规范，在内容标准性建设上明显优于其他平台，有效保障了电商内容生态的健康程度和质量，最大化地维护了消费者权益。

中国传媒大学传播研究院教授刘燕南指出，内容标准建构是电商行业健康发展的重要前提。《报告》发现，抖音电商以"电商内容质量分级标准"为基础，与多行业商家、作者进行内容共创，沉淀了美妆、食品、时尚、数码、亲子等行业特色标准，有效提升标准在各行业下的适配性。

（来源：http://www.ce.cn/cysc/newmain/yc/jsxw/202212/05/t20221205_38269341.shtml）

### 一、实训主题
设计一张电商直播间封面图。

### 二、实训目的
通过设计电商直播间封面图的实训，指导学生设计出符合相应平台规范的直播间封面图。

### 三、知识点
各类平台的直播间封面规范。

### 四、实训说明
**步骤1** 教师下发任务：分别安排学生制作淘宝、抖音、快手其中一个平台的直播间封面，将制作过程中总结的经验填入表3-3中。

**步骤2** 各类平台都选择几名学生展示自己的制作成果，分享制作经验。教师对制作优秀和还有不足的封面进行讲解。

表3-3 电商直播间封面制作

| 选择的平台 | |
|---|---|
| 封面规格 | |
| 包含的元素 | |
| 经验总结 | |

**步骤3** 评价反馈：对制作成果和总结的经验进行讨论，教师给出评价，并完成表3-4。

表3-4  实训评价反馈表

| 实训课程<br>（项目名称） | | | | |
|---|---|---|---|---|
| 评价项目 | 主要内容 | 自我评价 | 小组互评 | 教师评价 |
| 实训规范<br>（10分） | 遵守操作规程，不违规操作设备。<br>实训场地的整洁和工具的正确使用。 | | | |
| 实训准备<br>（10分） | 对实训内容有充分的了解和准备。<br>提前收集了必要的资料和信息。<br>对实训所需的工具和材料进行了适当的准备。 | | | |
| 实训项目<br>（50分） | 是否能够独立或在小组内完成实训任务。<br>在实训中是否能够灵活运用所学知识和技能。<br>在实训中的表现，包括创新思维和问题解决能力。 | | | |
| 实训过程质量控制（10分） | 是否能够对实训过程中的关键点进行检查和控制。<br>是否能够及时发现并纠正实训中的错误和偏差。<br>是否能够根据反馈进行必要的调整以提高实训质量。 | | | |
| 实训效果<br>（20分） | 在实训结束后的成果展示，包括完成的任务、制作的成品等。<br>实训目标的达成情况，以及学生对实训目标的理解和实现程度。<br>反思和总结，包括实训中的收获、存在的问题和改进建议。 | | | |

## 任务 3-3  建立直播间

**知识目标：**

1. 了解淘宝直播发布流程。

2. 了解抖音直播发布流程。

3. 了解快手直播发布流程。

**技能目标：**

1. 能够成功发布一场直播。

2. 能够根据具体情况选择合适的创建直播间的渠道。

**思政目标：**

1. 提高动手能力和细节意识。

2. 发挥主观能动性，充分发挥直播这一形式的价值。

## 一、淘宝直播发布流程

### （一）淘宝主播 App 发布直播流程

第一步：打开最新版的"淘宝主播 App"，点击首页的【手机直播】创建直播预告，如图 3-17 所示。

图 3-17　创建直播预告
（资料来源：淘宝直播白皮书）

第二步：上传好直播封面，填写好直播信息，如图 3-18 所示。
第三步：点击添加要直播的宝贝，勾选要直播的宝贝后，确认完成，如图 3-19 所示。
第四步：点击【我的直播】进入预告，调整画面后，可点击【开始直播】，如图 3-20 所示。

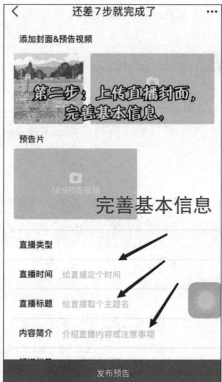

图 3-18　完善基本信息

（资料来源：淘宝直播白皮书）

图 3-19　添加宝贝

（资料来源：淘宝直播白皮书）

项目3 直播电商的准备

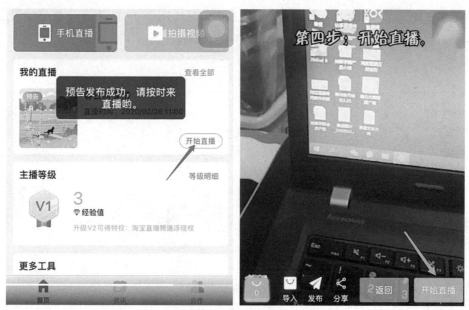

图 3-20 开始直播
（资料来源：淘宝直播白皮书）

第五步：如果要在直播中添加宝贝链接，需点击左下方的【导入】，点击要添加的商品。如果要创建临时宝贝链接，则点击【发布】，添加完成相关信息。

（二）淘宝直播 PC 端发布直播流程

第一步：进入淘宝直播客户端，登录中控台，点击【开始创建】，如图 3-21 所示。

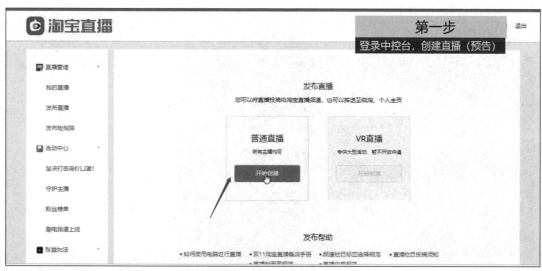

图 3-21 登录中控台
（资料来源：淘宝直播白皮书）

69

第二步：进入页面后，选择和完善相关直播信息（图3-22），并在【直播宝贝】中按提示添加好要销售的商品，点击发布，如图3-23所示。

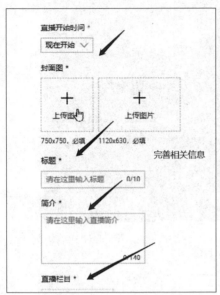

图3-22 完善相关信息
（资料来源：淘宝直播白皮书）

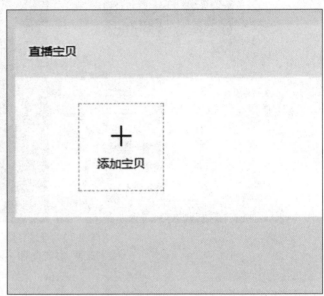

图3-23 添加直播宝贝
（资料来源：淘宝直播白皮书）

第三步：确认直播预览画面无误后，点击【正式开播】，如图3-24所示。

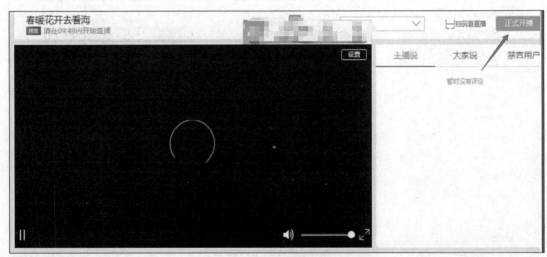

图3-24 点击正式开播
（资料来源：淘宝直播白皮书）

## 二、抖音直播发布流程

### （一）购物车添加商品教程

第一步：登录。用 PC 端打开抖音电商首页—右上角点击【登录】—选择【达人工作台】，如图 3-25 所示，使用要开播的账号扫码登录即可。

图 3-25　登录抖音电商
（资料来源：抖音电商）

注意事项：

（1）因为移动端和电脑端功能有联动，为确保体验，请将移动端升级至最新版。

（2）为避免数据冲突，请勿同时使用电脑和移动端同步操作。

（3）移动端有所操作，电脑后台要刷新页面才可展示。

（4）开播中的后台操作，移动端需刷新页面才可展示。

第二步：添加商品。选择【直播中控台】—点击【添加商品】—选择商品或者粘贴商品链接—点击【确认添加】（亦可多选商品，批量添加），如图 3-26 所示。

图 3-26　添加商品
（资料来源：巨量百应）

第三步：设置商品卖点。点击铅笔的图标，录入产品卖点，不得超过15个字，如图 3-27 所示。

图 3-27　设置商品卖点
（资料来源：巨量百应）

第四步：商品调序。可拖拽商品列左侧的 6 个点对商品进行上下排序。

（二）开播教程

第一步：如图 3-28 所示，点击抖音主页"+"号选择开直播，选择自己想要开通的类型（语音、视频、手游、电脑画面）设置美颜。

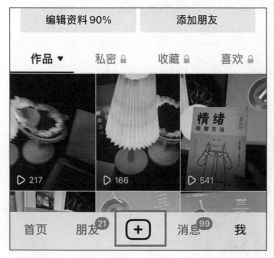 

图 3-28　点击"+"开始直播

第二步：设置直播标题，如图 3-29 所示。

图 3-29　设置直播标题

第三步：选择自己直播所属的话题和内容，获得更多相关流量的推荐，如图 3-30 所示。

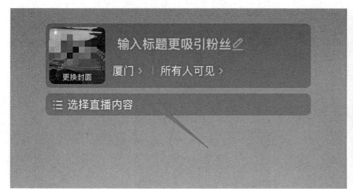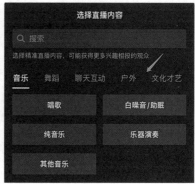

图 3-30　选择直播所属的话题

第四步：直播间购物车添加商品，在开播前准备页面，点击【商品】—选择商品—确认添加商品，添加完成后开播界面的【商品】右上角显示添加商品的数量，如图 3-31 所示。

第五步：添加商品卖点，设置卖点，点击【商品】—【设置卖点】，如图 3-32 所示。

第六步：在设置选项里填写直播间介绍（这是观众进来看到的第一条弹幕）、选择开播清晰度和相关录制礼物功能，如图 3-33 所示。

 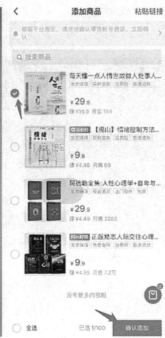 

图 3-31 添加商品

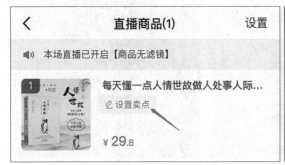

图 3-32 设置卖点

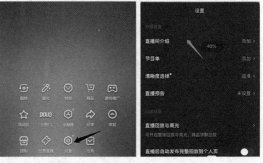

图 3-33 完成直播间相关设置

第七步：设置直播预告，它的功能是在个人直播动态页、直播结束页、关注列表、直播间介绍和直播间贴纸展示直播信息和时间。这可以为之后的直播做预热，如图 3-34 所示。

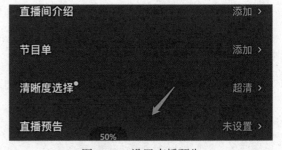

图 3-34 设置直播预告

### 应重点关注直播间的互动秩序问题

【行业前沿】应特别关注"直播+"互动秩序问题。主流媒体的直播策划尤其是"跨年直播",通常聚焦正能量情感氛围且有平台协助审查留言,互动失范风险相对较小,但也不可对此过度自信。以往曾发生过网民敏感言论被删除后,留言者以相关截图发声炒作,引发大量网民聚集跟风的负面案例。

因此,在策划"直播+"活动时,除对舆情风险慎重把关外,可适当设置网民消极情绪的反馈渠道。如借鉴《中华人民共和国民法典》中关于"避风港原则"的规定,引导被删除留言的网民到技术支持平台反馈,将活动内容与吸纳负面信息的反馈渠道切割。同时,投诉内容中确实存在侵权等风险嫌疑的,及时安排法律团队与当事人取得联系并处理。

总体而言,目前涉及"直播+"纠纷尚不集中,相关法律研究仍不充足,典型风险有待进一步揭示。主流媒体在采取这一传播形式时应提高合规审查标准,原则上可通过商业直播标准进行"超额"审核,而不可依赖经验、麻痹大意。

(来源:https://baijiahao.baidu.com/s?id=1722888493564124452&wfr=spider&for=pc)

## 三、快手直播发布流程

第一步:在快手App主界面下方点击"+"按钮,如图3-35所示。

图3-35 进入快手直播

第二步：进入"直播"界面，在上方的类型中点击"视频"选项卡，设置直播封面和标题，然后点击"开始视频直播"按钮，如图3-36所示。

第三步：在视频直播预览界面点击"赚钱"按钮，在"赚钱"面板的"直播卖货"栏中点击申请权限，如图3-37所示。

图3-36　设置直播封面、标题　　　　图3-37　申请直播卖货权限

第四步：参加准职业电商主播申请考试，答题完成后回到直播界面，如图3-38所示。

图3-38　参加准职业电商主播申请考试

第五步：在视频直播预览界面点击"赚钱"按钮，在"赚钱"面板点击进入"直播卖货"，如图3-39所示。

图3-39　添加商品

第六步：点击"开始视频直播"按钮，进入直播间，在下方点击"售卖商品"按钮，如图 3-40 所示。

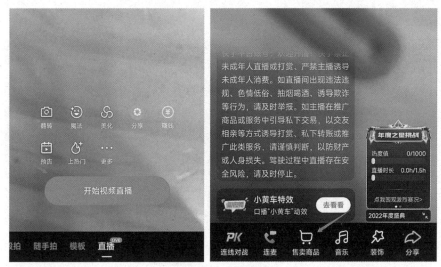

图 3-40　售卖商品

第七步：在打开的界面中点击"商品管理"按钮，打开"售卖商品管理"界面，选择需要售卖的商品，然后点击"确定"按钮，如图 3-41 所示。

图 3-41　售卖商品管理

第八步：在需要进行讲解的商品选项下方点击"开始讲解"按钮，表示主播正在讲解该商品。主播完成商品讲解后点击"结束讲解"按钮，在打开的提示框中点击"确定"按钮，结束讲解，如图3-42所示。

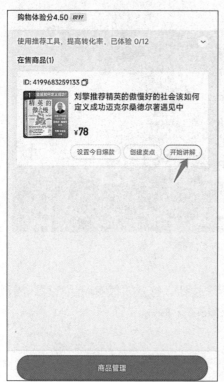
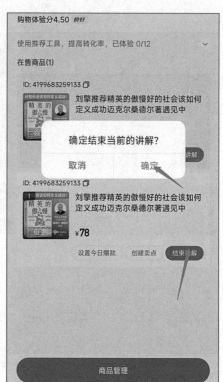

图3-42　开始讲解、结束讲解

## 田园先锋直播间

近日，新兴镇上安村的茶乡先锋直播间开展了一场特殊的专题直播，通过在线为广大群众解析"浙丽保"政策、讲解报销案例、演示参保缴费方式，带动百余名村民在直播期间完成了"浙丽保"的云缴纳。为深入贯彻落实党的二十大精神，打造新时代山区党建统领高地，近期，松阳县在党群服务中心、远教站点的基础上建立多个"田园先锋直播间"，通过积极发挥基层党组织和党员干部队伍示范引领作用，带领群众跑出山区共同富裕加速度。

（来源：https://mp.weixin.qq.com/s/PKBZjeffVNMc3W1RSbXPKQ）

想一想：这些"田园先锋直播间"还有什么好处？

## 实训环节

练一练：使用电商直播实训系统，PC 端创建直播间。

**步骤1** 打开电商直播实训系统学生端，输入账号、密码，进入实训（图 3-43）。

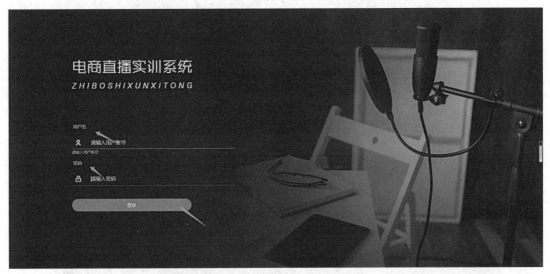

图 3-43　电商直播实训系统学生端

**步骤2** 点击【进入实训】开始练习（图 3-44）。

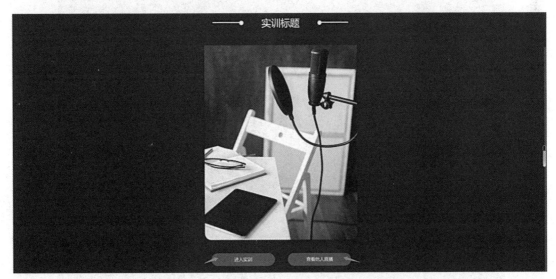

图 3-44　进入实训

**步骤3** 点击【直播间管理】—【创建直播间】导入直播商品（图 3-45）。

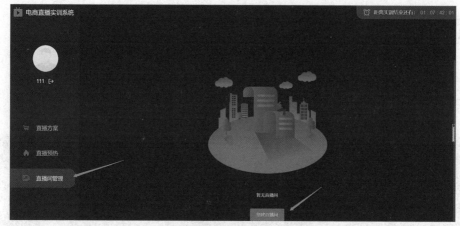

图 3-45　导入直播商品

**步骤4** 填写直播类型、直播间标题、直播间简介（图 3-46）。

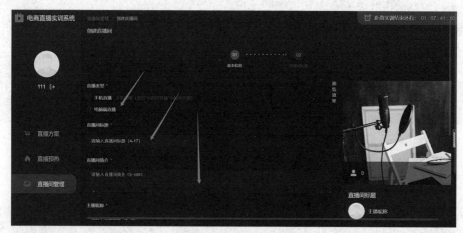

图 3-46　填写信息 1

**步骤5** 填写主播昵称、头像、直播封面，点击【下一步】（图 3-47）。

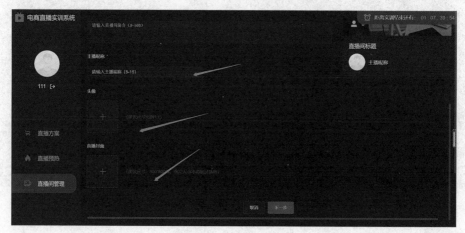

图 3-47　填写信息 2

项目3 直播电商的准备

**步骤6** 上传背景图片、添加商品（图 3-48）。

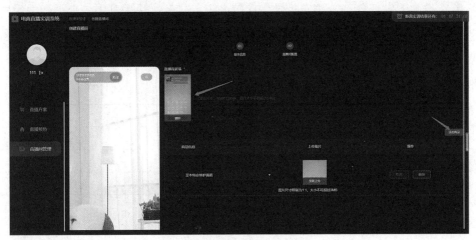

图 3-48 添加商品

**步骤7** 点击创建，完成直播间创建（图 3-49）。

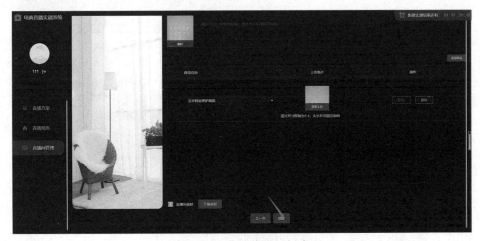

图 3-49 完成直播间创建

一、实训主题

比较手机端和 PC 端创建直播间的异同。

二、实训目的

通过实训，让学生清楚手机端和 PC 端创建直播间各自的使用情况。

三、知识点

建立直播间。

## 四、实训说明

**步骤1** 教师下发任务：分别安排学生比较淘宝、抖音、快手其中一个平台的手机端创建和 PC 端创建直播间的异同，并完成表 3-5。

表 3-5　直播平台分析表

| 所选直播平台 | |
|---|---|
| 差异 | |
| 手机端使用情况 | |
| PC 端使用情况 | |

**步骤2** 教师选取学生发表观点。

**步骤3** 评价反馈：对比较进行讨论，教师给出评价，并完成表 3-6。

表 3-6　实训评价反馈表

| 实训课程<br>（项目名称） | | | | |
|---|---|---|---|---|
| 评价项目 | 主要内容 | 自我评价 | 小组互评 | 教师评价 |
| 实训规范<br>（10 分） | 遵守操作规程，不违规操作设备。<br>实训场地的整洁和工具的正确使用。 | | | |
| 实训准备<br>（10 分） | 对实训内容有充分的了解和准备。<br>提前收集了必要的资料和信息。<br>对实训所需的工具和材料进行了适当的准备。 | | | |
| 实训项目<br>（50 分） | 是否能够独立或在小组内完成实训任务。<br>在实训中是否能够灵活运用所学知识和技能。<br>在实训中的表现，包括创新思维和问题解决能力。 | | | |
| 实训过程<br>质量控制<br>（10 分） | 是否能够对实训过程中的关键点进行检查和控制。<br>是否能够及时发现并纠正实训中的错误和偏差。<br>是否能够根据反馈进行必要的调整以提高实训质量。 | | | |
| 实训效果<br>（20 分） | 在实训结束后的成果展示，包括完成的任务、制作的成品等。<br>实训目标的达成情况，以及学生对实训目标的理解和实现程度。<br>反思和总结，包括实训中的收获、存在的问题和改进建议。 | | | |

# 项目 4 直播电商策划

**课程导入**

在当今这个信息爆炸、内容为王的时代,直播电商作为一种新兴的营销模式,正以其独特的互动性和即时性,迅速占领市场,成为连接消费者与品牌的重要桥梁。电商直播是一种购物方式,在法律上属于商业广告活动,主播根据具体行为还要承担"广告代言人""广告发布者"或"广告主"的责任。一场成功的直播离不开周密的策划,我们将一起探索如何通过精心策划,打造出既有吸引力又能有效促进销售的直播电商活动。

## 学习重点

1. 直播商品选择与策划。
2. 高效直播团队组建。
3. 直播脚本设计。
4. 直播话术技巧。

# 任务 4-1　直播商品选择与策划

**知识目标:**
1. 了解直播商品的类型。
2. 掌握选品的方法和技巧。

**技能目标:**
1. 能够判断选品的合理性。
2. 能够合理地完成选品。

**思政目标:**
1. 严格遵守《网络直播营销选品规范》。
2. 在选品时保障消费者权益,包括食品安全。

## 一、直播商品的类型及组合逻辑

### (一) 直播商品的类型

**1. 引流款**

引流款一般是低价产品,给用户提供较大优惠,是主播在营造直播间氛围,从而带动直播间人气的款项。菠萝蜜数据显示引流款带来的人气增长如图 4-1 所示。

**2. 爆款**

爆款指直播间卖得比较火爆、深受观众喜欢的商品。其价格不像引流款产品那样低,但是会给直播间带来大量的订单和用户,如图 4-2 所示。

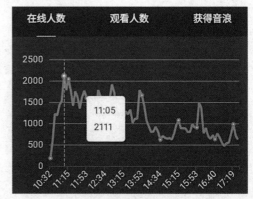

图 4-1　引流款带来的人气增长图
(资料来源:菠萝蜜数据)

# 项目 4  直播电商策划

图 4-2  蝉妈妈上搜索的爆款商品
（资料来源：蝉妈妈）

### 3. 利润款

利润款是指成本低、利润比较大的产品，是利用引流款、爆款产品吸引足够多的人到直播间后，批量进行流量转化的产品。利润款上架数据如图 4-3 所示。

### 4. 常规款

常规款是销量中规中矩、比较常见的商品，上架这些商品的目的除了卖货，最主要的原因是让直播间产品数量丰富，不断给客户带来刺激感，保证客户留存率，如图 4-4 所示。

### 5. 新款

最新的商品款，这种款式一般相对于之前款式，有着更加新鲜、时尚、性能更好等特征，更能满足人们的需求。这种款式比较常见于季节交替时，或者商家老的款式已经吸引不到客户，急需

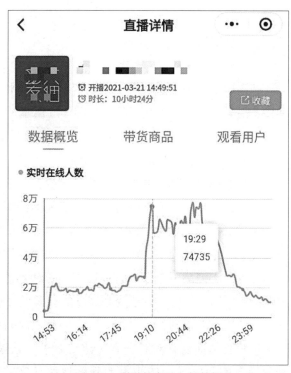

图 4-3  利润款产品上架数据
（资料来源：菠萝蜜数据）

图 4-4 常规款、引流款、新款产品
（资料来源：抖音）

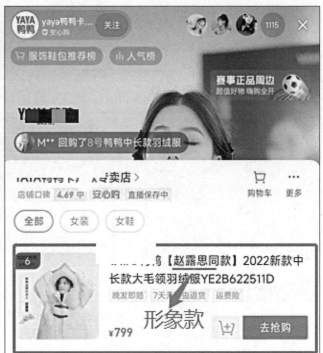

图 4-5 形象款产品
（资料来源：抖音）

新的款项吸引留住客户时。

6. 形象款

凸显出直播间形象气质、给人留下深刻印象的产品，形象款应该选择一些高品质、高调性、高客单价的极小众产品，如图 4-5 所示。

（二）产品组合逻辑与策略

1. 引流款圈粉 + 利润款

一场直播的盈利主要看利润款的多少，一般来说，利润款相对来说肯定是客单价比较高的产品，并非所有人都有意愿以及有能力购买，因此，商家想通过利润款获取利润，那么直播间必须要有大量的观众来进行一定比例的转换，这个时候就必须要有一些引流款、一些福利款给直播间引进流量，通过这些福利款增加直播间观众停留时长、互动、评论以及商品点击、商品下单等等各项数据，带动直播间氛围，提高直播间商品的转换率，激发观众的购买欲，从而更好地为利润款的上架做好铺垫，提高利润款的转化率。

2. 营销款 + 福利款 + 畅销款 + 利润款依次循环

带货直播间通常对时长有一定的要求，营销款、福利款等不同款项的上架可以不断刺激观众的新鲜感，从而更大程度地留住客户，提高直播间观众观看时长以及互动等数据,直播间先以营销款营造氛围,再通过预告以及福利款拉动观众的兴奋感,从而带动观众互动、评论、商品下单、点击等活动,提高直播间流量池,带来更多流量的同时通过一些小活动,循序渐进地提高畅销款以及利润款的转化率,从而大大增加利润款的购买,最终在观众热情消失时,利用营销款再次营造气氛,从而保证观众新鲜度的良好循环。

## 二、选品的常见方式

### (一)根据市场需求选品

**1. 根据市场热度**

根据市场的要求或季节要求提前准备的产品(图4-6),比如端午节准备粽子、中秋节选月饼,市面上有哪些月饼品牌、有哪些做得好的品牌、有哪些新的品牌、有哪些比较新兴的好玩的品牌,可以做一个综合的筛选,然后把最喜欢的分享给粉丝。

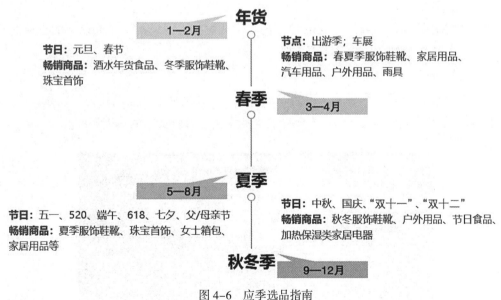

图4-6 应季选品指南

除此之外,市场热度还包括年货节等,当下市场热门的网红产品也是一大选品方向。

**2. 满足直播垂直定位需求**

视频内容要与账号定位垂直,系统才会根据垂直内容贴上精准标签,然后将视频推荐给更精准的粉丝。例如,图4-7所示为某电器旗舰店垂直专营飞科品牌电器的直播。

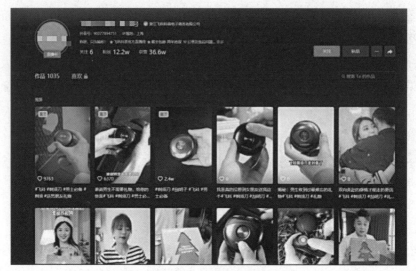

图 4-7　某电器旗舰店授权号作品

（资料来源：抖音）

## （二）根据货源和供应链选品

**1. 根据品牌维度**

大品牌往往给人以信任感，大品牌肯定是优选对象，但是对于腰部以下的主播而言，品牌可能不是最关键的，品质可能更重要。

1）品牌知名度

品牌知名度是指潜在购买者认识到或记起某一品牌是某类产品的能力，它涉及产品类别与品牌的联系。如图 4-8 所示，不同知名度的手机品牌所带来的热度不同。

图 4-8　2022 年 2 月中国手机品牌热度榜单

（资料来源：哔哩哔哩）

2）品牌口碑

口碑是一项动态指标。品牌口碑因用户以品牌的谈论对象而产生，所以具有很大的不确定性，由此造成品牌口碑的监测数值变化很大。品牌口碑的另一个特点是品牌口碑是源自公众的，不能直接创造或消灭。

一般商家的品牌分为自有品牌（白牌）和知名品牌，在挑选知名品牌时一般可以参考我们日常所熟知的一些老品牌，或者结合产品的受众群体来挑选品牌。

2. 根据产品维度

表4-1　根据产品维度选品

| 产品维度 | 描述 |
| --- | --- |
| （1）选择有价值的品类 | 卖家可以调查自己店铺的目标客户人群，分析他们眼中的价值是什么，找到他们的痛点、痒点、尖叫点等。痛点是指产品具有解决买家核心需求的价值，痒点是指产品有提升买家满足心理的价值，而尖叫点则是指产品超出买家预期的价值。 |
| （2）选择有优势的品类 | 卖家要锁定自己的优势类目，做出自己的特色，选择自己最有优势的产品，然后利用行业数据挖掘属于自己的风格，这才是打造爆款产品的正道。 |
| （3）选择安全合规的品类 | 根据大数据分析，直播行业退货率一直在五成以上，这么高的退货率一方面说明消费者容易冲动消费，另一方面说明直播产品本身存在问题。因此选品对直播至关重要，头部主播在选品方面都特别重视。 |

### 《网络直播营销选品规范》第七条

第七条　主播和机构应检查核对直播选品样品的商品信息，包括但不限于：

（一）关于标签标识，涉及商品价格、商品名称、产地、生产者信息、性能、重要参数、规格、等级、生产日期、保质期等内容，需检查核对是否与商品资质资料的相关信息保持一致；

（二）关于商品包装，需检查核对商品在正常的流通过程中受环境条件的影响是否会破损、损坏，商品包装上的宣传语应避免违法违规或与产品标识、说明书相矛盾等；

（三）关于说明书，需检查核对宣传内容是否符合商品的实际情况，与商品信息及资质资料的相关信息保持一致。

（来源：https://www.renrendoc.com/paper/128959034.html）

3. 根据供应链

绝大多数的电商用户都不知道如何寻找优质的货源，更有甚者在找货源的这条路上也被骗过。选择一个好的产品等于店铺成功了一半，那么选择一个好的货源，就是成功完成选品的一半。

（1）撒网搜索：阿里巴巴搜索产品名，会出来很多厂家，了解厂家基本情况。列出包括公司名称、联系方式、地址等信息，把供应商分为ABCD几个等级，这是初步筛选。

（2）实地考察：筛选出15~20家供应商，然后联系工厂、实地考察。

（3）同行比价：对比同行的供货工厂商品的价格、质量等情况。

（4）物流：了解发货的周期、退换货、上新的速度、运费，也可通过自己购买产品去实际体验。

（5）合作意愿筛选：合作意愿也是中小卖家在找供应商时容易忽视的重要因素。

### （三）借助选品工具与平台选品

**1. 平台榜单**

不论在哪个平台，消费者的群体是固定的，他们的偏好习惯也是相同的，对消费者来说，产品＞平台。所以，我们可以在各类电商平台上查看自己所做类目的销量榜单，有哪些产品销量高、好评高，然后找同款的低价产品。

例如，精选联盟中除了"热门商品排行"之外，还兼具"直播爆品"的榜单，可供直播选品的商家作为参考，如图4-9所示。

图4-9　精选联盟爆品榜单

**2. 第三方选品工具**

1）选品及计算利润

可使用二郎查、鲁班参谋、巨量算数等平台进行分析。

二郎查爆品查询操作入口：【二郎查】—【爆品销量】，如图4-10所示。

图 4-10 二郎查选品

2）数据分析查询

可使用蝉妈妈、有米云等平台进行数据分析查询。

蝉妈妈爆品查询操作入口：【蝉妈妈】—【找爆品】，如图 4-11 所示。

图 4-11 蝉妈妈选品

有米云选品操作入口：【有米云】—【电商选品】，如图 4-12 所示。

图 4-12 有米云选品

## 大数据选品——飞瓜数据

### 1. 搜索抖音爆款商品

飞瓜的【商品搜索】功能,可以通过商品的细分品类、销量及销量来源等,更精准地找到视频、直播推爆的商品,如图 4-13 所示。

图 4-13 飞瓜选品

2.找到近期热门种草关键词

种草词由飞瓜基于 AI 智能识别技术,通过对抖音视频标题、达人口播文案、挂车商品标题进行语义聚合分析得出。比如我们想知道"食品饮料"品类最近有哪些热门的种草关键词,可以在主营类目中选择"食品饮料",并选定想查看的周期范围。以 40 周排名 TOP2 的"酸辣粉"为例,可以看到近期有 8 个达人发布了共 23 条"酸辣粉"相关视频,且周期内的视频点赞增量远超其他种草词,说明该商品近期热度较高。

## 三、常见的选品技巧

### (一)选择使用频率高的产品

对所购买的产品的感知价值是影响粉丝忠诚度的重要原因之一。然而,"感知价值"是一个因人而异的概念。对于不同的消费者而言,同样售价 100 元的产品的"感知价值"可能高于 100 元,也可能低于 100 元。而当"感知价值"高时,消费者就会有"这个东西真的买得很值"的心理。在已有研究中,增加产品的使用频率是提升"感知价值"的有效手段之一。因此,运营团队在选择直播产品时,尽量选择使用频率高、使用场景多的产品。如果直播间经常销售一些颜值高却容易被闲置的产品,可能会给粉丝留下"我在××直播间买的都是没用的东西"的印象。运营团队在选择产品时应尽量避免这种情况的发生。

### (二)选择复购频率高的产品

在直播电商中,产品的购买频次不但会影响主播的收益,还会影响粉丝的活跃度与粉丝黏性、粉丝忠诚度。对于成熟的直播电商运营团队而言,保持固有粉丝活跃度和黏性的成本要低于吸引新粉丝的成本。因此,增加固定粉丝群体的购买频次是最为经济的选择。运营团队在选择产品时,可以尽量选择一些复购率较高的产品,如零食、日用品、化妆品等快消品。如果粉丝购买后体验良好,就会选择在主播的直播间再次购买。

### (三)选择物流快且方便运输的产品

物流对于电子商务而言是影响客户体验的重要因素,对于直播电商而言更是如此。因为冲动型购物的比例在直播电商中要高于普通电商,高效率的物流能够缩短粉丝可能产生后悔情绪、退单行为的等待时间。此外,易碎、易腐烂的产品会增加直播后的订单管理,也会增加粉丝产生不满情绪的风险。运营团队在选择产品时应该避免此类产品。

### (四)挑选质量好的产品

做好直播的选品品控是关键,直播选品品控,有以下几种常规的方法:

（1）查看产品生产日期，尽量避免保质期较短或者对运输要求比较高的食品或生鲜产品。

（2）产品试用，主播加大选品力度，可以试用后选择是否直播。

（3）设立产品选品红线。

（4）巧用选品工具：选品工具能够运用大数据对产品品质进行初步筛选，并将商家的商品信息快速地罗列出来供选品团队筛选，避免选品团队在产品生产日期、客户评价等方面出现误判。

### 直播带货不能在食品安全上打折扣

近些年来，随着网络直播这一新兴业态的快速兴起，通过网红代言、直播带货的方式推销产品，成为不少厂家扩大销售、打造品牌的重要手段。尤其是对于食品来说，网络直播的现场性、互动性可以让消费者更为直观地"感受"到美食的诱惑，从而带动相关产品的销售，一些所谓的"网红"食品也趁势热销。尤其是疫情发生以来，人们的线下消费受到很大影响，网络直播带货更成为很多农户、商家推销自己产品的有力工具。

然而，在一片红火热闹的背后，直播带货也藏匿着诸多乱象。一些直播播主为了吸引消费者购买，或靠卖惨赚取同情后在发货时缺斤少两、以次充好，或揣着"能赚一笔是一笔"的想法，虚标商品售价却不重视产品品质，或虚假宣传、夸大保健食品功效，或模糊普通食品、保健食品和药品三者概念。而据国家市场监管总局此前发布的消息，有的直播播主销售的减肥食品甚至非法添加西药成分。可以说，在部分带货直播播主的眼里，消费者不再是所谓的"上帝"，而是待收割的"韭菜"，食品质量不重要，能从消费者口袋里忽悠出真金白银来才是他们的最大追求。这给消费者的身心健康埋下了巨大的隐患。

直播人员应该树立食品安全意识，注重选品品控，增强自身的社会责任感，不在食品安全上打折扣。

（来源：http://www.jzgczz.com/legal/review/31195.html）

想一想：除上述以外，你还知道哪些选品技巧？

练一练：使用电商直播实训系统，分析商品数据，进行选品。

**步骤1** 打开电商直播实训系统学生端，输入账号、密码，进入实训。

图 4-14　电商直播实训系统学生端

**步骤2** 点击【进入实训】开始练习。

图 4-15　进入实训

**步骤3** 实训系统的商品库中列出了四种不同价位的商品。

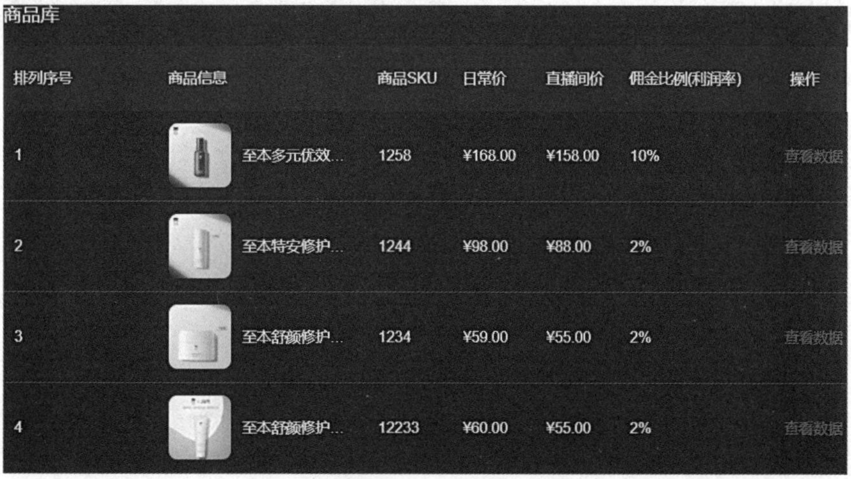

| 排列序号 | 商品信息 | 商品SKU | 日常价 | 直播间价 | 佣金比例(利润率) | 操作 |
|---|---|---|---|---|---|---|
| 1 | 至本多元优效… | 1258 | ¥168.00 | ¥158.00 | 10% | 查看数据 |
| 2 | 至本特安修护… | 1244 | ¥98.00 | ¥88.00 | 2% | 查看数据 |
| 3 | 至本舒颜修护… | 1234 | ¥59.00 | ¥55.00 | 2% | 查看数据 |
| 4 | 至本舒颜修护… | 12233 | ¥60.00 | ¥55.00 | 2% | 查看数据 |

图 4-16　商品库

步骤4 点击【查看数据】可了解这四种不同商品的数据情况。数据内容包括：商品数据、月浏览量趋势、月曝光量趋势、成交指数、人数。

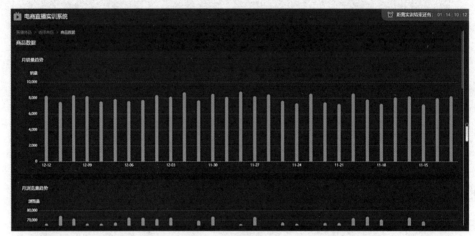

图 4-17　查看数据

步骤5 点击【添加商品】完成本次选品。

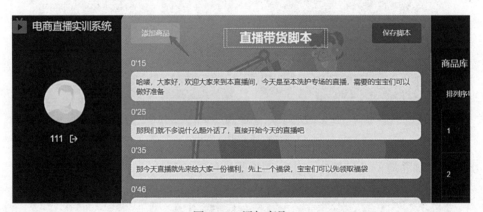

图 4-18　添加商品

## 实训活动

### 一、实训主题
电商直播选品。

### 二、实训目的
通过选品实训，指导学生判断选品的合理性，理论结合实践，合理完成选品。

### 三、知识点
选品常见的方式和技巧。

## 四、实训说明

**步骤1** 教师通过电商直播实训系统发布选品任务。

**步骤2** 使用电商直播实训系统分析商品数据，进行选品。

**步骤3** 学生分组分析商品数据，完成选品后记录所选直播商品，并说明选品的原因，填写表4–2。

表4-2 选品分析表

| 所选商品 | 商品数据 | 选品维度 |
|---|---|---|
|  |  |  |

**步骤4** 评价反馈：对选品结果进行讨论，小组互评、教师给出评价，并完成表4–3。

表4-3 实训评价反馈表

| 实训课程（项目名称） | | | | |
|---|---|---|---|---|
| 评价项目 | 主要内容 | 自我评价 | 小组互评 | 教师评价 |
| 实训规范（10分） | 遵守操作规程，不违规操作设备。<br>实训场地的整洁和工具的正确使用。 | | | |
| 实训准备（10分） | 对实训内容有充分的了解和准备。<br>提前收集了必要的资料和信息。<br>对实训所需的工具和材料进行了适当的准备。 | | | |
| 实训项目（50分） | 是否能够独立或在小组内完成实训任务。<br>在实训中是否能够灵活运用所学知识和技能。<br>在实训中的表现，包括创新思维和问题解决能力。 | | | |
| 实训过程质量控制（10分） | 是否能够对实训过程中的关键点进行检查和控制。<br>是否能够及时发现并纠正实训中的错误和偏差。<br>是否能够根据反馈进行必要的调整以提高实训质量。 | | | |
| 实训效果（20分） | 在实训结束后的成果展示，包括完成的任务、制作的成品等。<br>实训目标的达成情况，以及学生对实训目标的理解和实现程度。<br>反思和总结，包括实训中的收获、存在的问题和改进建议。 | | | |

## 任务 4-2　高效直播团队组建

**知识目标：**
1. 了解运营团队的组成。
2. 掌握运营团队组建的流程。

**技能目标：**
1. 能够组建直播团队。
2. 能够明确直播团队职能。

**思政目标：**
1. 严格遵守法律法规和相关规范。
2. 应当注重自身职业素养，正视主播职业。

### 一、从主播到运营团队

一场精彩的带货直播，看似一个人在屏幕前工作，实际上背后还有很多人同时在忙碌着。只有团队成员协调合作，才能演绎完美的直播带货效果。所以，一个高效的直播团队就显得十分重要。

直播间运营团队的基本人员配置及其岗位职责，包括以下几个部分（图 4-19）。

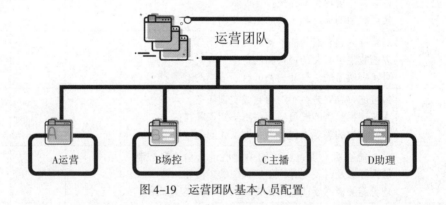

图 4-19　运营团队基本人员配置

**（一）运营人员**

运营人员主要负责整场直播内容的策划工作。

1. 工作复盘

运营人员要在每场直播带货结束后，根据实际消费数据，对前期制订的方案和目标进行详细数据复盘，并对以后直播带货的内容和方式给出合理的建议。

2. 协调直播团队

运营人员除了做直播内容规划工作外，还需要承担协调直播团队和其他部门工作的责任。包括协调直播人员关系、情绪，确定直播时间，解决直播间出现的问题，奖品发放等。

3. 规划直播内容

具体来讲，规划直播内容包括确定直播活动、直播带货主题、直播脚本。

（二）场控人员

场控人员，顾名思义，就是做好现场把控。主要包括：

1. 直播前软硬件调试

这里的软硬件包括灯光、摄像头、背景音乐、音频等的调试，如图4-20所示。

图4-20　直播间摄像头、灯光、音频调试

2. 直播期间做后台操作

直播完毕后，需要做直播推送、公告、上架商品、修改价格、录制商品讲解等。同时，还需要做实时在线人数峰值、商品点击率等相关数据监测工作。另外，场控人员还要及时将直播运营人员的指令传达给主播和助理，如活动通知、直播福利等，让主播将这些消息告诉消费者。

（三）主播

很多人认为，主播主要负责的仅仅是台前工作，认为主播像是一座桥梁，将产品和消费者穿针引线地联系起来，一方面为品牌商销售产品，另一方面满足消费者需求。但主播的职责并不仅限于此。主播的工作分为三个板块。

1. 前期准备

在每次做直播带货前，主播都需要事先熟悉脚本内容，对商品信息有清晰的了解，明确直播间福利等。

2. 中期互动

在直播过程中，主播主要负责活跃直播间氛围，回答用户提问，时时关注粉丝活跃度。

3. 后期维护

在直播带货结束后，主播还需要做好粉丝维护工作，以便提升粉丝黏性，如在粉丝群中定期发放一些优惠券、小礼品、红包等形式的专项福利。

**知识**

"直播带货"进入监管时代，能否告别野蛮生长？

从视频中我们可以了解到，"直播带货"已经进入了监管时代，提高了直播人员的从业门槛，有相应的职业等级规范和管理。主播应当注重自身职业素养，正视主播职业。

（来源：https://www.ixigua.com/6966080909346865）

### （四）助理

助理的岗位其实是偏向辅助性的。助理的工作主要是确认货品、样品以及道具等是否就位。同时还要帮助主播做一些力所能及的事情，比如在直播间观看人数较多时，主播可能会忙不过来，此时助理就需要与消费者进行互动答疑；当直播间货品杂乱时，助理就负责整理货品等。

选对人，才能做对的事。同样，高效的团队才能带来高效的带货效果。组建运营团队，需要从实际需求出发，根据人员数量和直播情况对团队成员进行合理分配和安排。

助播工作流程：

（1）提前1小时到直播间，熟悉整个直播流程和营销方案。

（2）保持良好的心情和饱满的状态，心态要好，熟练话术，避免违规，思维清晰、敏捷，有表演力，有感染力。直播间的每一分每一秒都是非常重要的。

（3）配合主播搭话，配合营造直播间气氛，要配合一些逼单的话术，营造氛围。

（4）下播后，复盘2个小时，然后找出做得好的地方，继续保持，做得不好的地方，改进，确定好第二天的营销方案。

（5）做到当日问题当日解决。

（6）每天必须观看热销榜1小时，刷视频30分钟，收集话术，新的营销方案，发掘热门商品，流行趋势，并做好记录整理，开会时提交书面直播间改进建议书。

## 二、主播组建团队流程

### （一）初始阶段

作为刚接触直播电商的新手，团队结构通常会相对简单，一人经常身兼数职。

团队结构：项目负责人—直播团队（主播、运营），如图4-21所示。

职责见表4-4。

图4-21 初始阶段直播团队架构图

表4-4 初始阶段团队职责分工表

| 团队人员 | 职能分工 |
| --- | --- |
| 运营1人 | 营销任务分解，货品组成，品类规划，结构规划，陈列规划，直播间数据运营。 |
| | 商品权益活动，直播间权益活动，粉丝分层活动，排位赛制活动，流量资源策划。 |
| | 商品脚本，活动脚本，关注话术脚本，控评话术脚本，封面场景策划，下单角标设计，妆容、服饰、道具等。 |
| | 直播设备调试，直播软件测试，保障直播视觉效果，发券，配合表演，后台回复，数据即时登记反馈。 |
| 主播1人 | 熟悉商品脚本，熟悉活动脚本，运用话术，做好复盘，控制直播节奏，总结情绪、表情、声音等。 |

这种职能分工方式对运营人员要求比较高，运营人员必须是全能型人才，懂技术、会策划、能控场、懂商务、会销售、能运营，在直播过程中集运营、策划、场控、助理等身份于一身，能够自如地转换角色，工作要做到游刃有余。

只设置1名主播的缺点在于团队无法实现连续直播，而且当主播流失、生病等问题出现时，会影响直播的正常进行。

### （二）发展阶段

该阶段的直播团队已经有了一段时间的实操经验，具备一定基础的有效粉丝，也拥有一定的转粉能力和销售能力。

团队结构：项目负责人——直播团队（策划、主播、副播、场控），如图4-22所示。

图4-22 发展阶段直播团队架构图

职责见表4-5。

表4-5 发展阶段团队职责分工表

| 团队人员 | 职能分工 |
| --- | --- |
| 主播 | 开播前熟悉直播流程、商品信息，以及直播脚本内容。 |
| 策划 | ①商品权益活动，直播间权益活动，粉丝分层活动，排位赛制活动，流量资源策划；<br>②商品脚本，活动脚本，关注话术脚本，控评话术脚本，封面场景策划，下单角标设计，妆容、服饰、道具等。 |
| 副播 | 协助主播介绍商品，介绍直播间福利，主播有事时担任临时主播。 |
| 场控 | 直播设备调试，直播软件调试，保障直播视觉效果，发券，配合表演，后台回复，数据即时登记反馈。 |

## （三）成熟阶段

处于该阶段的直播团队有完备的团队，拥有较好的粉丝沉淀和直播间流量，具备稳定的销售转化能力。

体现为成熟的商家直播，对后端的店铺产品更新频次、供应链路、产品质量、物料效率更关注，对前端的短视频内容、直播间流量与转化更加专业。

企业或商家选择直播带货，一般会按一场直播的完整流程所产生的职能需求组建标配版直播团队。这样的团队人员更多，分工更细化，工作流程也更优化。

团队结构：项目负责人——直播团队（主播团队、策划、编导、场控、店长导购、拍摄剪辑、客服），如图4-23所示。

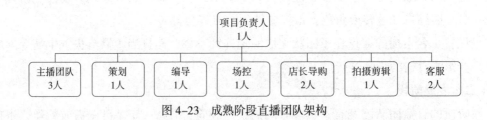

图4-23 成熟阶段直播团队架构

职责见表4-6。

表4-6 成熟阶段团队职责分工表

| 团队人员 | | 职能分工 |
| --- | --- | --- |
| 主播团队<br>3人 | 主播 | 开播前熟悉直播流程、商品信息，以及直播脚本内容。 |
| | 副播 | 协助主播介绍商品，介绍直播间福利，主播有事时担任临时主播。 |
| | 助理 | ①准备直播商品、使用道具等；<br>②协助配合主播工作，当主播的模特、互动对象，完成画外音互动等。 |

续表

| 团队人员 | 职能分工 |
|---|---|
| 策划1人 | 规划直播内容,确定直播主题,准备直播商品,做好直播前的预热宣传,规划开播时间段,做好直播间外部导流和内部用户留存等。 |
| 编导1人 | 编写商品脚本、活动脚本、关注话术脚本、控评话术脚本,做好封面场景策划、下单角标设计、妆容服饰道具等。 |
| 场控1人 | ①做好直播设备如摄像头、灯光等相关软硬件调试;<br>②负责直播中控台的后台操作,包括直播推送、商品上架、监测直播实时数据等;<br>③接收并传达指令。 |
| 运营2人 | 负责营销任务分解、货品组成、品类规划、结构规划、直播间数据运营、活动宣传推广和粉丝管理等。 |
| 店长导购2人 | 辅助主播介绍商品特点、强调商品卖点,为用户"种草"商品,同时协助主播与用户互动。 |
| 拍摄剪辑1人 | 复制视频拍摄、剪辑(直播花絮、主播短视频,以及商品的相关信息),辅助直播工作。 |
| 客服2人 | ①配合主播与用户进行在线互动和答疑;<br>②修改商品价格,上线优惠链接,转化订单,解决发货、售后等问题。 |

想一想:如果你是直播项目的负责人,团队共有3名成员,你会怎样做好团队分工?

一、实训主题

组建一个发展阶段的直播团队。

二、实训目的

通过实训了解组建直播团队的流程及作为直播团队成员一员应该履行的职责。

三、知识点

组建直播团队的流程。

四、实训说明

**步骤1** 教师下发情景任务:某品牌服装需要对冬装进行一场带货直播,请同学们分组建立发展阶段的直播团队,并进行分工规划,填写表4-7。

表4-7 团队分工表

| 岗位 | 工作实施 |
|---|---|
|  |  |

**步骤2** 学生分组，每组四人，组建直播团队。

**步骤3** 完成分组后，根据自身分配的岗位，详细描述在本次直播中将如何开展工作。

**步骤4** 教师总结：进行小组讨论，结合其他同学的实施结果，给出自我评价，并进行小组互评，最后由教师给出总结，并完成表 4-8。

表 4-8　实训总结表

| 实训课程（项目名称） | | | | |
|---|---|---|---|---|
| 评价项目 | 主要内容 | 自我评价 | 小组互评 | 教师评价 |
| 实训规范（10 分） | 遵守操作规程，不违规操作设备。<br>实训场地的整洁和工具的正确使用。 | | | |
| 实训准备（10 分） | 对实训内容有充分的了解和准备。<br>提前收集了必要的资料和信息。<br>对实训所需的工具和材料进行了适当的准备。 | | | |
| 实训项目（50 分） | 是否能够独立或在小组内完成实训任务。<br>在实训中是否能够灵活运用所学知识和技能。<br>在实训中的表现，包括创新思维和问题解决能力。 | | | |
| 实训过程质量控制（10 分） | 是否能够对实训过程中的关键点进行检查和控制。<br>是否能够及时发现并纠正实训中的错误和偏差。<br>是否能够根据反馈进行必要的调整以提高实训质量。 | | | |
| 实训效果（20 分） | 在实训结束后的成果展示，包括完成的任务、制作的成品等。<br>实训目标的达成情况，以及学生对实训目标的理解和实现程度。<br>反思和总结，包括实训中的收获、存在的问题和改进建议。 | | | |

# 任务 4-3　直播脚本设计

**知识目标：**

1. 掌握直播脚本的四个基本原则。

2. 了解直播脚本的分类。

**技能目标：**

1. 能够把握脚本设计的方向。

2. 能够独立完成脚本的设计。

**思政目标：**

1. 严格遵守法律法规和从业规范。

2. 具备职业道德修养，不弄虚作假，自觉维护消费者的合法权益。

## 一、直播脚本的四个基本原则

### （一）直播主题的明确

主题就是核心，整场直播的内容需要围绕中心主题进行拓展，例如品牌上新、店庆活动或是回馈客户，等等。如果内容与主题不符，如要做店庆抽免单的主题，主播却在讲省钱技巧，迟迟不抽奖，会引发不满。

### （二）直播节奏的把控

直播节奏指时间的规划。确定每段时间的直播内容，这样有助于主播从容不迫地把控整个直播间节奏，同时优化直播的流畅性，增加用户的观感体验。在直播脚本中，一定要规划并体现出以下节奏点。

（1）根据直播的内容进行海报、软文的设计，并进行多渠道宣传。在开播前需要广泛通告用户，这也是专业直播机构流量往往多于商家流量的原因。普通的商家太过于依赖某一个渠道的帮助，而不是多渠道增加自己的曝光和流量。成熟商家应思考如何增加付费渠道，引入更多的流量，如图4-24所示。

图4-24 某公司淘宝直播预告、某店庆直播海报

（2）直播中要反复明确直播的目的。无论是开场预热还是品牌介绍，或是整场直播活动的简单介绍，主播给用户传输直播的目的是非常关键的一点，要让用户明白"我在看什么""我能得到什么""有哪些福利和商品"。

一件商品大概需要 15~20 分钟讲解、表演、演示，5~10 分钟来重复直播的目的、希望达到的目标或者参与互动能够得到的好处。节奏的把控很重要，这也是专业主播和业余主播最本质的区别。这个阶段最重要的是直播的内容一定和最开始确定的目的相互呼应。

- 主播应强调自身的专业性和正确性，建立用户信任，增加用户关注度。
- 主播应强调商品的特殊性、适用性，以期提高商品的转化率和客单价。
- 主播应传播对品牌有利的舆论导向。其目的是做一些危机公关的处理。比如某主播针对职业差评师做直播，不仅获得了很多用户的认可和支持，而且当天还转化了不少"同情单"。

（3）直播内容通常要分阶段设置，这个阶段不是前后关系，而是并列关系，因为也要考虑到很多用户是半路加入的，并不知道主播之前直播了什么，所以每个阶段都要有衔接，这就是节奏的把握。

**不得虚假宣传、卖假货！七部门联手规范网络直播带货**

国家已经着力规范网络直播带货秩序，严厉打击虚假宣传、假货等不合法的直播行为。互联网并非法外之地，任何不文明、不规范、不合法的行为都将受到法律的制裁，这也警示相关从业人员，遵守相关法律法规和从业规范，恪守职业道德，不弄虚造假，自觉维护消费者的合法权益。

（来源：https://haokan.baidu.com/v?vid= 9061047102629787452）

**（三）直播分工的调度**

直播是动态的过程，涉及人员的配合、场景的切换和道具的展示，前期要在脚本做好标注，一方面更方便直播的筹备工作；另一方面，现场配合也会更默契。优秀的直播脚本一定顾及流程的各个环节和团队的配合，从而保证在正式直播时内容有条不紊。总之，直播分工就是时间、场景、人员、道具、商品的综合性调度。

**（四）直播互动的引导**

互动、游戏、福利等在什么时段插入，也要提前制订执行方案并体现在脚本上。脚本上也可以设置一些限时、限量的利益点，并在特定的时间发放。比如主播可以给出一个口令,如"0520",表示前20名私信客服的用户可以领取一个神秘大礼包,强调仅限20个名额,先到先得。众所周知,抽奖是获客高峰期,若能合理安排,就能有效提升转化效果。主播需营造紧张的氛围,反复强调参与方式,如"还差×××个预约就能抽免单,马上点击预约参与抽奖"。奖品如果有实物,主播需拿在手上。诸如此类的互动方法还有很多,如可以在脚本制作情感性互动、故事性互动等。这些互动把控得好,往往会有出其不意的效果,如图4-25所示。

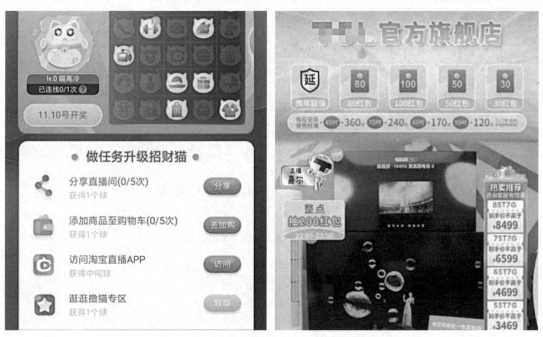

图4-25　直播间连连看互动游戏、直播间福利
（资料来源：抖音）

## 二、直播脚本分类

### （一）单品直播脚本

单品直播脚本是针对单个产品的脚本,以单个商品为单位,规范商品的解说,突出商品卖点。

由于一场直播一般会持续2~6个小时,大多数直播间都会推荐多款产品。每一款产品定制一份简略的单品直播脚本,以表格的形式,将产品的卖点和优惠活动标示清楚,可以防止主播在介绍产品时手忙脚乱,混淆不清。也更能帮助主播精准、有效地给直播间粉丝描述产品的特征和价格优势。

单品脚本内容一般包含产品品牌介绍、产品卖点介绍、利益点强调、促销活动、催单话术等。

写单品脚本时内容应包括：商品链接号、商品名称及品牌信息、商品原价、直播间福利到手价、优惠力度、赠品情况、库存情况、产品卖点等。单品直播脚本范例见表4-9。

表4-9　单品直播脚本范例

| 单品直播脚本 | | | | | | | |
|---|---|---|---|---|---|---|---|
| 主播安排 | 品牌介绍 | 产品数量 | 产品图片 | 产品卖点 | 利益点 | 日常价 | 直播活动价 |
| | | | | | | | |
| 需求引导 | | | | | | | |
| 直播时间安排 | | | | | | | |

单品直播脚本的核心就是对卖点进行梳理并策划好引导方式。

1. 卖点梳理

1）粉丝分析——什么人会用（图4-26）

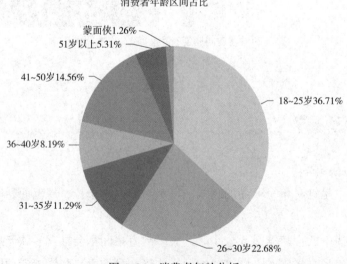

图4-26　消费者年龄分析

2）产品分析 / 竞品分析——产品好在哪儿（图 4-27）

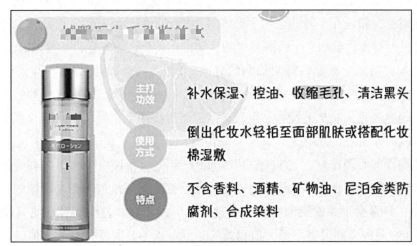

图 4-27　产品分析
（资料来源：搜狐网）

3）挖掘核心卖点——解决了什么问题（表 4-10）

表 4-10　某产品卖点分析表

| 竞品名称 | 某品牌黄瓜爽肤水 | 某品牌珍贵水 | 某品牌精油 | 某品牌毛孔化妆水 |
|---|---|---|---|---|
| 价格 | 200 元 /250mL | 89 元 /375mL | 99 元 /125mL | 119 元 /100mL |
| 定位 | 高档但亲民，中高端品牌 | 平价，药妆，品牌历史悠久 | 时尚、小资、女性 | 科学、天然、植物护肤 |
| 卖点 | 清新,小黄瓜,补水舒爽、温和爽肤、均衡调理 | 控油祛痘，针对问题肌肤设置 | 精选原料，精油护肤 | 植物护肤、性价比高、清爽紧致、收敛毛孔 |
| 营销 | 线上线下营销+代言 | 线下线上营销 | 线上线下营销 | 线上线下营销+代言 |
| 优势 | 品牌口碑好，外观简洁，清爽，含植物提取物，敏感肌适用 | 皮肤问题针对性较强 | 植物调理、清新温和；用途较多；可搭配品牌不同产品 | 外观简洁、质地清透、已有一定品牌影响力、性价比高 |
| 劣势 | 不适合敏感肌和干皮，有刺痛感，泛红 | 包装不好，容易引起另外的皮肤问题 | 可能会爆痘 | 短期效果不佳，不适合干皮和敏感肌 |

2. 引导消费

（1）价格锚点：即在直播的时候，可以先把价格设置得高一些，比如一款羽绒服，实际售价 499 元，可以先标售价 999 元。这个 999 元就是一个锚点价格，它提升了用户对于这个产品的价值感知，这个产品质量不错，值 999 元。如果没有这个锚点，只有现价 499

元,就会让用户觉得这个产品很廉价,没有打折的惊喜。还可以参考其他的锚点价格,根据其他商品或其他平台上的价格来体现直播价格的优惠力度。可以主动和一些大的电商平台进行价格对比,粉丝在平时的生活中已经对类似产品的价格有了一个认知,这时候用直播间的价格进行对比,就相当于唤醒粉丝的认知记忆,会让粉丝觉得买得很值。

(2)算账:给观众算账,打消他们的犹豫。例如,告诉他们每天一点点钱就可以变美、变瘦、变健康、变聪明…… 例如卖精华液,300元一瓶。可以这样写:这瓶精华液能用一年,相当于每天花9毛钱做一次医美,脸蛋提亮两个色号、毛孔细致到拿放大镜都看不出。可以提炼出公式,用这个×××,相当于每天××钱,做了_____。

(3)偷换顾客心理账户:"心理账户"是2017年诺贝尔经济学奖得主理查德·塞勒提出的,是指消费者会在自己的认知中将不同来源、用途的钱放进一个个虚拟的账户中。在文案写作中,经常会用到偷换消费者"心理账户"的套路,进而让客户更爽快地作出决定。例如,159元的商品说贵不贵,但也没有达到可以不眨眼就付费的阈值,这时可以把话术说成是一顿麦当劳的钱。观众一想,不就少吃一顿麦当劳吗?那种垃圾食品不吃也好,就感觉很便宜!

## 不可取的直播宣传销售套路

(一)极限词汇的使用

《广告法》中明确规定,禁止使用"最高级""最好"等极限词,广告使用数据、统计资料、调查结果、文摘、引用语等引证内容的,应当真实、准确,并标明出处。引证内容有适用范围和有效期限的,应当明确表示。《消费者权益保护法》规定,经营者向消费者提供有关商品或者服务的信息应当真实、全面,不得作虚假或者引人误解的宣传。

(二)错误价值引导

主播对产品质量、宣传尺度有把关义务,具有广泛影响力的主播还应当承担引领理性消费、避免铺张浪费等社会责任。

(三)交易数据和用户评价的虚构和篡改

直播带货人气等数据存疑已非新谈,2020年6月,中国广告协会制定了《网络直播营销活动行为规范》,7月1日起实施,重点规范直播带货行业刷单、虚假宣传等情况。《规范》指出,网络直播营销主体不得利用刷单、炒信等流量造假方式虚构或篡改交易数据和用户评价。不得进行虚假或者引人误解的商业宣传,欺骗、误导消费者。

(来源:https://zhuanlan.zhihu.com/p/98451281;https://baike.so.com/doc/1221208-1291778.html;https://www.sohu.com/a/405204484_347856)

（4）体现畅销：表明产品销量的可观性。包括但不限于：销量截图、网友好评、网红推荐等，如图4-28所示。

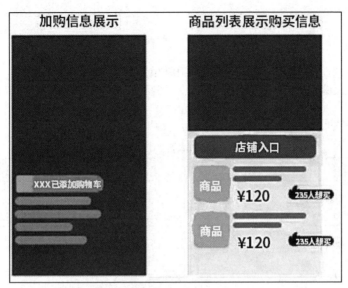

图4-28　直播间各种数据统计会诱发从众心理

（资料来源：和讯科技）

话术就可以这样来说："一周销售1.3万份（销量数据），上市当天销售突破8000份（销量数据），32%的顾客都会回购（回购率），好评率99%（好评率），顾客评价4.9分（顾客评分）。"当然，前提在于交易数据和用户评价真实，交易数据不存在虚构与篡改。

**（二）单场直播脚本**

在直播带货过程中，优秀的直播脚本一定要考虑到细枝末节，让主播从上播到下播都有条不紊，让人员、道具都得到充分的调配。因此，直播脚本需细化每一个直播现场环节，规划出标准化直播现场流程，包括详细的时间节点以及在该时间节点内主播要做的事和说的话（表4-11）。

表4-11　整场直播脚本范例

| 整场直播脚本 | | | | | |
|---|---|---|---|---|---|
| 直播主题 | | | | | |
| 直播时间 | | | 直播地点 | | |
| 商品数量 | | | 道具准备 | | |
| 主播介绍 | | | | | |
| 场控人员 | | | 运营人员 | | |
| 时间段 | 直播流程 | | 主播 | 场控 | 主推产品 |

续表

| 整场直播脚本 |||||
| --- | --- | --- | --- | --- |
| | | | | |
| | | | | |
| 预告文案 | | | | |
| 注意事项 | ①丰富直播间的互动玩法，提高店铺粉丝由新转老，增加观看时长。<br>②直播讲解占比：60%介绍产品+40%粉丝互动，从内容入手来进行直播间的规模化包装，把控讲解节奏。<br>③尽快熟悉产品和活动信息。 ||||

| 直播流程细化 |||||||||
| --- | --- | --- | --- | --- | --- | --- | --- | --- |
| 直播预热 | | | | | | | | |
| 话题引入 | | | | | | | | |
| 产品讲解 | 序号 | 产品名称 | 产品图片 | 产品卖点 | 利益点 | 直播优惠 | 备注 | 粉丝互动 |
| | | | | | | | | |
| | | | | | | | | |
| 结束预告 | | | | | | | | |

1. 确定主题

直播主题是直播的核心，整场直播的内容需要围绕中心主题进行拓展。只有在确定了直播主题以后，才能制订后续计划。

1）主题制定（图4-29）

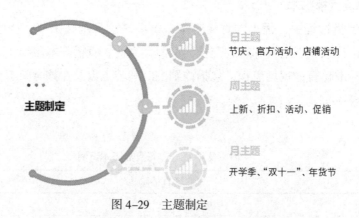

图4-29　主题制定

2）主题内容

主题内容可以包括热点内容，关注度高的主题可以吸引眼球，也可以利用噱头打造直播话题。热点话题可以包含最新热播剧、最新电影、当下话题等，可利用微博热搜、抖音热搜等进行搜索，如图4-30所示。

图 4-30　微博热搜、抖音热搜截图

2. 人事安排

详细分配现场直播参与者之间的分工。例如，主播负责引导观众、介绍产品、解释活动规则；助播负责现场互动、回答问题和发送优惠信息；后台客服负责修改产品价格、与粉丝沟通、转化订单等。

3. 时间地点

设定直播时间并严格执行，直播时间不宜频繁更改，固定的直播时间有利于养成粉丝准时观看直播的习惯。不同品类的直播地点有所不同，如农产品的直播可以选择农场现场直播，厨具用品的直播可以选择厨房现场直播。

4. 时间节点

现场脚本，具体到分钟，尽可能多地计划时间，并遵循计划，如 20:00—20:15 预热开场，20:15—20:30 第一件产品直播讲解（表 4-12）。

表 4-12　现场时间规划脚本范例

| 开播前 | 准备工作：筹备直播需要的所有产品/话术/内容/道具等 | | | | | |
|---|---|---|---|---|---|---|
| 时间 | 内容 | 话术要点 | 产品 | 营销方案 | 道具 | 其他 |
| 0~10 分钟 | 热场交流+抽奖 | 限时限量，开播专属福利，引导互动，参与活动 | 1号链接[福利款] | 通过福袋分3次抽免单5名，每次3分钟 | 计时器+音乐+活动提示引导牌 | 场控通过话术引导粉丝参与互动，客服配合兑奖 |
| 10~15 分钟 | 引流款 | 介绍价值+鼓励转发直播间+组织点赞+刺激互动+加粉+送小红心 | 2号链接[引流款] | 现场改价，加粉丝团送赠品 | 计算器+音乐+计时器+赠品内容+卖点演绎道具 | 场控助播配合助播进行倒计时及卖点互动 |

续表

| 开播前 | | 准备工作:筹备直播需要的所有产品/话术/内容/道具等 | | | | |
|---|---|---|---|---|---|---|
| 时间 | 内容 | 话术要点 | 产品 | 营销方案 | 道具 | 其他 |
| 15~20分钟 | 利润款 | 介绍价值+引导互动+细节展示以及卖点介绍+活动介绍+赠品价值 | 3号链接[利润款] | 现场改价,加粉丝团送赠品,买两件立减 | 计算器+音乐+计时器+赠品价值+卖点演绎道具 | 场控通过话术引导用户注意力转移到3号链接 |
| 25~30分钟 | 活动抽奖 | 引导互动+引导加粉丝团+介绍点赞免单活动 | 粉丝投票款 | 通过话术引导用户参与免单商品征集 | 介绍商品价值+音乐+活动提示引导牌 | 场控通过话术引导粉丝参与活动 |

**5. 流程细节**

流程细节指的是直播现场流程的设计,包括直播预热、话题引入、产品讲解、粉丝互动和结束预告,其中粉丝互动穿插在各个流程细节中。

(1)开场预热:打招呼、介绍自己、欢迎观众到来、介绍今日直播主题,利用现场活动吸引观众停留等。

(2)话题引入:根据直播主题或当前热点事件切入,目的是活跃直播间气氛,激发观众兴趣。

(3)产品介绍:根据产品单品脚本介绍,重点突出产品性能优势和价格优势。

(4)粉丝互动:直播间福利留人、点关注、送礼、抽奖、促单话术、穿插回答问题等。

**某直播间粉丝互动话术**

案例一:

新进来的宝宝,点击参与左上角福袋,福袋给大家发的是×××奖品,参与就有机会中奖。

案例二:各位宝宝千万不要走开,马上给大家炸福利。

主播先介绍完这款产品,3分钟马上抽奖。

(来源:https://mp.weixin.qq.com/s/V8MMyr YRkvEnUTgTKLjYhQ)

想一想:还有哪些粉丝互动的方式?

(5)结束预告:回顾整场商品,感谢观看,引导关注,预告下次直播时间、产品和福利。

## 项目 4　直播电商策划

**实训环节**

练一练：使用电商直播实训系统，了解直播脚本设计。

**步骤1** 打开电商直播实训系统学生端，输入账号、密码，进入实训。

图 4-31　电商直播实训学生端

**步骤2** 点击【进入实训】开始练习。

图 4-32　进入实训

**步骤3** 点击【添加商品】—勾选商品，进入直播带货脚本。

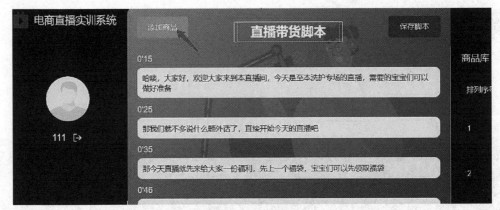

图 4-33 添加商品 1

图 4-34 添加商品 2

**步骤4** 在实训系统上了解直播脚本的结构，学习脚本设计。

图 4-35 在实训系统上学习脚本设计

**步骤5** 给实训系统中的商品添加卖点讲解。

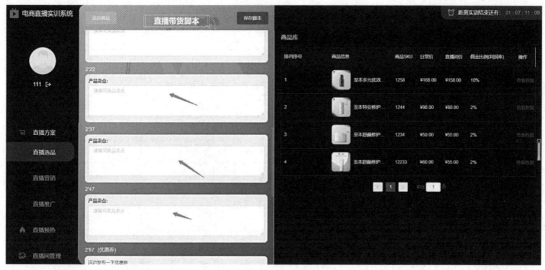

图 4-36　添加卖点讲解

**一、实训主题**

电商直播脚本设计。

**二、实训目的**

通过实践，加深学生对直播脚本设计的理解，掌握脚本设计的技巧。

**三、知识点**

单场直播脚本相关知识：在直播带货过程中，优秀的直播脚本一定要考虑到细枝末节，让主播从上播到下播都有条不紊，让人员、道具都得到充分的调配。因此，直播脚本需细化每一个直播现场环节，规划出标准化直播现场流程，包括详细的时间节点以及在该时间节点内主播要做的事和说的话。

**四、实训说明**

**步骤1** 教师布置任务：某零食品牌要开设一场"双十二"直播，售卖的产品包括爆款饼干、网红小蛋糕、新品饮料，请为这场直播设计直播脚本。

**步骤2** 学生分组，3人一组，以小组为单位完成任务。

**步骤3** 填写表 4-13 整场直播脚本设计表。

表 4-13　某零食品牌脚本设计表

| 直播主题 | | | |
|---|---|---|---|
| 直播时间 | | 直播地点 | |
| 道具准备 | | | |
| 主播 | | | |
| 场控人员 | | 运营人员 | |
| 时间段 | 直播流程 | 产品 | 营销方案 |
| | | | |
| | | | |
| | | | |
| | | | |
| | | | |

**步骤4** 评价反馈：对脚本设计结果进行讨论，小组互评、教师给出评价，并完成表 4-14。

表 4-14　实训评价反馈表

| 实训课程<br>（项目名称） | | | | |
|---|---|---|---|---|
| 评价项目 | 主要内容 | 自我评价 | 小组互评 | 教师评价 |
| 实训规范<br>（10分） | 遵守操作规程，不违规操作设备。<br>实训场地的整洁和工具的正确使用。 | | | |
| 实训准备<br>（10分） | 对实训内容有充分的了解和准备。<br>提前收集了必要的资料和信息。<br>对实训所需的工具和材料进行了适当的准备。 | | | |
| 实训项目<br>（50分） | 是否能够独立或在小组内完成实训任务。<br>在实训中是否能够灵活运用所学知识和技能。<br>在实训中的表现，包括创新思维和问题解决能力。 | | | |
| 实训过程质量<br>控制（10分） | 是否能够对实训过程中的关键点进行检查和控制。<br>是否能够及时发现并纠正实训中的错误和偏差。<br>是否能够根据反馈进行必要的调整以提高实训质量。 | | | |
| 实训效果<br>（20分） | 在实训结束后的成果展示，包括完成的任务、制作的成品等。<br>实训目标的达成情况，以及学生对实训目标的理解和实现程度。<br>反思和总结，包括实训中的收获、存在的问题和改进建议。 | | | |

# 任务 4-4　直播话术技巧

**知识目标：**
1. 了解各类直播话术案例。
2. 掌握直播话术技巧。

**技能目标：**
1. 能够形成自己的直播话术风格。
2. 能够依靠直播话术引导下单。

**思政目标：**
1. 严格遵守平台规则，不使用违禁词。
2. 培养创新意识。

## 一、开场话术

　　欢迎话术至关重要，虽然粉丝不会因为主播没有说欢迎话术而离开直播间，但这并不代表欢迎话术不重要。新手主播的直播间粉丝不多，使用欢迎话术可以缓解尴尬，让主播"有话可说"。如果能强调一下粉丝的昵称，表示一下欢迎，会给粉丝留下非常好的印象。如"欢迎进来直播间的××，不要着急马上走，主播马上就要进行精彩表演了。"

## 二、关注/点赞/分享

　　首先，直播间的关注量是直播间能越做越好的关键因素之一，因为越多的用户关注，说明裂变的可能性越高。这就需要主播在直播过程中多说一些引导用户关注的话。比如"进入直播间没有关注的用户，请点一下关注。谢谢××关注主播，还差30位就要给大家发福利了，大家弹幕刷起来，关注主播，全屏送礼。马上就要送礼物了，进来的用户们赶紧点关注。刚进来的小伙伴没有关注主播的，请点上面'点亮我'"等，主播要随时将这些引导台词挂在嘴边。因为在直播时，随时都会有人进入直播间，不能放弃任何一个让用户关注账号的机会。

　　即使是一些头部主播，也会说这类引导关注的话语。有时主播在讲解产品，如果忘记或没有时间说引导词时，助理可在旁边提醒。这些常规的直播互动技巧、引导话术，主播要不断重复地说，以提醒用户时刻关注。用户点击关注后就会收到直播团队的直播预告，第一时间进入直播间。

　　引导关注话术能够帮助直播间留住用户，设置奖品策略和利益诱导的话术能更好地帮助主播留住直播间的用户,进而发展成为粉丝,如"我们12点整就要抽奖啦,没有点关注的朋友记得点左上角关注""大家可以转发下,满××人后我们就抽波儿免单"。平均5~10分钟重复一次,以留住直播间的新粉丝。

## 三、问答互动

直播和粉丝之间你来我往,才能营造出更火热的氛围。这时候可以利用一些方法和话题,吸引粉丝深度参与到直播。每次直播前针对粉丝会提到的问题,写好互动话术,导入直播间,引导粉丝互动评论,激活粉丝,设置点赞频率,营造直播间氛围,获得更多的官方流量,设置前往购买频率,引导粉丝抢购下单。

### (一)回答型互动话术

回答型互动话术是直接有效地缓解直播间冷场的话术。当新手主播找不到合适的话题、无话可说时,可以从随机评论中挑选一些问题,在帮助粉丝答疑解惑时,迅速地调整自己的思路,制订好后面直播的规划。

### (二)提问式互动话术

提问式互动话术也是互动话术的技巧之一。在新人主播无话可说又无人评论、提问时,主播可以根据自己直播的主题和内容设置场景,提出问题,引导用户的互动欲望,如"有用过某品牌的面膜吗?""大家平时都喜欢用哪种面膜?"这类贴近用户生活的问题,既能让用户有参与互动的愿望,也能让自己有发挥的空间。

### (三)刷屏式互动话术

刷屏式互动话术也是直播间常见的互动话术之一。如果新主播认为自己可能没有能力解答评论的问题或者没有合适的场景去设置,可以考虑刷屏式互动话术,如"喜欢的按1,不喜欢的按2""开播浮力炸不停,离开无效!"(图4-37)。

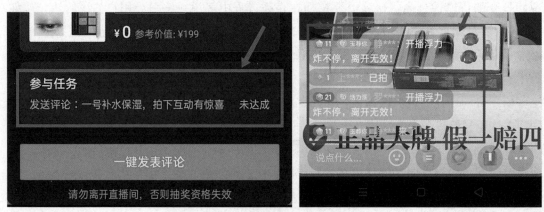

图4-37 引导刷屏互动和刷屏弹幕

(资料来源:抖音)

想一想：直播间有人说商品贵，主播应该如何应对？

## 四、引导转化

### （一）产品介绍话术

开场前简单介绍今天要卖的产品，除了基本的产品属性描述之外，产品介绍话术的核心是要增强信任感。从产品的功效、成分、材质、价位、包装设计、使用方法、使用效果、使用人群等多维度介绍产品，越专业越有说服力。

1. 展示型话术

主播在进行直播带货时，展示产品的质量和使用感受，能够让粉丝最直观地看到效果。产品展现得好，粉丝下单的概率也会更高。例如 L 主播在进行口红试色时，对每一支口红的颜色都能进行一个细致的表达，比如"给人很温柔、很春天、很清新的感觉的颜色"这样的话术，让人听着就不自觉心动。

2. 信任型话术

直播带货的缺点是粉丝接触不到产品，只能通过主播的描述来熟悉产品。因此，主播需要让粉丝对产品建立一定的信任感，才能促成粉丝下单。例如"我们都有正品保障，有品牌官方销售授权，你们可以查，也不怕查，同时我们都是给抖爸爸交了消费者保证金的，如果是假货，我们会被封店封号，所以我们也不会做这样的低级傻事"。

3. 专业型话术

在推荐产品时主播要能够从专业的角度出发，针对一个产品以及同类其他产品进行讲解，指导粉丝根据自己的情况选择产品。比如服装类带货直播，主播可以通过对某件服装的专业搭配，以及服装制品的专业讲解话术来吸引粉丝下单购买。

### （二）成交话术

"这款产品之前我们在 ×× 已经卖了 10 万套！"通过产品的销量体现产品的可靠性，暗示用户产品没有问题，用具体的数字体现产品受欢迎。

### （三）催单话术

到促单这个环节，观众已经有了很强的购买意愿，就差临门一脚。我们需要不断地刺激观众，抓住用户的消费心理，可以从以下两个方面入手：

第一，重复强调产品的效果和价格优势。大主播经常会用到这一话术，因为他们拿到的价格确实便宜，让用户觉得物超所值。

第二，不断提醒用户产品限时限量。给用户制造紧张感，过了这个村就没这个店，错过就会吃亏。

**推销话术套路满满,"双11"直播间充斥"全网最低价"**

多数消费者参与"双11"活动的方式主要就是通过直播间下单,图的就是直播间优惠力度大。不少主播甚至在直播间中用"地板价""宇宙最低""跌破底价"等词汇,突出渲染商品价格优惠。"最后一场破价直播,过时不补""错过今天,至少再等一年才有这个好价"等话语更是频繁出现在主播口中,不停地催促消费者下单。

然而记者近日在某第三方投诉平台检索"双11""直播间"等关键词时发现,存在大量消费者吐槽的情况。从投诉内容来看,消费者反映的问题主要集中在虚假宣传、货不对板、不退不换、不予保价等方面。

(来源:https://www.360kuai.com/pc/991f614309c4501bb?cota=3&kuai_so=1&refer_scene=so_3&sign=360_da20e874)

想一想:这种低价宣传话术有什么不妥?会造成什么影响?

## 五、话术案例

### (一)点名话术

在直播时欢迎新观众、点名提问者、回答问题的时候都把对方ID带上,会让观众有一种交流感(表4-15)。

表4-15 点名话术案例

| 序号 | 话术 |
| --- | --- |
| 1 | 欢迎××(ID名)进入我的直播间,今天直播优惠力度很大哦。 |
| 2 | 问什么时候有优惠券的××(ID名),今晚九点整有大额优惠券秒杀,马上就到了哦,千万不要走开。 |

### (二)互动话术

互动话术案例见表4-16。

表4-16 互动话术案例

| 类型 | 话术 |
| --- | --- |
| 提问式互动 | 这款你们喜欢吗? |
| 选择式互动 | 想要1号链接扣1,想要2号链接扣2。 |

续表

| 类型 | 话术 |
|---|---|
| 刷屏式互动 | 要的姐姐公屏打"想要"。 |
| 引导式互动 | 我们准备了100件福利,想要的点点关注呀。 |

### (三)痛点型话术

痛点型的直播话术是直接结合产品与痛点来说,引发某一类观众的强烈重视(表4-17)。

表4-17 痛点型话术案例

| 序号 | 话术 |
|---|---|
| 1 | 不知道大衣怎么搭配的宝宝们可以看我身上这件内搭,这件内搭不挑搭配的哈,随便你是套件外套还是穿在卫衣里都很好看,还保暖,十分适合冬天既想要好看又怕麻烦的宝宝们。 |
| 2 | 在减脂期的宝宝可以放心入啊,这一大包只有××卡,配料表也很干净。 |

### (四)逼单话术

1. 用发货来逼单

用发货时间来作为直播间逼单话术,比如早付款早发货、犹豫只能等预售……(表4-18)。

表4-18 用发货来逼单的话术案例

| 序号 | 话术 |
|---|---|
| 1 | 今天这款产品早付款早发货啊,宝子们抓紧时间,先拍下的是现货,后面的要等预售。 |
| 2 | 发货顺序都是根据姐妹们的下单时间来发货的,先拍先发,喜欢就不要犹豫,有时候虽然付款晚了几秒钟,中间就可能隔着好几百单,所以,只要喜欢,只要心动,1号链接闭眼入就完了,秒拍秒付,先把名额占下来,要是后面不喜欢的话还可以再退,你一旦犹豫,就会比其他人晚好久才能收到货。 |

2. 用库存来逼单

用产品库存少、稀疏来作为直播间逼单话术,打造直播间抢购产品的紧张氛围,引导用户快速下单(表4-19)。

表 4-19　用库存来逼单的话术案例

| 序号 | 话术 |
| --- | --- |
| 1 | 这款商品，这个价值，只给了 200 单，现在不买，之后你在哪都遇不到这个价格。 |
| 2 | 这款全网库存都在我直播间，但是也只有一点点，一定要拼手速。 |
| 3 | 宝贝们，今天这款商品一定要拼手速去抢，之前品牌方亏钱都说库存没有了，但是今天我又给咱家姐妹们争取到最后的 50 单，还是之前的价格，大家一定要拼手速，上架秒空。 |

## 3. 用服务来逼单

将产品售后服务作为直播间逼单话术，比如：支持七天无理由、使用不满意全额退款、售后质保……打消用户对产品售后的顾虑，迅速下单（表 4-20）。

表 4-20　用服务来逼单的话术案例

| 序号 | 话术 |
| --- | --- |
| 1 | 后台有很多宝贝们下单还没有付款，是不是不相信主播家的品质，刚刚就说了，这款就是用来给大家宠粉的，但凡不是为了在直播间冲人气，根本不可能这个价格卖。 |
| 2 | 这样吧，运营，今天所有下单这款商品的，不仅支持 7 天无理由退换货，就算使用过产品，你不喜欢，不合适甚至觉得不顺眼，这款商品都给我退回来，运费险我出。 |

以下是 ×× 精华 30 分钟直播话术案例（表 4-21）。

表 4-21　×× 精华 30 分钟直播话术案例

| 时间节点 | 步骤 | 话术案例 |
| --- | --- | --- |
| 0~5 分钟 | 聚人 | （1）我能发分享红包，好的，发一个分享红包，发多少？ 500×10，500×10 是吧，总金额 500 元吗？我给大家发个分享红包啊，OK，来这个是分享红包，你们可以分享各个群里面，或者 QQ 群里面都可以哈。<br>（2）好了，来了，宝宝们，咱们爱心能不能瞬间破两万，让这些大佬们看一下我们的实力，来，宝宝们，快点，每个人点下爱心，爱心到两万咱们就开始哈，咱们爱心到两万就开始。 |
| 5~7 分钟 | 留客 | （1）来，来开始了哈！来用过咱们家 ×× 精华的打出来，是非常好用，还是爆炸好用，还是超级好用？<br>（2）然后，废话不多说，我现在开始卖了哈，买过的宝宝们说好用，我给你讲是真的没有一个差评，真的一个差评都没有，全是好评，真的全是好评，100% 好评，我现在问你们想不想要，想要打个"想要"。 |
| 7~12 分钟 | 锁客 | （1）很多人是用过 ×× 精华的，前两年我也用过 ×× 精华，我用的也是那边产的；<br>（2）宝宝们，咱们这个 ×× 精华里面是没有含任何酒精的，而且没有任何香精的，所以孕妇哺乳期都可以用，那个，那个 400 多元 ×× 精华是含有酒精的，你们用的话就知道哈。 |

续表

| 时间节点 | 步骤 | 话术案例 |
|---|---|---|
| 12~16 分钟 | 举证 | （1）有没有人知道这个××精华淘宝的价格是多少？来搜一下，淘宝的价格是多少钱？就是现在我手里拿的这个××精华；<br>（2）然后呢？要不要看一下反馈，就是后面的评价，咱们看一下哈，就和咱们卖的一模一样的哈，淘宝卖 699 元，看一下反馈哈，很好用，而且效果也很好，建议大家买一个回去试试，来看第二个反馈，咱们就看两三个反馈，不用看太多浪费大家时间哈，来看第二个反馈，很好用，很喜欢，淡化皱纹效果明显，干净水润，圈重点哈，吸收得非常好。 |
| 16~22 分钟 | 说服 | （1）这个是男女都可以用的哈，不管是男生还是女生，都可以用哈，明不明白笑啥呀？真的，男女都可以用，就是现场这些大叔皱纹比较多的，来宝宝们，你们给他们说一下，现场这些大叔皱纹比较多的，要不要用？<br>（2）看好了啊，来，给你们展示一下，看这个××高级不高级，收到咱们××精华的你们说一下高级吗？ |
| 22~27 分钟 | 催单 | （1）助理，我要开始做福利了，大福利，有多大就多大，真的，真的大福利，真的大福利哈，来了哈！<br>（2）所以说，这样够不够意思？够意思给我打个"够意思"，你在淘宝花 699 元，原价买，你不合适都不能退换，我今天卖的价格 179.9 元，你收到后用了感觉不合适，我还给你退货。<br>（3）来，听好了哈，咱们拿一个正品来送，老顾客在不在，在的话扣个 1，我今天真的希望你们都能抢到，因为今天的福利太大了哈。来，我给你们说我今天送啥，你们会惊呆的，真的会惊呆的，听好了哈！ |
| 27~30 分钟 | 逼单 | （1）倒计时 10 秒钟下架，10，倒计时 9 秒钟下架，倒计时 8 秒钟下架，倒计时 7 秒钟下架，抢到两盒扣 2，抢到 3 盒扣 3，倒计时 6 秒钟下架，倒计时 5 秒钟下架，倒计时 4 秒钟下架，最后 10 个，倒计时 3 秒钟，倒计时 2 秒钟，最后一秒钟，错过最少要等半个月，OK 了没。<br>（2）我数三二一，准备好了啊，能抢 5 盒抢 5 盒，明白不明白？能抢 5 盒抢 5 盒，能抢 4 盒抢 4 盒，你千万别傻到抢 1 盒，三二一准备好了没，准备好没，助理上好了吗？我数三二一上架，三，卡了，后台已经卡了，二，最后一次机会，没有了啊，最后一次机会啊，注意手速哈，原价 699 元，还有 180 个，瞬间 20 个没有了。 |

## 平台常见违禁词

一、禁止使用时限用语

限时须有具体时限，所有团购须标明具体活动日期，严禁使用随时结束、仅此一次、随时涨价、马上降价、最后一波等无法确定时限的词语。

## 二、禁止使用权威性词语

（一）严禁使用国家×××领导人推荐、国家××机关推荐、国家××机关专供、特供等借国家、国家机关工作人员名称进行宣传的用语；

（二）严禁使用质量免检、无须国家质量检测、免抽检等宣称质量无须检测的用语；

（三）严禁使用人民币图样（央行批准的除外）；

（四）严禁使用老字号、中国驰名商标、特供、专供等词语（唯品会专供除外）。

## 三、禁止使用迷信用语

禁止使用带来好运气、增强第六感、化解小人、增加事业运、招财进宝、健康富贵、提升运气、有助事业、护身、平衡正负能量、消除精神压力、调和气压、逢凶化吉、时来运转、万事亨通、旺人、旺财、助吉避凶、转富招福等词语。

（来源：http://www.360doc.com/content/22/0427/ 11/72329805_1028526980.shtml）

### 一、实训主题
直播引导转化话术设计。

### 二、实训目的
通过实践，加深学生对直播引导转化话术设计的理解，掌握直播引导转化话术设计的技巧。

### 三、知识点
直播引导转化话术相关知识：包括产品介绍话术、成交话术、催单话术，通过这些话术，可以加强消费者的购买欲望，刺激消费，提升店铺销量。

### 四、实训说明

**步骤1** 教师布置任务：某护肤品牌要开设一场年底清仓直播，售卖的产品包括畅销爽肤水、保湿眼霜、抗老精华，请为这些产品设计一些直播引导转化话术。

**步骤2** 学生分组，3人一组，以小组为单位完成任务。

**步骤3** 填写以下直播引导转化话术设计表（表4-22）。

表4-22　某护肤品牌直播引导转化话术设计表

| 产品 | 引导转化话术类型 | 话术内容 |
| --- | --- | --- |
|  |  |  |
|  |  |  |
|  |  |  |

**步骤4** 评价反馈：对结果进行讨论，小组互评、教师给出评价，并完成表 4-23。

表 4-23 实训评价反馈表

| 评价项目 | 主要内容 | 自我评价 | 小组互评 | 教师评价 |
| --- | --- | --- | --- | --- |
| 实训课程（项目名称） | | | | |
| 实训规范（10分） | 遵守操作规程，不违规操作设备。<br>实训场地的整洁和工具的正确使用。 | | | |
| 实训准备（10分） | 对实训内容有充分的了解和准备。<br>提前收集了必要的资料和信息。<br>对实训所需的工具和材料进行了适当的准备。 | | | |
| 实训项目（50分） | 是否能够独立或在小组内完成实训任务。<br>在实训中是否能够灵活运用所学知识和技能。<br>在实训中的表现，包括创新思维和问题解决能力。 | | | |
| 实训过程质量控制（10分） | 是否能够对实训过程中的关键点进行检查和控制。<br>是否能够及时发现并纠正实训中的错误和偏差。<br>是否能够根据反馈进行必要的调整以提高实训质量。 | | | |
| 实训效果（20分） | 在实训结束后的成果展示，包括完成的任务、制作的成品等。<br>实训目标的达成情况，以及学生对实训目标的理解和实现程度。<br>反思和总结，包括实训中的收获、存在的问题和改进建议。 | | | |

## 任务 4-5　直播活动策划

**知识目标：**

1. 了解宣传预热技巧。

2. 掌握常见的营销技巧。

**技能目标：**

1. 能够做好直播宣传预热工作。

2. 能够把握直播节奏。

**思政目标：**

1. 树立正确的职业观，遵守相关法规和职业道德。

2. 培养计划意识。

## 一、直播计划

直播计划应简明扼要,直达主题,一般包括直播目的、直播概述、人员安排、时间节点、费用预算五大要素。直播计划要准确全面,以便让所有的参与者都明确任务要求,更好地完成各项目任务,实现直播目的(表4-24、图4-38)。

表4-24 带货直播计划示范表

| 带货直播计划示范表 ||||
|---|---|---|---|
| 直播目标 ||||
| 观看人数: | 礼物数: | 付费人数: | 评论人数: |
| 新增粉丝数: || 新增粉丝团: | 榜一贡献: |
| 销售目标 ||||
| 单场销售额: | 订单量: || 成交量: |
| 购物袋打开次数: | 客服咨询次数: || 直播分享次数: |
| 直播计划 ||||
| 单场产品数: | 单场秒杀次数: || 单场大礼包数: |
| 直播时长: | 带货时长: || 互动时长: |
| 粉丝团冲关奖励次数: | 在线人数冲关奖励次数: || 点赞冲关奖励次数: |
| 本场连麦商家: | 本场连麦明星: || 本场随机PK: |
| 本场开播时间: | 本场预热时间: || 冲榜时间: |
| 产品费用结构 ||||
| 产品数【冲人气】: | 产品数【在线时长】: || 产品数【话题】: |
| 单场利润目标: | 单场推广费用: || 单场惠粉费用: |
| 直播节奏安排 ||||
| 疯狂30分<br>留住人气增加评论<br>9.9元产品包邮 | 内容 | 参加要求 | 主播引导 |
| ^ | 直播间人数达标 | 关注和分享链接 | |
| 一站到底<br>留住人气增加销量<br>买一送一堆 | 内容 | 参加要求 | 主播引导 |
| ^ | 购买产品回答问题 | 购物车和下单 | |
| 宠粉无底线<br>增加粉丝团和礼物<br>超级无敌大礼包 | 内容 | 参加要求 | 主播引导 |
| ^ | 粉丝团级别过关 | 加入粉丝团和礼物 | |
| 陪你到最后<br>6.66元随手礼 | 内容 | 参加要求 | 主播引导 |
| ^ | 在线1小时以上 | 下次开播预告和关注 | |

| 产品销售策略 | | | | | |
|---|---|---|---|---|---|
| 产品名称展示时长 | 价格 | | | 赠品 | 0风险承诺退差价退货 |
| | 销售价 | 一降 | 二降 | 实物 礼券 | |
| | | | | | |
| | | | | | |

| 直播人员安排 | |
|---|---|
| 主播： | 体验产品、产品介绍、游戏发起 |
| 嘉宾： | 活跃气氛、粉丝互动、粉丝提问 |
| 直播助理： | 展示产品、统计问题、现场音乐 |
| 直播助场： | 在线人数、小时榜、刷评论、刷礼物 |
| 后台客服： | 统计小时在线、改价、接待咨询 |
| 榜一： | 刷音浪、连麦、开直播、转粉、PK |
| 榜二： | 刷音浪、连麦、开直播、转粉、PK |
| 榜三： | 刷音浪、连麦、开直播、转粉、PK |
| 明星： | 连麦、游戏、八卦、体验产品 |
| 厂家： | 演示功能、赠品、0风险承诺、降价 |
| 美工： | 直播间主图、产品主图 |
| 摄像剪辑： | 直播花絮、预告短视频、剪辑工厂短片 |
| 场控： | 控制直播效果、控制直播节奏 |
| 数据场记： | 记录现场实时数据与问题、分析直播数据 |

| 直播流程 | | |
|---|---|---|
| 序号 | 项目 | 内容细节 |
| 1 | 筛选产品 | 选品、测试、定价、核算利润 |
| 2 | 产品排序 | 产品排序、产品卖点、销售策略 |
| 3 | 安排游戏 | 人气游戏、活跃游戏、销售游戏、礼物游戏 |
| 4 | 规划流程 | 产品链接、产品上架、直播预热、直播现场 |
| 5 | 联系人员 | 主播、厂家、场控、客服、嘉宾、美工、摄像剪辑 |
| 6 | 预热开播 | 预热视频、直播主图、同城位置、粉丝通过、分享链接 |
| 7 | 复盘 | 流程、数据、产品、互动 |

## 直播内容规划

**1. 主题选择**
- ✓ 教程讲解：化妆、穿搭教程分享
- ✓ 好物分享：粉丝回馈、特价专享
- ✓ 上新预热：上新优惠活动，通过直播推荐新品
- ✓ 官方活动：配合活动打榜
- ✓ 人设账号：石榴哥卖石榴、麻辣德子卖锅

**2. 时间段、时长规划**
- ✓ 直播时长：3h、4h以上，可以选择中午、晚上等时间开播，视频热门后随时开播

**3. 商品讲解**
- ✓ 结合用户痛点展开讲解，让用户产生购买欲望
- ✓ 每个商品提炼3、4个特点，单品介绍时长不超过10分钟

**4. 营销玩法节奏**
- ✓ 粉丝福利时间
- ✓ 返场抢购时间

**5. 提前开播测试**
- ✓ 测试网速：确保网速正常、购物车及上下架等直播间功能正常
- ✓ 设备调试：检查能否正常直播、镜头位置、灯光亮度、网络、话筒收声情况等，确保正式直播时不会出现意外

图 4-38　直播内容规划

## 二、宣传预热

直播前要做直播预告，预告信息包括直播时间、直播内容以及直播间二维码等，以吸引更多的粉丝关注并进入直播间。

直播预热就相当于新店开业时四处发广告、在门口摆花篮，目的是吸引更多人的关注。不少主播在积攒了一定数量的粉丝之后，就会接到合作单，此时更要充分做好预热引流的工作，以保证达到预期的直播效果，为后续接单积累更多的成功案例。有些人认为，主播的知名度达到一定水平之后，就不需要在预热环节下功夫了，这种想法是错误的。如图 4-39 所示即便是像 L 这样的头部主播，都会通过微博等平台做直播预热，更不要说普通主播了。为什么预热很重要？忠实粉丝或许会经常留意主播的动向，但普通用户并不会如此，仅靠忠实粉丝恐怕很难达成直播目标。只有将直播信息传达到位，为直播间聚拢更多的人气，才能获得预期的直播效果。

图 4-39　主播在微博进行直播预热
（资料来源：微博）

## （一）宣传预热技巧

### 1. 做好播前提醒

在开播之前，主播及运营团队要充分利用好各个平台针对用户进行播前提醒的功能，例如，快手平台上有个功能是"说说"，"说说"就类似于微信朋友圈，可以采用图文形式，它在直播预热的环节能够发挥非常重要的作用。此外，如果主播已经建立了自己的社群或聊天室，那么传递与直播活动有关的消息就会变得更加高效。主播要运用尽可能多的渠道做预热，不仅要用好直播平台上的渠道，也要在其他社交平台上做宣传。越是重要的直播活动，越要在开播之前做好提醒和宣传推广的工作。

### 2. 制作宣传海报

宣传海报的视觉冲击力很强，是直播预热的有效工具之一（图4-40）。有些运营团队在制作宣传海报时喜欢使用明亮艳丽的颜色，这样做可以进一步增强视觉刺激。当然，也有一些新颖有趣的海报根本没有使用夸张的颜色，而是靠创意吸引用户。尽管那种可以引发用户自发传播的海报不太容易做出来，但运营团队要努力去尝试。在制作宣传海报的时候，要注意以下两点：

图4-40　直播预热海报
（资料来源：花瓣网）

（1）关键信息如直播时间、进入直播间的方式、直播主题等一定要放在最显眼的位置，最好让用户一眼就能看到。

（2）做好版式设计和颜色搭配，至少不要在这些方面失分，否则很有可能让用户产生负面的印象。

### 3. 强调活动特色

做直播预告是为了在开播时吸引更多的流量，只是干巴巴地传达直播信息根本无法实现这一目的。以电影宣传为例，宣发团队往往会强调电影采用了什么先进技术、剧情有多新颖、结局有多出人意料等，这样才能吸引更多的观众。同理，在做直播预告的时候，也要强调活动的特色，既要吸引老粉丝，也要能引来更多的新粉丝。做好直播预热的工作之后，主播还要在直播过程中进一步提高直播间的热度，尽可能留住进入直播间的用户。此时,红包就变得十分有用了,因为发红包的直播间会有相应的标识,不仅能吸引更多的用户点进去,还可以唤醒陷入沉睡状态的用户。

## (二)把握预热节奏(表 4-25)

表 4-25 把握预热节奏

| 节奏 | 长线 | 中短线 | 短线 |
|---|---|---|---|
| 时间周期 | ≈ 7 天 | ≈ 3 天 | 直播当天 |
| 素材 & 预热技巧 | 纯短视频素材引流<br>如:TopView+<br>短视频引流直播间 | 短视频预热 +<br>直播素材引流<br>如 TopView/TopLive+<br>Feed 直投直播间 | 纯直播素材引流<br>如:FeedsLive/DOU+<br>直投直播间 |
| 适用场景 | 原有粉丝基础偏弱的直播间,可逐步积累粉丝,对短视频素材的创意和质量要求较高 | 短视频和直播素材双管齐下,兼顾自有粉丝与路人拉新 | 对于已经形成固定开播认知和高粉丝基础的直播间有优势 |

## 三、直播节奏

一般来说,直播节奏与直播环节的安排密切相关。假设某场直播时长为 2 个小时,需要展示的产品比较多。然而,主播做开场白和介绍第一件产品就用了 40 分钟,那么后面所有产品的介绍时间就会被压缩,直播节奏也会由于时间不足而出现很大的问题(表 4-26)。

表 4-26 把握直播节奏方案案例

| 直播环节 | 节奏<br>(建议时长) | 价格策略 | 核心玩法 | |
|---|---|---|---|---|
| | | | 抽奖、福利<br>(约 30 分钟一次) | 互动、提升下单 |
| 开场 | 暖场<br>(5~15 分钟) | | 轻量级抽奖 | 刷屏引导<br>直播间互动引导<br>(点赞、转发等) |
| 正式售卖 | 售卖初期<br>(1~2 小时) | 引流款<br>客单价逐渐增加 | 完成任务用户抽奖(如转评赞预热视频、下单)<br>福利款商品秒杀 | 下单流程教学<br>产品亲身示范<br>(试用、试吃、做实验等)<br>介绍赠品数量及价值 |

续表

| 直播环节 | 节奏<br>（建议时长） | 价格策略 | 核心玩法 | |
|---|---|---|---|---|
| | | | 抽奖、福利<br>（约30分钟一次） | 互动、提升下单 |
| 正式售卖 | 售卖高潮期<br>（1~2小时） | 价格优势最突出<br>最大众化的潜力爆款<br>客单价高低结合 | 免单：<br>从下单用户中<br>抽×名免单<br>红包：<br>不定时发红包<br>抽大奖：<br>高客单价热门商品或商品大礼包 | 神秘嘉宾、知名嘉宾<br>空降直播间炒热氛围<br>品牌方围绕商品价格优势深度讲解 |
| | 售卖结尾期<br>（0.5~1小时） | 客单价<br>由高转低 | | 根据前期下单数据/在线观众画像安排爆款商品返场 |
| 结束 | 收尾<br>（5~10分钟） | | 送礼感谢粉丝支持 | |

把控直播节奏的关键是主播具备较强的时间观念与节奏把控能力。为了有效地把控直播节奏，主播需要掌握以下几个技巧。

**（一）做好阶段划分**

绝大部分电影的剧情都会有开场、转折和高潮，同理，直播也要有一定的节奏。主播要清楚什么时候应该放缓节奏、什么时候应该加快节奏。如果主播从头到尾都保持快节奏，用户就很容易疲劳，因此，主播在开播前就要针对本场直播做好不同阶段的划分。

**（二）学会随机应变**

没有哪位主播可以拍着胸脯说直播过程中绝对不会发生任何意外，即便在开播前制订了完备的方案，在直播时也很有可能会发生打乱直播节奏的事件。这时，主播必须迅速作出反应，及时将直播节奏拉回正轨，否则很有可能造成损失。主播除了平时要注意锻炼自己的应变能力，还要与运营团队充分沟通，尽可能制订完善的应急预案，做到有备无患。

**（三）注意团队交流**

成熟的主播大多有自己的团队，因此在直播过程中往往需要与团队成员分工合作。一方面减轻了主播的压力，另一方面也给主播带来了新的挑战，因为主播需要分出一部分精力来与团队成员交流，接收他们传递的信号。团队交流做得比较到位的主播可以更高效地把控直播节奏，也很少出现某个环节时间过长、某个要点没有讲到等情况。

## 四、常见营销技巧

**（一）产品的 Q&A**

直播最大的好处就是主播和观众可以瞬间互动，增强观众的参与感。观众的问题能够及时得到解答，增进了他们下单前对产品的了解。例如有观众问"我身高不高能穿吗？我太胖能穿吗？"直播中经常会出现这样的问题，主播需要耐心引导解答，比如，"您要报一下具体的体重和身高数值，这样我才可以给您提供合理的建议！"

还有一类常见的情况是观众问："3号商品多少钱？"此时该用户已经表现出想购买的意思，主播需要耐心解答。比如，"3号商品可以找客服咨询，报主播名字能领取5元优惠券，优惠下来一共是39元，左右滑动屏幕也可以看到各个商品的优惠信息，喜欢这件衣服的赶快下单哦！"

### （二）将产品作为直播道具

直播营销有时候也无法避免大多数营销中的套路，企业在营销过程中过多强调产品，容易让观众产生拒绝的心理。这种刻意的广告，甚至会让直播营销失去原本的优势，让观众难以接受直播的内容。因此，哪怕是常规的直播营销，也要避免这种情况出现。当企业想要强调产品的时候，可以通过别的手段将产品变成直播的道具，使广告变得更加自然，提高观众对产品广告的接受度。

举例来说，在很多人眼里，麦片只是用来冲泡食用的。那么直播麦片不一样的吃法，如和鸡蛋搭配做菜，和冰淇淋混合做冷饮，等等，在直播平台上利用麦片做出各种美味食物的同时，观众自然会对主播使用的麦片感兴趣，并在不知不觉中接受了产品。这种看似简单的直播，实际上就是将产品麦片道具化了。因此，当企业能够把产品变成直播道具融入直播内容中，会带来很好的营销效果（图4-41）。

图4-41　直播麦片做法
（资料来源：抖音）

### （三）将广告变成"段子"

利用主播的花式表演来逗笑观众，实际上是一种非常常见的直播方式。但是，如果能让主播在逗笑观众的过程中"毫无痕迹"地穿插产品的广告，让观众一边笑一边购买，就可以带来意想不到的效果。

但是在把搞笑作为直播营销的技巧之前，一定要注意不能把广告与搞笑结合得太过刻意，否则只会适得其反。只有让直播中的笑点与广告完美融合，让观众无法察觉广告的影子，或者即使观众察觉到了直播中广告的成分也能欣然接受，那么广告也就等于成功地变成了直播内容中搞笑的"段子"。在主播不停地讲"段子"、制造笑点的过程中，产品的广告就会在不知不觉中深入到直播的受众心里。

### （四）产品上架数量控制，把握节奏

什么叫控制节奏？比如，今天你要卖100套货，你不能说"我今天有100多套货要卖"。要怎么做呢？比如，你先卖10套，这10套瞬间被抢空，很多人就会说："没了吗？这

么快！"营造出一种刚上架就被抢光的瞬间火爆的氛围，可以调动大家抢货的心理。

没抢到的，再上第 2 批 20 单，第 3 批 50 单……这就是销售控制、把控节奏的一种做法。

## 五、直播粉丝转社群后的维护

### （一）网络直播社群维护的"三近"原则

粉丝群体属于直播社群的一种，也需要遵循网络直播社群生存原则。要建立一个基于信任感的良好直播社群，就要遵循直播社群生存的"三近"原则，即相近地域、相近年龄和相近兴趣。只要满足这 3 个原则，就会出现人与人之间相互认识、相互依赖、成员之间频繁互动的现象，使得社群黏性更强，活跃时间也就越长。成员之间的相互信任，夯实了直播社群的高转化率（图 4-42）。

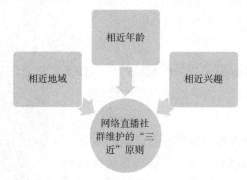

图 4-42 网络直播社群维护的"三近"原则

### （二）核心粉丝担任管理员

粉丝可分为核心粉丝、普通粉丝和路人粉，分类的原则是粉丝与主播间的黏性，核心粉丝是黏性最高的粉丝。核心粉丝到底扮演什么角色？他们的作用有哪些？哪些人才能称为核心粉丝？如何维系和发挥核心粉丝的作用呢？

1. 核心粉丝的作用

因为核心粉丝可主动承担管理员的职责，所以，主播可以在粉丝群、直播群中挑选核心粉丝帮助管理直播间，担任管理员。

1）忠实的追随者

毋庸置疑，一直追随品牌、维护品牌的粉丝才能称为忠实的追随者，品牌应该基于粉丝的忠诚度给予他们更高的回馈，这样会给他们带来更强的荣誉感、更好的体验度以及更高的忠诚度。

2）信息的传播者

作为核心粉丝，他们会义不容辞地为品牌进行正面信息传播，也有可能会担当起为品牌正名的责任，这往往比品牌专属媒体公关部的作用还有效。

3）需求的发起者

核心粉丝会代表部分粉丝向品牌提出价值诉求，而这些价值诉求，正是品牌应该去捕捉的消费者需求，品牌应针对这些需求推出商品和服务。

4）问题的反馈者

核心粉丝会基于品牌在市场上的反应，向品牌提出很多问题，而这些问题恰恰是品牌需要去正视和解决的。

5）体验的促进者

核心粉丝可以代表大部分粉丝优先体验品牌推介活动，并提出改进的意见。

2. 选择核心粉丝的标准

1）有一定的前瞻性

不是任何人都能够成为核心粉丝的，尤其是对于一些商品更新换代非常频繁的品牌而言，具有一定前瞻性的粉丝带来的价值会非常高。

2）有敏锐的洞察力

进入核心粉丝圈的人对商品市场的发展趋势要有极强的判断能力，以便对商品的创新提出有益的建议。

3）有宽泛的人际圈

核心粉丝应该是喜爱人际交往的，这类粉丝对品牌推广价值很高，因为他们愿意分享，可以对品牌传播起到很大作用，这正是发展核心粉丝需要着重关注的。

4）有很强的荣誉感

核心粉丝不会因为自己不是企业内部人士而感到事不关己。相反，核心粉丝对品牌的喜爱程度有时候往往超出品牌对其的期望。一旦品牌对核心粉丝赋予极高的荣誉，就能够很好地促进核心粉丝为品牌提供源源不断的信息。

3. 维系和发挥核心粉丝作用的方法

1）新品体验

新商品上市前，主播应邀请核心粉丝提前体验，并请他们给予意见，核心粉丝都非常愿意担当这个光荣角色，新品信息的传播往往就在这个阶段出现（图4-43）。

2）线上互动

主播应通过线上各式各样的互动活动，充分调动核心粉丝的积极性，增加其黏性、活跃度，以及对品牌的

图4-43 新品体验

依赖感及归属感。

3）线下互动

在线下，主播也应该举办系列活动，以加强与粉丝间的情感联系，毕竟面对面会更有真实的感觉。

4）建立圈子

主播应建立核心粉丝圈子，让粉丝互相成为朋友，最好是采用建立区域论坛的方式，将不同地区的粉丝按照地缘关系联系起来，并让一些核心粉丝中的积极分子进行区域圈管理。

（三）培养资深粉丝从事渠道推广

资深粉丝对主播的认可度较高，有向他人分享、推荐主播的欲望。主播如果再给予他适当的利益，就会极大地鼓励资深粉丝，促使他们向渠道推广者转变。但将资深粉丝当作渠道推广者，需要注意利益上的共享和分配关系，尽量兼顾利益群体。

## 杭州上线"直播电商数字治理平台"，打造绿色直播间

全国首个"直播电商数字治理平台"在杭州市上城区上线试运行。该平台运用区块链技术、大数据技术和人工智能技术，通过建立违法行为关键词库、建立智能分析模型（关键字审核模型、声音比对模型、图像比对模型、价格模型）、违法行为智能识别并标记等，对直播电商企业视频数据开展智能分析。

比如，在一条视频中，人工智能分析系统捕捉到主播在推销商品时用了"抗氧化""去黑眼圈"效果等敏感词汇后进行了报警提示，工作人员根据线索联系上相关主体，要求其提供该商品的相关检测报告或者功能性报告，否则商家涉嫌构成虚假宣传。商家在依法提供了相关佐证资料后，工作人员对其进行行政指导，督促其依法依规规范营销，该线索实现闭环处置。

同时，平台还实现了与其他部门的多跨联动，包括与公安部门信息衔接，与发改部门信用共享，对主播涉精神文明言论与网信办联动等。

试运行期间，平台已将上城区 616 家直播企业、963 个直播间、1 222 名主播纳入动态监管。在建设过程中的模拟测试中，平台共分析 4 000 余个视频，发现可疑违法违规线索视频 340 个，移送案件线索 3 个，实际检验了平台的实战能力。

监测到违法可当场叫停 杭州上线"直播电商数字治理平台"。

（来源：https://jingji.cctv.com/2022/08/11/ARTI9XYBsazG6ph39k6Mi3iw220811.shtml）

## 解读

直播电商作为一个新兴行业，其长远发展离不开公平规范的市场环境和有效的治理体系。"浙江样本"为直播电商的综合治理提供了一份解决方案。随着该行业的发展，其治理体系也会逐步完善，相关从业人员一定要树立正确的职业观，不在工作中违反相关法规和职业道德。

### 一、实训主题

直播宣传预热海报设计。

### 二、实训目的

通过实践，加深学生对直播宣传预热海报要点的理解，掌握设计直播宣传预热海报的方法。

### 三、知识点

制作宣传海报。

### 四、实训说明

**步骤1** 教师布置任务：某牛奶品牌要开设一场新品直播，请用手机软件为这个品牌设计直播宣传预热海报。

**步骤2** 学生分组，3人一组，以小组为单位完成任务。

**步骤3** 投屏展示各组设计的直播宣传预热海报。

**步骤4** 评价反馈：对直播引导转化话术设计结果进行讨论，小组互评、教师给出评价，并完成表4-27。

表4-27 实训评价反馈表

| 实训课程<br>（项目名称） | | | | |
|---|---|---|---|---|
| 评价项目 | 主要内容 | 自我评价 | 小组互评 | 教师评价 |
| 实训规范<br>（10分） | 遵守操作规程，不违规操作设备。<br>实训场地的整洁和工具的正确使用。 | | | |
| 实训准备<br>（10分） | 对实训内容有充分的了解和准备。<br>提前收集了必要的资料和信息。<br>对实训所需的工具和材料进行了适当的准备。 | | | |

续表

| 实训课程<br>（项目名称） | | | | |
|---|---|---|---|---|
| 评价项目 | 主要内容 | 自我评价 | 小组互评 | 教师评价 |
| 实训项目<br>（50分） | 是否能够独立或在小组内完成实训任务。<br>在实训中是否能够灵活运用所学知识和技能。<br>在实训中的表现，包括创新思维和问题解决能力。 | | | |
| 实训过程质量控制（10分） | 是否能够对实训过程中的关键点进行检查和控制。<br>是否能够及时发现并纠正实训中的错误和偏差。<br>是否能够根据反馈进行必要的调整以提高实训质量。 | | | |
| 实训效果<br>（20分） | 在实训结束后的成果展示，包括完成的任务、制作的成品等。<br>实训目标的达成情况，以及学生对实训目标的理解和实现程度。<br>反思和总结，包括实训中的收获、存在的问题和改进建议。 | | | |

# 项目 5
# 直播电商实施

## 课程导入

再多的理论技巧都要结合实践，实践出真知。在这里，我们将深入探讨如何将直播电商策划的理论知识转化为实际行动。随着直播电商的蓬勃发展，它已经成为连接消费者与品牌、提升销售业绩的重要工具。本章节将为您提供实施直播电商活动的具体步骤和策略，帮助您从策划到执行的每一个环节都能精准把握。

## 学习重点

1. 直播电商开场。

2. 直播商品推销。
3. 直播收尾。
4. 直播复盘。

## 任务 5-1  直播电商开场

**知识目标：**
1. 了解主播的自我介绍。
2. 掌握暖场留人的技巧。

**技能目标：**
能够通过语言技巧留住直播间的观众，并引导关注。

**思政目标：**
1. 遵守法律底线，切实保障消费者的合法权益。
2. 培养诚信营销的意识。

### 一、自我介绍

好的开场能够增加新手主播的自信，缓解其紧张的心情。当新面貌的主播第一次开始直播时，或是新进入直播间的观众想对主播有进一步了解时，进行自我介绍是不可缺少的。主播进行自我介绍可以围绕以下几个话题开展（表5-1）。

表 5-1  主播进行自我介绍的话题

| 序号 | 话题 |
|---|---|
| 1 | 我是谁？ |
| 2 | 做直播之前是做什么的？ |
| 3 | 为什么做直播？ |
| 4 | 做了多久？账号特色？ |
| 5 | 我经历了哪些挫折？ |
| 6 | 取得了什么样的结果？ |
| 7 | 擅长什么？能给粉丝带来什么价值？ |

通过这些话题给粉丝一个留在直播间的理由，与粉丝产生共鸣。

## 二、暖场留人

### （一）聊天互动

直播场景十分利于主播与粉丝间的互动，粉丝对商品的问题可以得到及时的解答，主播也可以通过粉丝的想法指导后期选品。所以，在暖场时主播和直播团队可以拉家常贴近粉丝、讲段子吸引粉丝、聊八卦融入粉丝生活。

聊天互动方式主要有以下几种：

1. 积极回答问题

在直播过程中粉丝会提出各类问题，有关于这场直播活动的，也有可能会出现一些其他无关的问题。主播均需合理应对。一是要及时回应，二是对重复的问题要有耐心，当然，如果遇到了不文明的弹幕也可以提出警告或让场控帮忙处理。

2. 主播提问，粉丝回答

尽量提问粉丝容易回答的封闭式问题，如：你们更喜欢蓝色的这款毛衣还是红色的这款毛衣？喜欢蓝色的在弹幕里扣1，喜欢红色的扣2。

**小知识——直播间中观众常提的问题及解答技巧**

问题1：看一下××商品

如果主播时间充裕，可以马上拿出来试用或试穿，同时讲解商品的功能和价格等。

问题2：什么时候发货？

主播只需在观众提出问题时，真实地进行解答。

问题3：主播怎么不理人？

这时候主播需要安抚观众的情绪，可以回复："没有不理，建议观众多刷几次评论，主播就能看见了。"

问题4：×号商品多少钱？

引导观众直播间领券下单，或者直接告诉观众关注店铺可享受优惠价。

### （二）花样热场

多种玩法带节奏。如点赞1万送礼物、截屏抽奖、发放优惠券等，炒热直播间氛围，通过设计不同时间段的噱头，如每5分钟或10分钟重复口播重点信息，让观众印象深刻；每半小时或整点设置特殊玩法，拉长停留时长。画面在前，声音在后。可以用相关道具吸引粉丝的注意力，比如头饰、耳饰、服装、人物等，如图5-1所示。

### （三）引导关注

优秀的主播在新用户进来时，就会第一时间引导用户关注直播间。方式可以有多种形式，如在直播背景上放一块关注领福利的背景板，或是主播或直播团队其他工作人员直接口头提醒。在这个过程中要注意语气，并对关注的粉丝及时表示感谢，如图5-2所示。

直播间花样热场玩法

- ➢ 限时 / 限量促销活动
  - ✓ 商品促销活动（限时、限价、限量）
  - ✓ 设置在整点进行
  - ✓ 刺激用户转化，调动直播间气氛

- ➢ 抽奖
  - ✓ 粉丝团抽奖、评论抽奖、下单免单
  - ✓ 定时抽奖、整点 / 半点抽奖
  - ✓ 增加用户停留时长

- ➢ 发优惠券
  - ✓ 直播间发放优惠券
  - ✓ 专属利益点刺激用户转化

- ➢ 发红包
  - ✓ 发红包礼物给用户
  - ✓ 增加用户粉丝黏性

图 5-1　抖音直播间花样热场玩法

图 5-2　引导关注
（资料来源：花西子淘宝直播间）

### （四）上架宠粉款商品

宠粉款商品也就是之前介绍的引流款。通过较大的优惠力度为直播间引流，让整个场子暖起来。

### 直播秒杀乱象为引流侵犯消费者权益

"原价 959 元，抢购价 199 元""限量 5 000 份 1 分钱商品，拼手速的时候到了""1 元手机链接马上上，大家赶紧准备抢"……为提高流量，增加商品曝光度，商家使出浑身解数提高销量的同时，也带来了一系列直播秒杀乱象。

有记者以"秒杀""直播"为关键词在某第三方投诉平台进行检索，发现相关投诉超过 1 600 条。例如"60 多元秒杀的肉卷，店里最贵肉卷才 20 元，套餐只用 50 元""拍到秒杀商品，结果一直显示收货地址不支持销售，换其他地址也不行"等。

对于直播间此类秒杀套路，中国法学会消费者权益保护法学研究会副秘书长陈音江认为，直播间如果将秒杀活动作为引流的幌子，则涉嫌违反《消费者权益保护法》和《反不正当竞争法》有关规定，涉嫌侵犯消费者的知情权和选择权。

为保证这些福利的真实性，可考虑引入公证机关公证、引入区块链等电子存证技术、引入第三方监管机构等方式。进一步夯实平台责任，由平台在规则上对直播福利相关行为做好规制，并通过技术对此做好事前、事中和事后监管。

（来源：https://baijiahao.baidu.com/s?id=1752239126114485907&wfr=spider&for=pc）

直播秒杀在一定程度上既能吸引流量,又能让消费者买到价格优惠的产品,但前提是商家不能弄虚作假,且要引入相关机制让抢单公开透明。所以,商家和主播团队在制订相关方案时要谨遵法律底线,不得欺骗消费者,侵犯消费者的合法权益。

**一、实训主题**

某服装品牌直播开场。

**二、实训目的**

通过对直播开场的设计和演练,掌握直播开场的语言技巧。

**三、知识点**

电商直播开场。

**四、实训说明**

步骤1 教师下发任务:4人一组,各自设计服装直播开场,将话题及话术填入表5-2。并进行小组活动。

表 5-2　直播开场话术表

| 话题 | 话术 |
| --- | --- |
|  |  |
|  |  |
|  |  |

步骤2 小组成员分别进行开场展示,其他成员扮演观众,向展示成员提问。

步骤3 评价反馈:对小组活动结果进行讨论,小组互评、教师给出评价,并完成表5-3。

表 5-3　实训评价反馈表

| 实训课程<br>（项目名称） | | | | |
|---|---|---|---|---|
| 评价项目 | 主要内容 | 自我评价 | 小组互评 | 教师评价 |
| 实训规范<br>（10分） | 遵守操作规程，不违规操作设备。<br>实训场地的整洁和工具的正确使用。 | | | |
| 实训准备<br>（10分） | 对实训内容有充分的了解和准备。<br>提前收集了必要的资料和信息。<br>对实训所需的工具和材料进行了适当的准备。 | | | |
| 实训项目<br>（50分） | 是否能够独立或在小组内完成实训任务。<br>在实训中是否能够灵活运用所学知识和技能。<br>在实训中的表现，包括创新思维和问题解决能力。 | | | |
| 实训过程质量<br>控制（10分） | 是否能够对实训过程中的关键点进行检查和控制。<br>是否能够及时发现并纠正实训中的错误和偏差。<br>是否能够根据反馈进行必要的调整以提高实训质量。 | | | |
| 实训效果<br>（20分） | 在实训结束后的成果展示，包括完成的任务、制作的成品等。<br>实训目标的达成情况，以及学生对实训目标的理解和实现程度。<br>反思和总结，包括实训中的收获、存在的问题和改进建议。 | | | |

# 任务 5-2　直播商品推销

**知识目标：**

1. 了解取信的技巧。

2. 掌握促单的技巧。

**技能目标：**

1. 能够取得受众的信任，引导受众下单。

2. 能够完成直播产品的推销。

**思政目标：**

培养助力脱贫的职业理想。

## 一、取信

增强信任感的方法有以下几种：

## （一）感受分享

一句话把自己的使用感受和结果说出来，像朋友聊家常一样，而且这句话很简短，可以不断地在直播间重复，照顾到后续进入直播间的粉丝。讲一些家人、工作人员使用过的经历，还可以在直播间展示自己的淘宝购买订单，证明某款产品是"自用款"，且为重复购买的产品，以此打消观众对产品的顾虑。一定要在你的直播间现场试用产品，分享使用体验与效果，验证产品的功效。这样才有足够的说服力，才能让粉丝信服你，买你的产品。同时还要描述出产品的使用需求和购买需求，双管齐下，激发用户的购买欲望。

## （二）第三方举证

可利用第三方举证，如出示产品可信证明，证明产品靠谱。包括但不限于：销量截图、网友好评、网红推荐、官方资质、专家背书等。如图5-3所示。

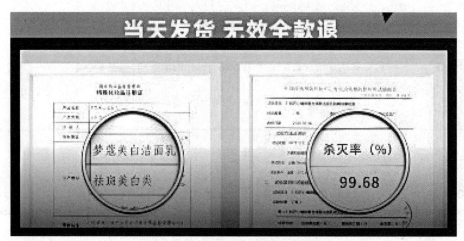

图 5-3　官方资质证明

（资料来源：抖音）

## （三）趣味实验

为了增强观众对产品的信心，除了真人演示之外，还可以展示和产品核心卖点相关的特性趣味实验。

比如用洗面乳打泡泡，然后在打出的泡泡上放一枚硬币，泡泡不塌，用来说明泡泡的致密细腻（图5-4）；在粉饼上滴一滴水，水珠不会渗入粉饼，甚至粉饼下水不会散掉，用以说明粉饼隔水性能好；粘勾吊哑铃+一桶纯净水来显示挂钩的牢固性（图5-5）。

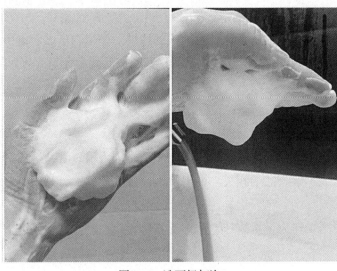

图 5-4 洗面奶打泡
（资料来源：淘宝）

图 5-5 粘钩承重力测试
（资料来源：淘宝）

## 二、促单

促单就是促进下单转换。好的促单要告诉用户为什么卖这个价格，为什么这个价格划算？为什么此时此刻在这儿买？要把这三点讲清楚，让用户意识到现在在这儿买才是最划算的，要营造出来用户的心理落差，才是一个非常好的促单过程。

### （一）精心提炼产品卖点

主播可以从以下几个方面来向粉丝介绍产品的卖点：

**1. 为消费者省时省力**

将追求方便、使用快捷作为商品卖点来宣传是行之有效的策略。

**2. 为消费者省钱**

消费者都青睐能够帮助他们省钱的带货主播，在产品的核心卖点中可以强调产品的高性价比。

**3. 刷新消费者印象**

主播要在竞争激烈的众多带货主播中脱颖而出，成为备受消费者关注的头部带货主播，其中少不了创新。消费者不喜欢一成不变、毫无特色的产品。如果一款产品能带给消费者惊喜，让其感受到产品的与众不同，那么消费者就更愿意掏钱购买该产品，如图 5-6 所示。

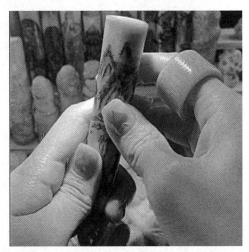

图 5-6 特色直播
（资料来源：抖音）

#### 4. 弥补消费者的遗憾

消费者希望通过购买产品来满足自己的需求，弥补生活中的遗憾。如果在产品卖点中可以准确地洞悉消费者的需求，帮助消费者弥补遗憾，主播所推荐的产品就会大受欢迎。

### （二）营造临场感

所谓临场感是让观众在观看直播带货时，能够有身临其境的感觉。

#### 1. 营造使用场景

消费者购买产品的最终目的是满足自己的使用需求，因此主播必须为消费者营造出产品使用场景，让消费者能够更真切地了解产品的相关功能，从而激发他们的购买欲望，选到自己所需要的产品。

在直播时，主播要将营造使用场景作为带货技巧，这种场景化营销会激发消费者的需求，进而作出购买决策，如图 5-7 所示。

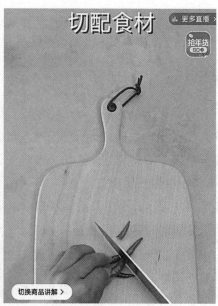

图 5-7　厨具商家营造厨具使用场景
（资料来源：淘宝）

主播营造使用场景时要坚持真实性原则，按照产品的实际情况直播，不能为引起消费者注意而夸大产品的使用效果。只有这样才能使主播保持良好的信誉，同时使直播间获得长期发展。需要注意的是营造出的使用场景只是对真实场景的一种模拟，并不是现实生活中的实际场景。

#### 2. 剧情表演

通过粉丝直播间砍价、联合品牌方讲解、现场联系商家补库存等剧情表演，可以通过生动的情节和人物形象让观众更进一步感受到这次直播间产品的优势。

**从直播带货、剧场表演到美妆秀，洛阳博物馆强势突围**

2022年5月起，洛阳博物馆开启"洛博夜游记"系列直播。"畅想《山海经》中的大荒世界"，以《山海经》引出文物带货相关文创，带货效果明显；"神都夜生活"复原唐人夜生活，观舞、奏乐、飞花令、投壶……为观众带来唐人夜生活的沉浸式观看；"教你20分钟化成唐朝网红"将文物与美妆结合，以妆容为载体，再现古今变迁。从直播带货、剧场表演到美妆秀，博物馆尝试探索更加多元丰富的线上直播方式。

（来源：https://www.thepaper.cn/newsDetail_forward_19552316）

## 三、关注下单流程

在一些成熟的带货直播间，我们可以发现，主播或工作人员会不厌其烦地讲解下单流程，例如"先领40元优惠券，然后下单的时候数量填2，填2就是10件，10件到手价88元"……而这时小助理会用手机或ipad展示在哪里领取优惠券，下单的界面是怎样的……

这个动作的作用有两个：一是引导下单行动，二是排除下单过程中客户不熟悉操作的隐患。

引导下单行动，是当客户对产品没有太大抗拒的时候，有经验的销售会适时地做一个动作，起到"推一把"的作用，促使客户完成最后购买的一步。例如，在直播间，L主播对下单流程的讲述也起到了这个作用。相信很多美眉这时候都是在L主播充满磁性的声音中，点商品链接、点优惠券、点立即购买、填数量、点确认……如图5-8所示。

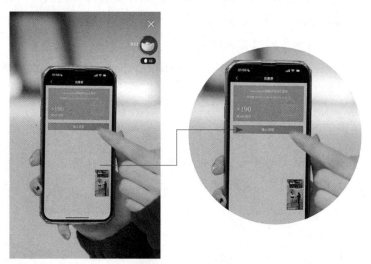

图5-8　引导领优惠券
（资料来源：淘宝）

排除下单操作中的障碍,是站在客户的角度,防止某些客户不熟悉网购操作。当面对上百万人,一晚上可能上千万元甚至数千万元的销售额时,哪怕只有1%的人不熟悉操作而下单失败,带来的损失都是数十万元。

### 直播带货成消费扶贫新途径

2020年,受新冠肺炎疫情影响,安徽春茶销售遇到阻力。作为我国茶叶主产区之一,黄山市运用直播带货新方式帮助茶农稳定生产,提振茶叶市场消费。黄山市副市长程红走进网络直播间,为黄山春茶推介、代言。

疫情期间,多地积极开展消费扶贫行动,为贫困地区农产品组织产销对接和现场订购,一些党政官员甚至化身"主播",推销当地的农产品和特色网店。消费扶贫有效化解了疫情给贫困群众增收带来的不利影响。谢裕大茶叶股份有限公司副总经理汪奔表示:"这次活动对我们来讲非常有利,最直观的体现就是企业的茶叶能找到更多的销售渠道,减轻了我们企业的压力,也保障了茶农的收入。"

商务部数据显示,在第一季度内,电商直播超过400万场,100多名县长、市长走进直播间为当地产品代言。"镇长直播""县长直播""市长直播"正在全国范围内成为"潮流",既拓宽了贫困群众增收的渠道,也让城里人知道并享受了贫困地区的绿色优质农产品。国务院扶贫办政策法规司司长陈洪波表示,直播带货作为消费扶贫的重要方式,在疫情防控期间发挥了重要作用。消费扶贫的方式主要以四种模式展开:第一,政府采购的模式,由预算单位采购贫困地区农副产品。第二,东西部扶贫协作的模式,由政府主导,建立消费扶贫的交易市场和扶贫专柜。第三,市场主体参与的模式,由各类企业主动销售扶贫产品。第四,通过中国扶贫网销售的模式。

(来源:http://sannong.cctv.com/2020/05/02/ARTIBRZFIbgug11bwPRAOXXL200502.shtml)

通过电商、媒体、短视频等平台为当地特色产品代言是疫情期间的重要销售力量。直播带货正逐渐成为走出滞销困境、促进脱贫增收的一种新途径。

## 一、实训主题

直播中的商品推销。

## 二、实训目的

通过分组练习，理论与实践结合，使学生更加关注观众需要，提升直播推销促单能力。

## 三、知识点

直播商品推销取信、促单流程。

## 四、实训说明

**步骤1** 教师下发任务：教师展示一组产品，学生分组为该组产品设计推销话术，填入表5-4。

表5-4　直播产品推销话术设计

| 产品 | 推销话术 |
| --- | --- |
|  |  |
|  |  |

**步骤2** 完成后选派一名成员发表观点。

**步骤3** 评价反馈：进行讨论，小组互评、教师给出评价，并完成表5-5。

表5-5　实训评价反馈表

| 实训课程<br>（项目名称） |  |  |  |  |
| --- | --- | --- | --- | --- |
| 评价项目 | 主要内容 | 自我评价 | 小组互评 | 教师评价 |
| 实训规范<br>（10分） | 遵守操作规程，不违规操作设备。<br>实训场地的整洁和工具的正确使用。 |  |  |  |
| 实训准备<br>（10分） | 对实训内容有充分的了解和准备。<br>提前收集了必要的资料和信息。<br>对实训所需的工具和材料进行了适当的准备。 |  |  |  |

续表

| 实训课程<br>（项目名称） | | | | |
|---|---|---|---|---|
| 评价项目 | 主要内容 | 自我评价 | 小组互评 | 教师评价 |
| 实训项目<br>（50分） | 是否能够独立或在小组内完成实训任务。<br>在实训中是否能够灵活运用所学知识和技能。<br>在实训中的表现，包括创新思维和问题解决能力。 | | | |
| 实训过程质量控制（10分） | 是否能够对实训过程中的关键点进行检查和控制。<br>是否能够及时发现并纠正实训中的错误和偏差。<br>是否能够根据反馈进行必要的调整以提高实训质量。 | | | |
| 实训效果<br>（20分） | 在实训结束后的成果展示，包括完成的任务、制作的成品等。<br>实训目标的达成情况，以及学生对实训目标的理解和实现程度。<br>反思和总结，包括实训中的收获、存在的问题和改进建议。 | | | |

## 任务 5-3　直播收尾

**知识目标：**

1. 了解感谢话术。

2. 了解重复介绍的优点。

**技能目标：**

能够在直播结尾对下场直播进行预告。

**思政目标：**

1. 具备社会责任感，助力品牌出海。

2. 培养迎难而上的精神。

### 一、表示感谢

#### （一）福利感谢

观众都希望自己受到商家的尊重或特殊照顾，尊享直播间提供的专享优惠，不仅会让观众有优越感，而且可以增加观众对直播间的黏性，增强观众对直播间的忠诚度。例如："今天在直播间下单付款的亲们，买满200元，付款时系统自动减30元，这是我们为了回馈直播间粉丝，专门给到直播间的专属优惠，点击你喜欢的链接购买，只要满

200元，系统自动减30元。这是直播间粉丝的专属优惠，大家赶紧买起来吧！"如图5-9所示。

图5-9　直播满减

**（二）感谢话术**

在直播的最后，主播和直播间的工作人员可以对还在直播间的粉丝表示感谢，感谢他们对产品、对品牌、对主播和对这次直播活动的支持。注意语气要真诚，拉近与他们的距离，构建像朋友一样的关系。

## 二、重复介绍

直播收尾阶段也是引导粉丝购买的好时机，通常这时还停留在直播间的观众，对这场直播或直播中所带的货都比较感兴趣，因此，主播要在收尾阶段尽可能地引导观众购买，实现直播的销售转化。

可以通过重复介绍产品卖点、促销或优惠截止的时间，吸引有购买欲的观众快速下单。如主播可以说："还有没付款的吗？直播结束后所有直播间福利就享受不了了哦！今天的优惠仅限直播期间，有需要的家人们赶紧下单吧！"

**一个素人主播，三句重复话术，引流直播间带货18万元**

这是一个卖无花果的账户，主播是一个没有太多经验的素人，整场直播其实只用了这3句话术：

（1）感谢宝宝们的支持，欢迎大家来直播间，没有点关注的可以先点关注；

（2）限时抢购，原价59.9元现在39.9元，新疆大无花果，软糯香甜，拍到就是赚到；

（3）大家一定要多拍，拍得越多越实惠，建议大家直接拍6罐8罐，官方旗舰店，品质有保证。

（来源：https://mp.weixin.qq.com/s/_YSk4kpqot-4XRByF48bgQ）

想一想：你认为重复这三句话术有什么作用？

## 三、预告下场直播

直播收尾还要提前预告下次直播（图5-10）。预告的具体内容包括下次直播的时间、直播商品种类、直播间促销活动等。提前预告的作用不容小觑：第一，用促销力度吸引观众，提高回访率，为直播间聚集流量；第二，帮观众提前了解下次直播将上架的商品，有助于对直播内容进行精准的用户匹配，获得更精准的用户流量。

图5-10 下次直播预告

（资料来源：公众号@思家书房）

### 直播电商助力品牌出海

流利的英语表达、热情的互动演示；工厂实探、新品发布、在线接待……直播的风潮，正吹向中国跨境电商。

2022年11月，中国社会科学院财经战略研究院与全球跨境电商品牌研究中心共同发布《全球跨境电商品牌出海生态报告》以下简称《报告》。

《报告》指出，跨境电商品牌要做的不仅仅是顺利出海，更要多地思考出海之后如何让品牌更加长久地占领当地市场，让产品真正获得海外消费者的认可。目前，跨境电商品牌出海有新消费品牌出海、原生的互联网品牌出海、传统工贸品牌出海三大模式。在跨境电商平台开店和自建独立站是目前企业出海打造品牌的两种主要渠道。

不仅仅是厂商卖家，亚马逊、阿里巴巴国际站等各类跨境电商平台及海外社交和购物平台巨头纷纷试水跨境直播。《报告》显示，无论是中国还是海外，直播已成为当下炙手可热的流量新风口。直播带货是强互动的购物，还原了线下面对面的购物体验，一些跨境电商品牌商敏锐地瞄准了这一品牌出海营销新方向。

《报告》显示，跨境电商直播离真正的大爆发还有段时间。直播间观众数量少、卖货效率低、技术不到位以及物流交付难题是直播带货在海外"水土不服"的主要表现。报告还提到，Shopee和Lazada等平台主要面向新兴市场，且国内电商直播主打的"主播折扣价"等卖点得到了很好的复制，表现相对较好。

多位受访者认为,虽然海外还面临着电商渗透率低、消费者习惯尚缺等诸多挑战,但这也正是包括平台、MCN 机构、商家在内的出口电商从业者的机会所在。

(来源:https://baijiahao.baidu.com/s?id=1752159952661557026&wfr=spider&for=pc)

通过上述案例,我们可以了解到,跨境电商目前还面临诸多挑战,需要从业者具备较强的社会责任感,以自身所学知识,助力品牌出海。

## 实训环节

练一练:使用电商直播实训系统,开启一场直播。

**步骤1** 打开电商直播实训系统学生端,输入账号、密码,进入实训。

图 5-11 电商直播实训系统学生端

**步骤2** 点击【进入实训】开始练习。

图 5-12 进入实训

步骤3 开通一个直播间,点击【直播调试】,对摄像头、麦克风进行测试。

图 5-13 测试摄像头、麦克风

步骤4 点击【直播方案】,修改带货脚本直播话术。

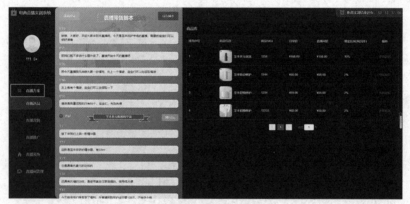

图 5-14 修改带货脚本直播话术

步骤5 点击【开播】,开启直播。

图 5-15 开启直播

**步骤6** 点击【发起直播】进入直播间,根据直播脚本开始商品直播。

图 5-16　开始商品直播

**步骤7** 开启直播,根据直播脚本,完成本场直播,点击直播间关闭按钮,结束本场直播。

图 5-17　结束本场直播

**步骤8** 教师再点击【查看实训】,了解学生实训情况。

图 5-18　了解学生实训情况

步骤9 查看内容，包括销量、实训时长、观看人数等。

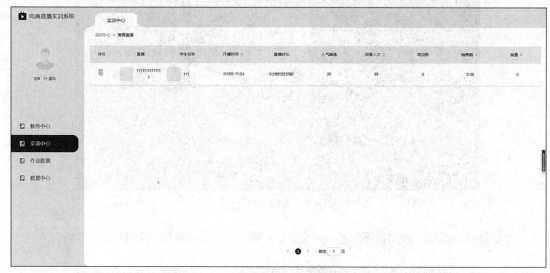

图 5-19 查看内容

一、实训主题

运用实训平台完成一场直播。

二、实训目的

通过实训，指导学生独立完成一场直播。通过实践操作了解直播从开场至收尾的全过程，教师通过观看直播，指导学生提高直播能力。

三、知识点

直播开场、直播商品推销和直播收尾有关知识。

四、实训说明

步骤1 教师发布任务：选择实训系统里的一组产品，开设一场直播。

步骤2 学生分组，3人一组，完成各自在直播中的分工。

步骤3 学生在直播中除完成自身直播任务外还可进入其他同学的直播间观看，借鉴学习，提出评价反馈。

步骤4 教师通过教师端观看学生直播，查看实训情况，并作出评价反馈。

表 5-6 实训评价反馈表

| 实训课程<br>（项目名称） | | | | |
|---|---|---|---|---|
| 评价项目 | 主要内容 | 自我评价 | 小组互评 | 教师评价 |
| 实训规范<br>（10 分） | 遵守操作规程，不违规操作设备。<br>实训场地的整洁和工具的正确使用。 | | | |
| 实训准备<br>（10 分） | 对实训内容有充分的了解和准备。<br>提前收集了必要的资料和信息。<br>对实训所需的工具和材料进行了适当的准备。 | | | |
| 实训项目<br>（50 分） | 是否能够独立或在小组内完成实训任务。<br>在实训中是否能够灵活运用所学知识和技能。<br>在实训中的表现，包括创新思维和问题解决能力。 | | | |
| 实训过程质量控制（10 分） | 是否能够对实训过程中的关键点进行检查和控制。<br>是否能够及时发现并纠正实训中的错误和偏差。<br>是否能够根据反馈进行必要的调整以提高实训质量。 | | | |
| 实训效果<br>（20 分） | 在实训结束后的成果展示，包括完成的任务、制作的成品等。<br>实训目标的达成情况，以及学生对实训目标的理解和实现程度。<br>反思和总结，包括实训中的收获、存在的问题和改进建议。 | | | |

## 任务 5-4　直播复盘

**知识目标：**

1. 了解结果对比。

2. 了解原因分析。

**技能目标：**

1. 能够对直播经验进行总结。

2. 能够运用工具完成直播复盘。

**思政目标：**

培养反思意识，学会在复盘中成长。

## 一、结果对比

### （一）回顾目标

（1）明确目的与目标，目的保证目标的方向，清晰适配的目标能更好地保障目的的实现。

（2）目的之下的目标要可量化，可考核或具有里程碑性质的标志，可与结果对照评估。

（3）事前目的与目标不清晰，复盘时追补清晰，便于本次对照并提高下次定目标的准确度。

（4）整体目标往往较大，可以采取目标分权树，进行目标分解，形成子目标或阶段性目标，便于目标的衡量与跟进（图5-20）。

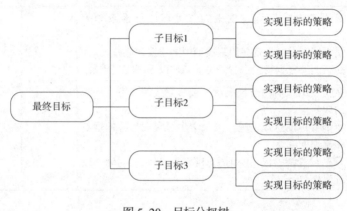

图 5-20　目标分权树

### （二）评估结果

（1）首先要与原定的目标相比较，客观分析意料之外的重要亮点或不足。

（2）亮点与不足同样重要，切勿弱化亮点，"无须过分谦虚，忽略真本事更遗憾"。

（3）多引入外部典型事实样本，让我们的结果评估视野更广阔、结论更客观。

常见的复盘关注维度见表5-7。

表 5-7　常见的复盘关注维度

| 序号 | A | B | C |
|---|---|---|---|
| 1 | 团队 | 复盘方向 | 关注维度 |
| 2 | 数据 | 直播数据 | 在线、评论、点赞、分享、点击、下单、付款等 |
| 3 | 主播 | 直播状态 | 直播节奏、产品排序、直播氛围、主播话术、视觉效果等 |
| 4 | 直播运营 | 直播效果 | 后台操作、道具、流程、题词、主播状态、直播数据、不同产品数据等 |
| 5 | 抖店运营 | 店铺操作 | 新建、改价、改库存、优惠券、进店、点击、下单、付款等 |

续表

| 序号 | A | B | C |
|---|---|---|---|
| 6 | 短视频 | 短视频数据 | 引流短视频的拍摄、发布、流量等情况,短视频投放效果等 |
| 7 | 策划 | 内容玩法 | 直播效果、玩法完成度、不同玩法等数据反馈情况、主播对玩法的熟练度等 |
| 8 | 导摄 | 直播流程 | 流程的完整性、直播脚本完成度、整体氛围和呈现的视觉效果等 |
| 9 | 客服 | 客服/中奖 | 中奖统计、直播间问题统计、高频问题反馈、粉丝需求记录等 |

### 复盘是一种学习方式

复盘讲求"目标明确",是从梳理最初的目标开始,一路刨根问底,探究结果与目标之间的差异,根本原因是什么,有什么反思、经验和体会,可以说是一次目标驱动型的学习总结。

复盘是一种工作方式,也是一种学习方式;组织在复盘中提升,员工在复盘中成长。复盘的形成并非一蹴而就,与组织的学习曲线相一致。

复盘不要唯成败论,要注重过程总结,避免复盘中文过饰非。

从公司到部门,过去经历的很多决策点都有"回头看"的价值。通过复盘,挖掘经验的价值,促进组织智慧传承。

复盘带动组织能力提升。复盘是总结、领悟、提升的过程,推行复盘是把这种个人的思考行为转变为组织的思考行为。

改进学习方法:复盘过程是一种体验式学习模式,体验→从体验结果中的反思→(结合理论培训)产生新想法→应用新想法。

复盘也是让企业文化价值观更加落地和深入人心、统一思想的手段。

只有通过复盘,才能用直播更好地满足用户需求、商家要求,自我完善。

(来源:https://max.book118.com/html/2018/1030/8136030127001130.shtm)

## 二、原因分析

### (一)分析角度

1. 直播内容吸引力分析

直播的内容吸引力主要表现在:最高在线人数、平均停留时长、新增粉丝数量、转粉率、评论人数、互动率(表5-8)。

表 5-8 直播内容质量问题分析

| 直播吸引指标 | | 关键因素 | 关注维度 | 复盘记录 |
| --- | --- | --- | --- | --- |
| 最高在线人数 | | 流量精准度<br>选品吸引力<br>产品展现力<br>主播引导力 | | |
| 平均停留时间 | | | | |
| 新增粉丝量 | | | | |
| 增粉率 | | | | |
| 评论人数 | | | | |
| 互动率 | | | | |

一般直播间内容吸引力不足可能存在的问题有哪些呢？以下几点，在做复盘的时候可以对号自查：

（1）短视频内容与直播间内容不垂直导致高跳失率，阻断了反向加热机制。

（2）短视频种草效果不佳，商品展示场景、卖点、表现等不突出。

（3）直播间的场景布置不佳，视觉效果很差。

（4）主播不在状态，表现低迷不吸引人，没有感染力。

（5）选品组货有问题，货品留不住人。

（6）活动设计与活动执行有问题。

2. 直播销售力分析

直播间销售力主要表现在：转化率、订单转化率、客单价、客单件、UV 价值（表 5-9）。

表 5-9 直播销售效率分析

| 销售效率指标 | |
| --- | --- |
| 转化率 | |
| 订单转化率 | |
| 客单价 | |
| 客单件 | |
| UV 价值 | |

与数据指标关联的因素有：流量精准、产品给力、关联销售、直播展示、主播引导。

场控或运营需要在直播中及直播后进行问题记录。数据基本上都是后置数据，直播后才知道，所以直播后进行数据记录，直播中可以记录关于销售效率相关的问题。

和内容吸引力一样，复盘结论就是针对数据指标以及存在的问题进行综合分析，相关人员进行商议后最终得出结论，数据好的点继续复制放大，存在的问题改进和规避。

直播间销售力不足可能存在的问题有哪些？以下几点，可以自查。

（1）内容不垂直导致流量不精准引起的转化率低（需要排查内容质量与垂直度）。

（2）内容视觉调性差，无法支撑高客单产品。

（3）商品组合销售与搭配方案有问题，导致客单价低。

（4）主播讲解能力与引导成交能力差。

（5）直播间陈列与商品展示效果差，导致转化率低、客单价低。

3. 直播流量优化分析

这里的流量分为免费流量和付费流量两部分，分别记录。免费流量主要是直播间的流量入口来源：直播推荐、视频推荐、关注、同城、其他（表5-10）。

表 5-10 直播流量优化分析

| 流量来源 | 占比 | 人数 | 问题记录 | 复盘结论 |
| --- | --- | --- | --- | --- |
| 直播推荐 |  |  |  |  |
| 视频推荐 |  |  |  |  |
| 关注 |  |  |  |  |
| 同城 |  |  |  |  |
| 其他 |  |  |  |  |
| 付费流量 |  |  |  |  |

不过，记录可以更精细化，抖店罗盘的流量入口分类更详细，比如直播推荐分为广场和自然推荐，可以分别记录，这样更利于分析。

比如某一场直播是不是短视频的流量占比太高，导致主播一直在给短视频推荐进来的人做产品销售，而直播推荐进来的人没留住。在这种情况下，可以让短视频进来的人先互动报名，确保原本的过款节奏不被带偏。

付费流量也是一样，这个一般投手需要单独记录，比如付费流量什么时间节点的介入撬动了自然流量，此期间直播间做了哪些动作，投放期间做了哪些调整，我们都可以记录下来。

然后针对数据指标以及存在的问题进行综合分析，相关人员进行商议后最终得出结论，填写在复盘结论中。

4. 短视频内容优化分析

短视频要单独进行记录和分析，基础数据需要记录视频的播放量、获赞、评论、分享（表5-11）。

表 5-11 短视频内容优化分析

| 视频标题 | 完播率 | 总播放量 | 直播新增播放量 | 导流人数 | 视频点击进入率 | 分析建议 |
| --- | --- | --- | --- | --- | --- | --- |
|  |  |  |  |  |  |  |
|  |  |  |  |  |  |  |
|  |  |  |  |  |  |  |
|  |  |  |  |  |  |  |
|  |  |  |  |  |  |  |

表 5-11 中的视频点击进入率计算方法如下：

首先计算总播放量，即这一场发布的所有视频的播放量总和，视频导流人数可以在巨量百应后台查看，视频点击进入率 = 视频导流人数 / 总播放量。

如果视频点击率很高，后续就可以按照这个思路去拍摄更多的短视频，如果数据很低，则需要调整改进。

（二）分析原因

分析成功因素时，多列举客观因素，精选真正的自身优势去推广。

分析失败原因时，多从自身深挖原因，狠挑不足补短板。谨慎检视当初的目的、目标是否明显有误而导致失败，否则原因分析可能围绕着错误的目的、目标展开，事倍功半。

在这个环节中可以采取鱼骨图的方法，层层剖析，找准关键原因（图 5-21）。

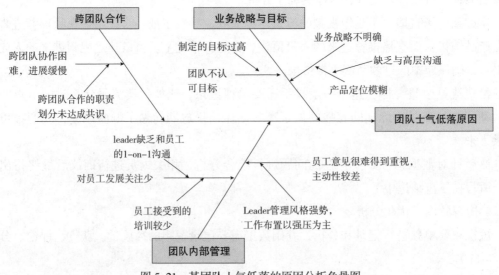

图 5-21 某团队士气低落的原因分析鱼骨图

## 三、经验总结并转化

根据直播复盘所得出的数据和问题,制定下一次直播的目标,包括具体的数据要提升至什么水平,哪些改进的措施必须实施,每一次完播都是为了下一次更好的开播。新直播间如果在数据方面缺乏历史参考,可以通过同行的数据再结合自身的需求与团队情况,来设定初始的目标。

在直播时,可以利用一些技巧或套路,有时可以达到事半功倍的效果。但这些方法并不是唯一的,也不是固定的,我们通过自己的特点不断摸索最适合自己的方式。通过回顾,我们可以看到哪些方式最适合自己,也可以让整个直播间的工作更加流程化。

要注意:

(1)总结经验(规律)要尽可能退得远,寻求更广泛的指导性,不局限于就事论事。

(2)总结经验要谨慎,总结规律更要小心;不能刻舟求剑,把一时一地的认知当成规律。

在后续安排时可以利用收益/实施难度矩阵方法分析措施的收益大小和实施难度,对不同措施的投入和安排做到有效区分(图5-22)。

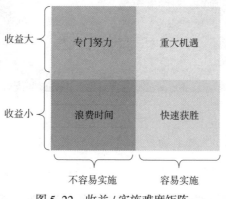

图 5-22　收益/实施难度矩阵

### L 主播的直播复盘

3个多小时的带货直播,足以让人精疲力竭。接近凌晨时分,刚刚下播的L主播依然没有结束工作,因为有一件重要的事情在等着他。会议室里,直播团队的成员就位,一场复盘会拉开帷幕。

一次简化版的复盘会议，有回顾、总结、分析、未来动作，"麻雀虽小，却五脏俱全"。这也许就是 L 主播能够一步步成为头部网红的原因之一。他善于复盘，在复盘的过程中，将失误的经历一点点剖析、总结，并形成对策；将做得好的地方进一步深化，推向极致。

（来源：https://mp.weixin.qq.com/s/yO67XDxWiHd84uDkry58fw）

想一想：我们能从 L 主播身上学习什么？

## 实训环节

练一练：使用电商直播实训系统，复盘直播活动。

**步骤1** 直播结束后，点击【查看复盘】，了解直播情况。

图 5-23　查看复盘

**步骤2** 直播复盘界面将对本场直播的累计观看人数、实时在线人数、订单数、销售额、点赞数等数据进行复盘。

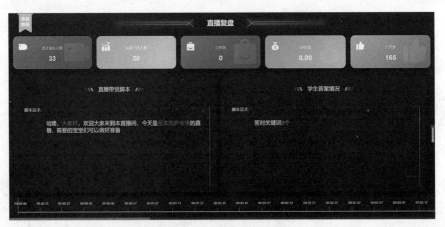

图 5-24　进行复盘

### 一、实训主题
电商直播复盘。

### 二、实训目的
通过直播复盘，指导学生对直播活动进行复盘，反思其中的不足之处，总结经验教训。

### 三、知识点
直播复盘。

### 四、实训说明
**步骤1** 教师通过电商直播实训系统发布直播复盘任务。

**步骤2** 使用电商直播实训系统，分析直播数据，并填写表5-12。

表 5-12　直播质量问题分析

| 直播吸引指标 | 数量 | 问题记录 | 复盘结论 |
| --- | --- | --- | --- |
| 观看人数 | | | |
| 实时在线人数 | | | |
| 订单数 | | | |
| 销售额 | | | |
| 点赞数 | | | |

**步骤3** 对直播结果进行总结，小组选派成员分享复盘总结。

**步骤4** 评价反馈：对复盘结果进行总结，填写小组总结、教师给出评价，并完成表5-13。

表 5-13　实训评价反馈表

| 实训课程<br>（项目名称） | | | | |
| --- | --- | --- | --- | --- |
| 评价项目 | 主要内容 | 自我评价 | 小组互评 | 教师评价 |
| 实训规范<br>（10分） | 遵守操作规程，不违规操作设备。<br>实训场地的整洁和工具的正确使用。 | | | |
| 实训准备<br>（10分） | 对实训内容有充分的了解和准备。<br>提前收集了必要的资料和信息。<br>对实训所需的工具和材料进行了适当的准备。 | | | |

续表

| 实训课程（项目名称） | | | | |
|---|---|---|---|---|
| 评价项目 | 主要内容 | 自我评价 | 小组互评 | 教师评价 |
| 实训项目（50分） | 是否能够独立或在小组内完成实训任务。<br>在实训中是否能够灵活运用所学知识和技能。<br>在实训中的表现，包括创新思维和问题解决能力。 | | | |
| 实训过程质量控制（10分） | 是否能够对实训过程中的关键点进行检查和控制。<br>是否能够及时发现并纠正实训中的错误和偏差。<br>是否能够根据反馈进行必要的调整以提高实训质量。 | | | |
| 实训效果（20分） | 在实训结束后的成果展示，包括完成的任务、制作的成品等。<br>实训目标的达成情况，以及学生对实训目标的理解和实现程度。<br>反思和总结，包括实训中的收获、存在的问题和改进建议。 | | | |

# 6 项目6
# 直播电商营销

## 课程导入

在当下的信息时代,"酒香不怕巷子深"这一句谚语已不再适用。直播带货便是为了产品提高曝光度。直播带货下半场已经开始进入精细化运营时代,直播间也需要一系列的营销策略为其引来流量。从直播的预告、推广到粉丝营销都需要精心策划。

## 学习重点

1. 图文宣传。
2. 短视频推广。

3. 直播粉丝营销。

## 任务 6-1　图文宣传

**知识目标：**
1. 了解站内图文预热的途径。
2. 了解站外图文预热的途径。

**技能目标：**
1. 能够掌握图文宣传素材设计的技巧。
2. 能够为电商直播预告设计标题和封面。

**思政目标：**
学会从用户的角度思考，能灵活应用理论知识于实践。

## 一、站内图文预热

### （一）个人简介预热

主播或直播的账号会在直播前在自己直播平台账号的昵称、简介处写上直播预告，包括直播时间和直播内容，让粉丝养成习惯，定时定点观看直播。如"每周2/4/6，20:00直播间定时发放福利"，如图 6-1 所示。

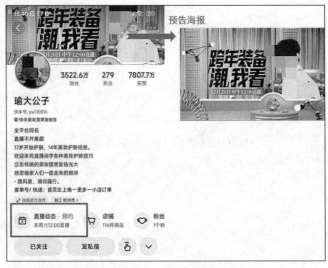

图 6-1　个人简介预热
（资料来源:@ 瑜大公子）

### （二）平台推荐广告位

大型场次直播，可以使用软件开屏等商业化广告位置，吸引用户进入直播间，如图 6-2 所示。

图 6-2　淘宝直播预告、淘宝直播广告位
（资料来源：淘宝直播）

### （三）直播标题和封面的设置技巧

用户在决定是否观看直播时，首先会注意直播标题和封面。直播封面可直观体现直播内容，好的直播封面具有明显的引流效果。

**1. 精准定位＋问题和方法**

在为直播间起标题时，可以采用"精准定位／人群＋问题和方法"这一模型，这一点结合热点话题使用效果会更好。当用户看到这样的标题，确定事件跟自己有关系时，会投入更多的注意力，这就成功了一半。

例如"第一次买车不想被坑"，这个标题就精准地定位了受众群体是第一次买车的人。其次，一般新手买车时准备不足很可能会被坑，这是隐含的潜台词。而进入直播间之后用户就可以学会如何买车，避免踩坑，主播提出问题顺带给出了解决办法。

**2. 巧用标题关键词**

在起直播标题时可以用到一些关键词吸引用户眼球，常用例子见表 6-1。

表 6-1 直播标题关键词

| 词性 | 例子 |
| --- | --- |
| 名词 | 专场、盛宴、福利、折扣、狂欢、惊喜、大赏、大促、好礼、好货、精品、优惠 |
| 动词 | 登场、抢、嗨、玩转、×××开启/来了/来袭、大放送、特卖、直降、速来、势不可当 |
| 形容词 | 限量、限时、震撼、火爆、满分、热门、心动 |
| 感叹词 | 高能、燃爆、购购购 |
| 副词 | ××不停、××多多、值得××、××翻倍、××手软 |
| 符号 | 多用感叹号 |

3. 设置有质感的直播封面

1）以人物为主体

封面中的人物可以是品牌形象代言人、商品模特或主播。以人物为主体的封面应选择具有一定知名度的人物，更能引起用户的关注。同时，在封面中展示人物形象时，还可以融入商品，如人物穿、拿、戴展示直播中推荐的商品。

2）以商品为主体

另一种直播封面设计以商品为主体，即在封面中展示直播推荐的商品。此时，图片应直观立体，让用户能够直接观察到商品的细节、特点等，如图 6-3 所示。

图 6-3 以商品为主体的直播封面
（资料来源：淘宝直播）

## 二、站外图文预热

### （一）线上站外图文预热

站外图文预热指在企业网站、微博、微信等第三方平台上进行的直播预热活动，商家通过第三方平台进行直播预热能够进一步扩大直播预热的范围。

### （二）线下站外图文预热

当然还可以通过线下渠道，如在相关场所布置有直播相关信息的展架、喷绘等来让直播信息抵达更广泛并准确的人群。

**一家本土烘焙品牌的百万直播间背后的多渠道宣传**

"微梦互动×都市甜心"这一场广西首场大型户外露营直播，成交订单 3.7W+，直播间曝光人数100W，每分钟平均在线人数300+人，成绩斐然。

微梦团队深耕抖音本地生活服务，累积了大量优秀案例，更孵化出了成熟高效的直播运营团队。都市甜心是一家以烘焙、蛋糕、咖啡为主的专卖店。如图6-4所示。

图6-4 微梦互动媒体矩阵部分账号

根据品牌的需求与定位，定制整合营销方案，传播渠道不局限于直播平台，覆盖微博、微信、小红书、短视频平台等社交平台。通过铺天盖地的宣传，可潜移默化地加深品牌在用户心中的印象，占据用户心智。

根据直播前、直播中与直播后这三个阶段进行品牌直播策划：直播前，微梦互动全媒体矩阵全面发力，在微博、微信、小红书等高流量平台上宣传直播活动，为活动预热；直播中，引导粉丝社群转发分享，扩大直播活动在网络上的影响力；直播后，素材用于微博、抖音、小红书上二次营销，使品牌效应最大化。

（来源：http://k.sina.com.cn/article_5512493151_v14891f85f019024aqh.html）

通过站内、站外同步传播的全网营销，整合直播销售网络，让信息精准地触达用户，给用户留下深刻的品牌印象，驱动用户产生消费行为，实现高效转化。这一次直播实践让商家无须依赖流量网红，通过品牌蓝V直播就可以实现品效销合一。这启发我们只要从用户的角度思考，根据理论和实际合理策划直播，也能收获可观的流量和订单。

一、实训主题

设计一场某一品类电商直播预告的标题和封面。

二、实训目的

通过设计电商直播预告的实训，指导学生学会直播预热图文素材的制作。

## 三、知识点

图文宣传。

## 四、实训说明

**步骤1** 教师下发任务:分别安排学生设计某一品类电商直播间的标题和封面,并完成表6-2。

**步骤2** 各品类都选择几名学生展示自己的作业,分享制作设计理念。教师对优秀和还有不足的作业进行讲评(表6-2)。

表6-2　电商直播间预告标题和封面的设计

| 直播间带货的品类 | |
|---|---|
| 直播标题 | |
| 标题设计理念 | |
| 封面类型 | |
| 封面设计理念 | |

**步骤3** 评价反馈:对结果和相关设计理念进行讨论,教师给出评价,并完成表6-3。

表6-3　实训评价反馈表

| 评价项目 | 主要内容 | 自我评价 | 小组互评 | 教师评价 |
|---|---|---|---|---|
| 实训课程（项目名称） | | | | |
| 实训规范（10分） | 遵守操作规程,不违规操作设备。<br>实训场地的整洁和工具的正确使用。 | | | |
| 实训准备（10分） | 对实训内容有充分的了解和准备。<br>提前收集了必要的资料和信息。<br>对实训所需的工具和材料进行了适当的准备。 | | | |
| 实训项目（50分） | 是否能够独立或在小组内完成实训任务。<br>在实训中是否能够灵活运用所学知识和技能。<br>在实训中的表现,包括创新思维和问题解决能力。 | | | |
| 实训过程质量控制（10分） | 是否能够对实训过程中的关键点进行检查和控制。<br>是否能够及时发现并纠正实训中的错误和偏差。<br>是否能够根据反馈进行必要的调整以提高实训质量。 | | | |
| 实训效果（20分） | 在实训结束后的成果展示,包括完成的任务、制作的成品等。<br>实训目标的达成情况,以及学生对实训目标的理解和实现程度。<br>反思和总结,包括实训中的收获、存在的问题和改进建议。 | | | |

## 任务 6-2　短视频推广

**知识目标：**
了解不同类型的短视频推广形式。
**技能目标：**
能够编写用于推广直播的短视频脚本。
**思政目标：**
能创造性地利用各类媒介形式，在完成工作需求的基础上，积极响应"乡村振兴战略""文化自信"等政策。

### 一、纯直播预告

直接型预告主要用于吸引私域粉丝，直接真人出镜告诉粉丝开播时间和内容，这种形式可以给人更真实、更贴近的感觉。想吸引未关注的观众，就需要留点悬念，勾起观众好奇。这种预告方式适合有关注热度的主播，如图 6-5 所示。

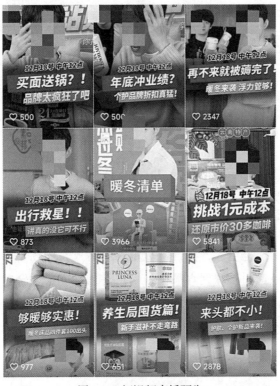

图 6-5　短视频直播预告
（资料来源：@ 瑜大公子）

## 二、福利诱惑预告

福利型预告通过预告直播福利吸引观众关注,这种方式适合具有较大福利优惠的直播活动。对于不认识、不了解主播的用户来说,如果该直播间的福利不够吸引人,是不足以让他们进入直播间的,如图 6-6 所示。

如抽奖型直播预告文案,这种直播预告文案人人都适用,以 L 主播的 "99 美妆节" 文案为例:"关 + 转评赞,抽 9 人随机送下图 9 款产品中任意 1 款。" 如图 6-7 所示。

图 6-6 短视频福利诱惑预告
(资料来源:@瑜大公子)

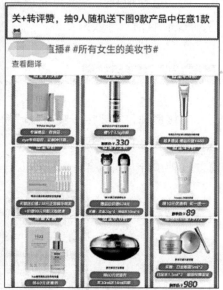

图 6-7 抽奖型直播预告文案
(资料来源:微信公众号 @抖音公社)

## 三、视频植入预告

植入型预告类似于广告植入,在日常短视频中植入直播预告,在视频最后定格直播预告海报,让观众不经意间注意到直播预告信息。这种方式适合短视频质量较高的内容型主播。通过一定的情节让观看视频的用户潜移默化地了解直播的时间和主题,如图 6-8 所示。

图 6-8　视频植入短视频预告

（资料来源：@瑜大公子）

## 四、截取直播片段视频

这种预告类似于花絮，将上一场直播中有趣的片段截取下来，为下一场直播造势引流。例如淘宝头部主播李佳琦的直播精彩片段在各大社交媒体广泛传播，在这些直播片段的传播过程中，主播的直播风格和特色就烙在了用户的脑海中。

### "雪上策马"短视频全球圈粉 电商直播助力新疆农民脱贫致富

新疆伊犁哈萨克自治州文化和旅游局策划的"策马雪原"短视频使得越来越多的人了解了新疆，了解了新疆的农产品。两年内，当地已累计开展助农直播 200 余场，实现销售额 1.4 亿元，直接带动 2 830 人就业，间接带动 1 万余户农牧民增收致富。

（来源：https://news.cctv.com/2022/03/17/ARTIYd3DXZz2cQQTzw3 v7ZIv220317.shtml）

## 实训环节

### 一、实训主题
制作一份直播预热短视频脚本。

### 二、实训目的
通过编写电商直播预热短视频脚本的实训,指导学生学会利用短视频这一形式对直播进行推广。

### 三、知识点
短视频推广。

### 四、实训说明

**步骤1** 教师下发任务:完成一份用于推广电商直播的短视频预热脚本,并完成表6-4。

**步骤2** 选择几名学生展示自己的脚本,分享制作这份脚本的理念。教师对优秀和还有不足的作业进行讲评。

表6-4 短视频推广脚本的编写

| 直播间带货的品类 | |
|---|---|
| 短视频类型 | |
| 脚本内容概述 | |
| 拍摄场景 | |
| 道具需求 | |

**步骤3** 评价反馈:对脚本的编写和完成进行讨论,教师给出评价,并完成表6-5。

表6-5 实训评价反馈表

| 实训课程<br>(项目名称) | | | | |
|---|---|---|---|---|
| 评价项目 | 主要内容 | 自我评价 | 小组互评 | 教师评价 |
| 实训规范<br>(10分) | 遵守操作规程,不违规操作设备。<br>实训场地的整洁和工具的正确使用。 | | | |
| 实训准备<br>(10分) | 对实训内容有充分的了解和准备。<br>提前收集了必要的资料和信息。<br>对实训所需的工具和材料进行了适当的准备。 | | | |

续表

| 实训课程<br>（项目名称） | | | | |
|---|---|---|---|---|
| 评价项目 | 主要内容 | 自我评价 | 小组互评 | 教师评价 |
| 实训项目<br>（50分） | 是否能够独立或在小组内完成实训任务。<br>在实训中是否能够灵活运用所学知识和技能。<br>在实训中的表现，包括创新思维和问题解决能力。 | | | |
| 实训过程质量<br>控制（10分） | 是否能够对实训过程中的关键点进行检查和控制。<br>是否能够及时发现并纠正实训中的错误和偏差。<br>是否能够根据反馈进行必要的调整以提高实训质量。 | | | |
| 实训效果<br>（20分） | 在实训结束后的成果展示，包括完成的任务、制作的成品等。<br>实训目标的达成情况，以及学生对实训目标的理解和实现程度。<br>反思和总结，包括实训中的收获、存在的问题和改进建议。 | | | |

## 任务 6-3　直播粉丝营销

**知识目标：**

1. 了解电商主播人设的主要类型和打造技巧。

2. 了解直播内容质量的评判指标和如何制作优质内容。

**技能目标：**

1. 能够通过各类途径实现高效的粉丝营销。

2. 能够与粉丝进行高效的互动。

**思政目标：**

以"人"为纽带，能在工作过程中树立"以消费者为中心"的意识。

### 一、打造人格化IP

个性化的人设定位是主播IP赖以生存的重要基础。有了人设后，主播可以更好地发挥自身潜能，为观众创造独特价值，从而快速占领观众心智，在短时间内积累大量忠实粉丝。

人设的相关概念见表6-6。

表 6-6　人设的相关概念

| 定义 | 人设是一种刻意呈现出来的形象，本质上是一种营销行为。 |
| --- | --- |
| 本质 | 人设的本质就是人物设定，一般指明星或公众人物在内容平台提前设定并演绎出一个相对完整的人物，如"高颜值"形象、"学霸""女神"，等等。 |
| 作用 | 人设是一种很好的大众文化包装手段，以往借助于文学、影视作品传递出的文化信息和价值观，现在借助于某些明星和公众人物的人设，能在互联网时代更好抵达受众。 |

（一）主播 IP 人设类型

主播打造 IP 人设有以下几个方向：

1. 泛娱乐达人

泛娱乐达人指的是能够产出热点型内容的达人，他们更加了解平台用户对内容的喜好，能够制作出高互动率与传播力的热门内容，从而触达到更广泛的人群圈层。泛娱乐达人能够为商家带来更广泛的曝光和互动，增加品牌或商品的知名度。同时通过互动性更强的抖音泛内容拉近品牌与消费者的距离，让消费者对品牌产生亲切感。

2. 专业达人

专业达人是基于自己的兴趣爱好、特长、专业领域等来打造的人设。例如，美妆教程达人"呗呗兔"，其直播内容以美妆教学、妆发教程和护肤教程为主。

3. 专家学者

专家学者一般是基于自己的职业形成的人设定位。专家学者人设较容易获得粉丝的信任和认可，但设立这一人设的门槛较高，对主播的专业能力要求也较高。

（二）打造主播 IP 人设的技巧

主播可以通过我是谁、目标用户是谁、提供什么、解决什么问题 4 个维度，准确、快速地打造出属于自己的独特人设（图 6-9）。

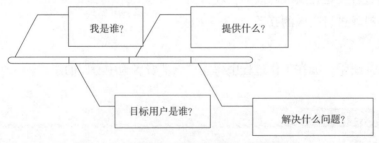

图 6-9　打造主播 IP 人设的 4 个维度

1. 我是谁

主播在打造人设时首先应明确身份，如创业者、职场人士、乐器爱好者等；其次要确定形象，增强识别性，如擅长美妆就可将形象确定为"美妆博主"。总的来看，主播身上的闪光点往往就是主播人设定位的突破口。

### 2. 目标用户是谁

主播在进行人设定位时，应充分考虑人设面向的目标用户群体，这样才能"投其所好"，打造出有针对性的人设。明确目标用户群体时，主播需了解用户的性别、年龄、性格、受教育程度、收入水平、消费能力等。

### 3. 提供什么

提供什么即内容的价值输出，如提供低价好货、分享生活技能等。

### 4. 解决什么问题

解决什么问题可以是为用户提供平时购买同类商品无法得到的效果，满足用户的痛点需求，如"穿这条裤子非常显瘦"。

另外，为了使人设更加饱满、更具有辨识度，主播还可以在细节方面有更好的把握。如形成自己的语言风格，像李佳琦的语言风格就是其 IP 的一大显著特征。

打造主播人设时还需要注意：主播的人设应具有真实性，不可无中生有，欺骗用户；人设设立后，主播可以在微信公众号、微博、抖音、快手等平台发布图文、视频内容，多渠道宣传自身人设，提高知名度和影响力。

#### "美女主播"人设翻车，真实形象曝光！

小伊（化名）是一名网络语音主播，自 2022 年 3 月开播以来，小伊美丽清纯的人设、无懈可击的声线，让不少粉丝跪倒在她的石榴裙下。阿强（化名）就是每天都会来到直播间为小伊疯狂刷礼物的老粉丝之一，连续几天连线语音聊天后，两人互加了微信私聊。"郎有情，妹有意"，两人很快就确立了网恋关系。当小伊提出自己因为没完成平台的任务感到心情不好时，为了获得对方的好感，阿强毫不犹豫地为小伊刷了 1 万余元的礼物。为了维系他们的"爱情"，阿强还不惜花 2 万余元，在直播平台上办了所谓的"情侣卡"。在此之后，小伊让阿强转账给她，可是阿强几次要求见面，都被小伊拒绝，阿强被一条条刺眼的转账记录惊醒，选择了报警。

（来源：https://mp.weixin.qq.com/s/fIlgT3XPBM1ujxVeYaLU9A）

想一想：这个案例带来了哪些启示？

## 二、做优质内容

### （一）直播内容质量的评判指标

要打造优质的直播内容，先要了解什么是好的直播内容。我们可以参考《直播电商：带货王修炼真经》的作者结合"现代营销学之父"菲利普·科特勒的"客户行为路径"理论制作出的六度模型来对直播内容进行评判，以便在改善和提升内容时更有方向（如图 6-10、表 6-7 所示）。

图 6-10 六度模型

(资料来源:《直播电商:带货王修炼真经》)

表 6-7 六度模型的具体含义和判断指标

| 维度 | 含义 | 判断指标 |
| --- | --- | --- |
| 内容能见度 | 代表内容覆盖消费者的广度,即直播能让多少人看到。 | 内容浏览人数,指统计时间内,直播后商品的内容被浏览的人数,一个人浏览多次按一人计算。<br>内容覆盖渠道可分为网店内+网店外。 |
| 内容垂直度 | 垂直度其实就是专业度,也即直播内容的深度。 | / |
| 内容吸引度 | 代表内容吸引消费者关注、营销消费者情绪的能力,是品牌加强消费者记忆的重要抓手。 | 内容互动人数,指统计时间内,与本直播商品相关内容进行互动的人数。可以通过评论、点赞、打赏、分享等行为来评判。 |
| 内容引流度 | 直播效果好不好,引流就是最好的检验,通过直播引导客人到店浏览;到店体验,到店试吃、试穿、试戴、试玩。可以直播线上下单到店提货,也可以采取店内体验、直播间下单等多种方式。 | 引导进店人数,指统计时间内,消费者浏览内容后通过内容详情页进入店铺访问的人数。到店 UV(Unique Visitor,独立访客)可以是网店也可以是线下店。 |
| 内容获客度 | 代表内容对消费者购买行为产生引导转化的能力,可用于评估内容营销"种草""拔草"效用。 | 引导收藏加购支付人数,分别指统计时间内,消费者浏览内容后产生商品收藏、加购、支付行为的人数。 |
| 内容转粉度 | 代表内容为品牌沉淀消费者资产的能力,说明内容已引导消费者对品牌产生强烈兴趣(不限于购买)。 | 新增粉丝数,指统计时间内新增的关注网店或店铺的人数。 |

### (二)打造优质直播内容的技巧

1. 选对并专注于自己的赛道

要注重以下几点:

（1）专注于自己的领域，挖掘平凡事件背后的深义，每个人都有不同的经历、不同的背景。

（2）完善私域运营能力，打造"全域种草—套内割草"的销售闭环。内容营销要从传统的广告思维抽离出来，重视内容"种草"特性的同时，重视店铺私域场景的打造与优化，最大限度地承接站内站外内容流量，才能提升内容转化，形成"站外种草站内拔草"的营销闭环。

（3）专注：全景洞察传播效力，及时评估内容营销效果，发现薄弱环节，有针对性地优化提升。

（4）深度挖掘"品类×KOL×渠道"的最佳匹配关系，有效提升内容转化率。成功的营销不仅仅是找到优质的KOL或渠道，品牌商万万不可忽略"品"的作用。

（5）坚持原创。

2.紧盯时事热点，参与热门话题

紧盯时事热点有助于我们快速找到热门话题，热门话题的直播往往吸引人注意，引流效果较好，我们可以通过不同的渠道去了解当前的热点，比如微信、微博、今日头条等。通常点赞较多、阅读量较多会默认为是热点；其实还可通过搜索功能去发现热点，比如热搜榜、音乐榜、人气榜等以及我们的贴纸，等等，可以很好地将它们运用到我们的视频中，获得更多的曝光。把别人的优秀内容变成自己的视频，这比自己创作能更快地达到预期效果（图6-11）。

图6-11 直播紧跟时事热点

（资料来源：抖音）

### 3. 有价值、有故事、有内容

有价值的故事也是很重要的直播内容。大家都喜欢有故事性的内容，故事讲得越好，越能激发人的兴趣，被分享的概率也越高。因为故事本身就比单纯的事情更能打动人，更能引发观众的情感波动或者好奇心。

### 4. 监测标杆及竞争对手获取灵感

（1）观察竞争对手使用了何种直播平台及宣传媒体；

（2）观察标杆及竞争对手如何自我定位；

（3）观察标杆及竞争对手使用何种视觉设计；

（4）对标标杆及竞争对手的更新频率；

（5）观察标杆及竞争对手的发布内容；

（6）观察标杆及竞争对手在哪些平台发布内容。

### 5. 高质量内容持续输出

如何长久地创作直播内容，并且有稳定、高质量的作品输出，确实是一个有挑战性的课题。可以通过持续学习，如向 KOL 学习，关注其博客和社交账户，以及行业协会官方平台联系最多的前沿信息；向竞争对手学习，学习其内容结构及其专业知识；善于阅读，寻找与行业相关的书籍和阅读材料，了解专业人士的意见和看法，如直播优化教材等。最重要的是贵在坚持，如图 6-12 所示。

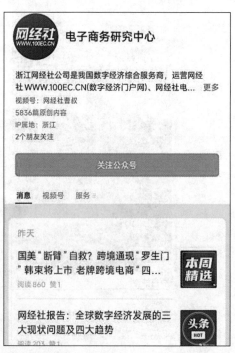

图 6-12 持续学习行业相关知识

（资料来源：微信公众号 –@广小店和 @ 电子商务研究中心）

## 三、做高效互动

### （一）根据粉丝等级设置不同的权益

主播根据直播间粉丝的不同层级设置不同的权益。为了便于管理，直播间粉丝往往划分为4个层级，分别是初级粉丝（新粉）、铁粉、钻粉、挚爱粉。每个层级的粉丝都有自己的专属权益，级别越高，享受的权益就越多、越好。

以淘宝直播为例，主播可以在后台设置直播间专属价，这个价格要比常规渠道的价格低，通过这种方式吸引用户在直播间下单，以提高直播间的转化率。粉丝要想升级，就必须通过如观看直播、购买产品、发布评论、转发主播间等官方系统设定方式来提高与主播的互动值。在这个过程中，直播间的各项数据都能有所提升。为了回报粉丝，主播必须对粉丝权益进行优化设置，最好设置一些具有吸引力的权益。如果设置的权益力度不足，这种方法就很难发挥出应有的效果。总而言之，主播要想做好直播间粉丝维护，就必须经常为粉丝提供一些权益。除了这种方式之外，主播还可以经常关注淘宝卖家中心左侧的客户运营中心，对有过产品购买记录或互动记录的客户与会员进行有针对性的营销。

### （二）引导分享

与商家的营销推广相比，粉丝传播分享不仅成本较低，而且更容易刺激购买。因此，为了让直播电商的活动效果实现最大化，可以引导粉丝传播相关营销信息。对此，商家和直播团队可以提供转发素材，降低用户分享成本。很多时候，用户之所以不在社交圈转发分享产品，并不是因为产品质量不佳或分享产品的行为会损害个人形象，而是因为没有合适的内容素材。用户的时间与精力有限，即便很喜欢一个产品，也不太愿意耗费时间与精力去拍照修图、设计转发语，他们更倾向于方便快捷地复制粘贴。

### （三）迎合粉丝

为了在直播带货的过程中激活粉丝，促使粉丝积极地参与互动，主播要迎合粉丝的想法，根据粉丝的心理需求与其进行互动。拉近与粉丝的距离更能赢得粉丝的信任。因此，主播需要多站在粉丝的角度考虑问题，多关注粉丝的需求。可以通过以下几条途径提高粉丝黏性：

1. 用专业知识征服粉丝

主播一定要对自己销售的产品及其相关知识有充分的了解，这样才能够更好地帮助粉丝解决问题。主播用自身的专业知识征服粉丝，能够更好地与粉丝建立信任关系。

2. 多讲故事，拉近与粉丝的距离

在直播的过程中多讲故事能够引发粉丝的共鸣，展现亲和力，拉近主播与粉丝的距离。

3. 强调产品性价比

产品是主播与粉丝建立信任关系的媒介，主播可以通过产品提升粉丝对自己的信任

度。这就需要主播在介绍产品的过程中突出产品的性价比，做粉丝心中的良心卖家。主播在直播的过程中应如实对产品进行介绍，反复强调产品的性价比，使消费者认知到产品物有所值。

**4. 坦然讲明产品的缺陷**

任何产品都不是完美的，主播介绍产品时也不需要回避产品的缺陷。相比隐瞒产品的缺陷，主播坦诚地讲明产品的缺陷更能够赢得粉丝的信任。

**一、实训主题**

分析一位电商主播人设的呈现和规划。

**二、实训目的**

通过分析电商主播人设构成的实训，指导学生学会如何打造主播人设。

**三、知识点**

主播 IP 人设打造。

**四、实训说明**

**步骤1** 教师下发任务：选择一位有代表性的电商主播，对其人设进行分析，完成表 6-8。

**步骤2** 选择几名学生分享自己所选择和分析的主播案例。教师对优秀和还有不足的作业进行讲评。

表 6-8 分析主播人设的呈现和规划

| 主播名 | | 主要直播平台 | |
|---|---|---|---|
| 人设呈现 | 外貌特征 | | |
| | 性格特点 | | |
| | 行为特点 | | |
| | 习惯话术 | | |
| 人设规划 | 主播是谁？主播要干什么？解决什么需求？ | | |

**步骤3** 评价反馈：对作业进行讨论，教师给出评价，并完成表 6-9。

表 6-9 实训评价反馈表

| 实训课程<br>（项目名称） | | | | |
|---|---|---|---|---|
| 评价项目 | 主要内容 | 自我评价 | 小组互评 | 教师评价 |
| 实训规范<br>（10分） | 遵守操作规程，不违规操作设备。<br>实训场地的整洁和工具的正确使用。 | | | |
| 实训准备<br>（10分） | 对实训内容有充分的了解和准备。<br>提前收集了必要的资料和信息。<br>对实训所需的工具和材料进行了适当的准备。 | | | |
| 实训项目<br>（50分） | 是否能够独立或在小组内完成实训任务。<br>在实训中是否能够灵活运用所学知识和技能。<br>在实训中的表现，包括创新思维和问题解决能力。 | | | |
| 实训过程质量<br>控制（10分） | 是否能够对实训过程中的关键点进行检查和控制。<br>是否能够及时发现并纠正实训中的错误和偏差。<br>是否能够根据反馈进行必要的调整以提高实训质量。 | | | |
| 实训效果<br>（20分） | 在实训结束后的成果展示，包括完成的任务、制作的成品等。<br>实训目标的达成情况，以及学生对实训目标的理解和实现程度。<br>反思和总结，包括实训中的收获、存在的问题和改进建议。 | | | |

# 项目 7
# 主播的管理与优化

## 课程导入

　　主播对直播营销的结果起着决定性的作用。主播不仅是直播电商的面孔,更是品牌与消费者沟通的桥梁。在直播电商的生态中,一个优秀的主播能够显著提升用户参与度和销售转化率。本章节将为您提供主播管理的全面视角,从主播定位、培训到品牌形象塑造,从直播内容创作到互动技巧提升,每一个环节都是主播成功的关键。我们将一起学习如何通过系统化的管理与优化,打造一支专业、高效、有吸引力的主播团队。

1. 主播的定位。
2. 主播正确的价值观。
3. 主播 IP 打造。
4. 主播流量转化能力提升。

## 任务 7-1　主播的定位

**知识目标：**
1. 了解主播定位的概念。
2. 掌握主播定位的方法。

**技能目标：**
1. 能够明确直播内容，选择合适的直播主线。
2. 能够选择符合自身性格的直播风格。

**思政目标：**
1. 培养学生自我认知能力和自我认同感。
2. 提升学生职业认知判断和职业能力构建。

### 一、什么是定位

什么是定位？定位就是做最适合自己的，自己最擅长的，比竞争对手有优势的，能够遵循定位长期发展的。定位不代表直播时风格多变，也不代表今天唱歌明天就不能跳舞。

主播在首次开播前，应该先对自己的类型进行定位，其本质是对直播内容选择方面的确定。定位就是主播在直播平台上生产什么样的产品，而主播在直播平台上提供什么产品，要依据直播市场的饱和度而定，也就是说要依据直播平台用户的具体需求来确定主播的具体直播内容。主播在确定自己的直播内容时，既要依据自己的能力、才华来决定做什么样的直播内容，也要依据直播市场的饱和度的具体情况而定，这就要求主播对直播市场进行充分的考察，才能得出市场饱和度的情况（图 7-1）。

主播改变已有定位，如果改变原有直播内容的类型，即现在的直播内容类型与原有的直

图7-1 淘宝直播分区

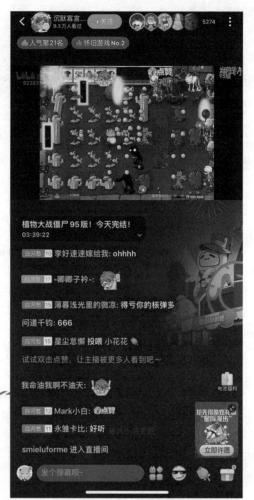

图7-2 哔哩哔哩游戏类主播直播截图
（资料来源：哔哩哔哩）

播内容类型完全不相容、没有共同点，则会把原有很大一部分的粉丝洗掉，因为现在的直播内容类型不是原有粉丝的原始需求，而粉丝为了满足需求就会找其他主播进行替代。当然，如果主播改变直播内容类型的幅度不是很大，改变之后的直播内容与原有的直播内容具有很多的相同之处，通常原有粉丝流失的数量不会很多（图7-2）。

## 二、定位的概念

真正的定位过程如下：定位—到位—补位—越位—换位。这是一个生动的、活跃的、能清楚明白自己在不同阶段、不同位置的一个主播定位过程，清楚在什么阶段做什么事是最有效的，这种灵活的定位才是一名成功大主播的必备技能（图7-2）。

作为一名主播，给自己做出一个清晰的定位，不仅为了认清自身在直播行业中的优缺点所在，更为了重新审视自己，为自己寻找合适的发展方向。如何在成千上万的主播中脱颖而出，就要在不同的直播类型中找出最适合自己的交集，先做出一个粗略的定位，为自己指引前进的大方向。

直播电商主要由人、货、场三个要素组成。"人"主要指直播电商的主播和MCN机构。其中，主播主要包括具有一定公众号召力的人物。MCN机构主要包括内容MCN机构和电商MCN机构，而电商MCN机构则是上述内容较为重要的环节。"货"主要指品牌方（内容电商整合营销机构予以支持）和供应链所提供的产品和供货渠道。此外，随着电商的逐步扩张，部分高阶电商MCN机构已将品牌方和供应链的产品与供货渠道整合到企业的自身业务流程中。"场"主要指客户端与电商端进行异质性资源交互和产品购销的网络平台，现今平台模式主要是内容化和电商化平台的结合（图7-3）。

"人"是发挥直播电商能动性、最大化直播电商利益的关键要素。一方面，与消费者面对面进行信息交互的第一要素便是直播电商中的人。因此，直播电商中"人"所具有的带货能力和议价能力直接影响着电商产品能够卖多少、产品价格能够卖多高。另一方面，直播电商中的"人"不仅承担着产品销售任务，还肩负着产品营销功能。一个优秀的主播，能吸引到大批粉丝，增加客户对产品的黏性和信赖度，这也是广告中通常会选取当红明星参与广告代言的原因。因此，直播电商中如何发挥

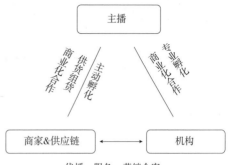

图 7-3　直播生态链构成图
（资料来源：百度）

"人"的作用，是决定直播电商能否做大做远的关键。而如何发挥"人"的作用，则需要对不同定位的"人"，即针对不同定位的主播进行相应的主播品牌打造（图 7-4）。

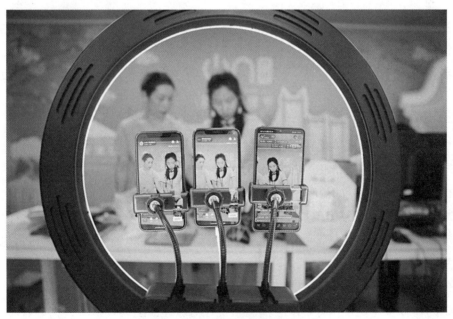

图 7-4　杭州余杭开抢电商直播人才
（资料来源：搜狐号 @ 食味菜谱）

在现有直播电商领域中，主播主要分为专业型主播、人设型主播、名人型主播和代表型主播四类。这四类主播的定位各有不同：专业型主播的定位为"用户的意见咨询专家"；人设型主播的定位为"用户的专属生活管家"；名人型主播的定位为"行走的种草机"；代表型主播的定位为"品牌的官方发言人"。成功的主播品牌打造必须建立在准确定位、精准孵化的基础上，因此，针对不同的主播定位，确定不同的主播培养方案和管理模式是我们需要关注的重点（图 7-5）。

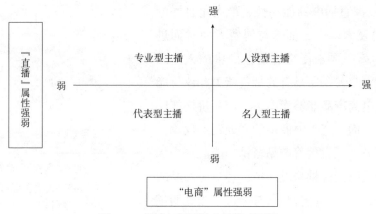

图 7-5　直播电商领域主播类型划分

## 三、定位先定节目主线

主线就是以后直播干什么？一个新秀主播从打算做主播开始，就要确定自己的直播内容，确定了自己的定位点以后，接下来就着手进行准备。直播主要分为八种类型，分别为秀场直播、活动直播、体育直播、游戏直播、生活直播、教育直播、二次元直播以及脱口秀直播。

（一）秀场直播：通过才艺展现自己

秀场直播的表现形式体现在唱歌跳舞上，面向的主要是三、四线城市的人群，直播的目的大多是满足用户的猎奇心。直播房间内设置有虚拟礼物，可通过人民币充值的形式购买，这也是秀场直播主要的盈利方式。

（二）活动直播：策划宣传扩大影响

活动直播主要是商家或企业为了做宣传而策划的直播，电商平台的直播带货也属于活动直播的形式之一。

（三）体育直播：提供精彩赛事观看

传统的体育直播就是体育赛事直播，主要针对球迷或运动爱好者，例如篮球、足球、斯诺克、网球、排球等。热门的体育直播赛事主要有：NBA、CBA、世界杯、英超等。体育直播平台的出现，让这些运动爱好者也成为赛事解说员，再利用自身的知识和风趣的语言来吸引用户观看。

（四）游戏直播：秀出高超竞技操作

传统的游戏直播主要是主播现场进行游戏，它的制作成本和准入门槛都很低。不需要秀场直播所具备的跳舞和唱歌，游戏技术精湛即可。观看游戏直播的用户主要是游戏爱好者，用户黏性较大。但相较于秀场直播来说，游戏直播需要更高额的版权费用。传统的游戏直播平台主要有虎牙、斗鱼、战旗（图 7-6）。

## （五）生活直播：分享日常动态点滴

这类直播似乎显得更为简单，吃饭、逛街、钓鱼等都可以成为直播的内容。主播只需将自己的日常生活、衣食住行等动态展示到网络中，就能获得粉丝的关注。除了美食之外，在哔哩哔哔直播的生活区，还有户外、萌宠、影音馆的分类，主播可根据自己的生活喜好来进行直播（图7-7）。

图7-6　虎牙游戏直播截图　　　　　图7-7　哔哩哔哩萌宠直播截图

## （六）教育直播：利用知识吸引用户

教育直播打破了传统教育所具有的个别地区优势的局限，将一、二线城市的教育通过直播的形式普及到其他城市，将一、二线城市优质的教师资源共享到其他城市，弥补教育资源的失衡，为其他城市孩子的教育问题提供了解决方案。

在线教育的普及，也为想要提高成绩的学生提供了资源，满足学生冲刺、考上好学校的需求。

教育直播不同于传统课程，想要从中脱颖而出得到更多流量，必须要有其独特性或吸引力。教育直播的类型有很多，并不局限于学校的教程、琴棋书画，也可以是生活中的常识、服装搭配、运动健身等技能。

在教育直播内容的安排上要具有趣味性，例如科普类知识。在许多人眼里，科学、数学、物理或许枯燥乏味，所以在此类直播中，我们就需要把科学的知识趣味化、通俗化。也可以将它与历史学、哲学、社会学或其他学科结合起来，同样可以提出一些趣味性问题与用户互动，引发用户自主思考，调动用户积极性。此外，还可以利用手绘方式进行科普。

在线教育的发展大致经历了三个过程：第一个时期是传统网校音频＋flash课件的1.0时代，如101网校；接着进入了O2O大潮的视频录播2.0时代；最后到如今全民直播的3.0时代。教育直播利用直播平台的弹幕形式，解决了学生与老师之间的互动问题，增强了课程的交互性，弥补了传统教育师生之间缺少互动的缺陷，同时直播课程的回放功能，可以让学生针对不懂的知识点进行反复回顾（图7-8）。

从知识分享者角度来讲，教育直播可以让个人的才能得到提升和增值，通过直播平台可以将知识传递给上千万用户，从而提升个人影响力。

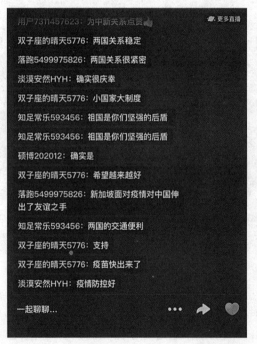

图7-8　留学教育咨询直播截图
（资料来源：知乎）

（七）二次元直播：独特ACG文化

二次元直播的形式有许多，如漫画手绘教程、二次元类的游戏直播、漫展的直播、虚拟主播等，主要集中于绘画、手游、游戏、娱乐这四大类中。在娱乐类的二次元直播中，主播常常会Cosplay（指角色扮演），有的还会进行才艺表演，如唱歌、跳舞等（图7-9）。

## （八）脱口秀直播：幽默搞笑的节目

脱口秀常常会给人带来欢乐，除了脱口秀以外，还有一些单口喜剧、喜剧小品、相声系列的直播，这些都十分受欢迎，有许多类似的节目，如腾讯和笑果文化联合出品的《吐槽大会》（图 7-10）。脱口秀直播的形式较为简单，并且门槛低，所以一直都很火热。在脱口秀之中，很多都属于黑色幽默，主播常常以自嘲的方式讲述自己的故事。

图 7-9　哔哩哔哩虚拟主播直播截图

图 7-10　腾讯《吐槽大会》宣传海报
（资料来源：搜狐）

## 四、定位主线定风格

风格就是不管以后直播干什么，我就是这个口味儿。举个例子，比如歌星，同样是流行音乐，就有不同风格的定位。提起周杰伦，就知道他要哼出慵懒的歌。提起刀郎，就能想起他的沧桑。

每个主播都有自己的风格，不同的风格会有不同的受众群，所以主播一定要在直播之初就给自己一个定位，合理的人设会让你捕捉到更多粉丝的心。但是，主播的风格要如何确立呢？观众更喜欢看哪类主播？什么样的主播更能吸引眼球？确立一个主播的风格要注意哪些问题呢？

### （一）以自身性格为基础

一个主播的风格一定是建立在自己的性格特点基础上的，风格的确定与性格有密不可分的关联，绝不能与自己的性格背道而驰。如果你要装出不属于自己的风格一定会很累，而且不自然，你可以装一天，但是装不了太久。倘若有一天你暴露本性，人设崩塌，对你的人气一定会有相当的影响，粉丝也留不住，所以要寻找自己个性当中的亮点，将亮点努

力放大，如打造吃货、卖萌、高冷形象，等等。

### （二）内容多变，风格不变

再好吃的美味，天天吃也会腻，一成不变的主播，粉丝迟早会厌烦，所以，直播内容和花样一定要变，内容多变多趣味才会吸引到更多人。唱歌就要多学新歌，多多扩充曲库，讲段子就要多思考多找新段子，诸如此类。但是风格是不变的，经常和粉丝互动，不管你的内容怎样多变都不能跳出你的人设范围外。直播也算在镜头前，公众视线下一定要把握尺度。

### （三）贵在坚持

罗马不是一日建成的，人设和风格也是一步一步建立起来的，千万不要认为建立风格是多么容易的事。你每天在镜头前的种种表现，粉丝都尽收眼底。就像第一条提到过的，你要选择接近自己性格的风格，否则你每天端着形象装会让自己感到身心俱疲，而且也很难坚持。如果不一点点打基础，即使偶然成功也有可能毁于一旦。风格这件事情很重要，可以看出一个主播的各种生活痕迹，主播们想要建立自己的独特风格必须从生活小事开始，所以一定要坚持！不论你选择用哪种风格演绎自己的主播生涯，都要有一颗强大的内心。没有粉丝的时候会很孤单难熬，有了人气之后的形象维护每一步都要走得坚实，坚持做好走到底。

另外，做风格定位千万不要靠拢违法违规内容，走性感路线可以，但绝对不能触碰法律和道德的底线。任何成功都没有捷径可走，虽然直播的竞争越来越激烈，但是只要肯努力，运用科学的方法，学习好的经验，也一定能够成功。

## 平台把住主播"专业资格"关

为了提升网络主播业务素质，《网络主播行为规范》的出台，这为直播专业领域的内容生产者设置了准入门槛，直播领域正朝着"专业的人干专业的事"的方向回归，主播不但要带来流量、更要输出有质量的内容。网络主播应当自觉加强学习，掌握从事主播工作所必需的知识和技能。对于需要较高专业水平（如医疗卫生、财经金融、法律、教育）的直播内容，主播应取得相应的执业资质，并向直播平台进行执业资质报备，直播平台应对主播进行资质审核及备案。

抖音、快手等平台此前已经上线专业资格认证，涉及职业涵盖医生、律师等。比如在抖音拥有63.5万粉丝的"儿科周主任"，认证信息为广州医科大学附属第三医院小儿外科副主任医师。据了解，在快手平台，教育科研人员需要在实名认证的基础上提供院士证、教师资格证、工牌和职称证明等。

《网络主播行为规范》对需要较高专业水平的直播内容提出了明确要求。直播平台需核实网络主播的身份,确保主播"持证上岗",有利于创造更多高水平的内容,促进主播产业健康有序发展。

(来源:https://news.cctv.com/2022/07/06/ARTI1yqT8sum DXPVHjoSUUib220706.shtml)

### 一、实训主题
制定主播定位策略。

### 二、实训目的
根据自身特点、个性、风格、技能等进行可垂直延展的定位策略,让学生更加了解自己,了解主播这个职业。

### 三、知识点
主播定位。

### 四、实训说明
**步骤1** 教师下发任务:安排每位学生根据自身特点、个性、风格、技能等进行主播定位,将结果填入表7-1中。

**步骤2** 随机选择几名学生分享自己的定位内容。

表7-1 主播定位的主要内容

|  | 具体内容 |
| --- | --- |
| 主播类型 |  |
| 直播内容 |  |
| 直播环境 |  |
| 其他 |  |

**步骤3** 评价反馈:对定位具体内容进行讨论,教师给出评价,并完成表7-2。

表7-2 实训评价反馈表

| 实训课程<br>(项目名称) | | | | |
| --- | --- | --- | --- | --- |
| 评价项目 | 主要内容 | 自我评价 | 小组互评 | 教师评价 |
| 实训规范<br>(10分) | 遵守操作规程,不违规操作设备。<br>实训场地的整洁和工具的正确使用。 | | | |

续表

| 实训课程<br>（项目名称） | | | | |
|---|---|---|---|---|
| 评价项目 | 主要内容 | 自我评价 | 小组互评 | 教师评价 |
| 实训准备<br>（10分） | 对实训内容有充分的了解和准备。<br>提前收集了必要的资料和信息。<br>对实训所需的工具和材料进行了适当的准备。 | | | |
| 实训项目<br>（50分） | 是否能够独立或在小组内完成实训任务。<br>在实训中是否能够灵活运用所学知识和技能。<br>在实训中的表现，包括创新思维和问题解决能力。 | | | |
| 实训过程质量<br>控制（10分） | 是否能够对实训过程中的关键点进行检查和控制。<br>是否能够及时发现并纠正实训中的错误和偏差。<br>是否能够根据反馈进行必要的调整以提高实训质量。 | | | |
| 实训效果<br>（20分） | 在实训结束后的成果展示，包括完成的任务、制作的成品等。<br>实训目标的达成情况，以及学生对实训目标的理解和实现程度。<br>反思和总结，包括实训中的收获、存在的问题和改进建议。 | | | |

## 任务 7-2　主播正确的价值观

**知识目标：**

1. 了解主播价值观的含义。

2. 掌握主播应具备的正确价值观。

**技能目标：**

1. 能够明确主播应具备的正确价值观。

2. 能够在直播中规范自身行为。

**思政目标：**

1. 培养学生自觉传播正能量的责任和义务。

2. 树立学生正确的价值观。

### 一、学会做人

价值观常常是问题的本质，具有较强的稳定性，难以发生变化，这种不变的本质决定了我们很多选择和具体行为方式。价值观似乎又有不稳定性，但事物的产生、变化、发展又一定具有其自身的规律。个人只有在主观的价值判断和选择符合事物发展的客观规律时，才能达到一定的目的，这样的价值观，称为正确的价值观或者说"主流价值观"。

俗语有云：做事先做人。这是老生常谈，人人都认可且明白的箴言。在谈价值观时，选择的判断基础是什么？我们能不能试着在每次做所有的事之前都问自己一遍：作为人，我这样做是否正确？

我们来看一个一开始将工作建立在谎言上的主播案例。刘某之前是某直播平台的一名人气女主播，主要直播玩游戏，以技术高超和语言搞笑深得观众喜爱。她直播时有上百万人气，是当之无愧的人气王，甚至被评为"2016百名最有人气网红之一"。然而，2016年5月，一名退役的游戏职业选手实名爆料：刘某直播时是别人在代打，她只是装作自己在玩，从头到尾都在欺骗观众，并且提供了有力的证据。该网红女主播在电竞直播圈犯下"代打门"，导致声名狼藉，从此沉寂。一番公关过后，该女主播再度进入公众的视野，在某直播平台开启直播，还前往里约奥运会现场，给观众带来户外直播。在直播中，她表示对以前犯下的错误感到"悔恨"，希望观众能重新接纳她。刘某重操旧业并没有受到人们的欢迎，曾经的粉丝纷纷在其直播中指责和吐槽，直播间的人气也直线下降，再没有出现几个月前"百万人气"的盛况。后来更是与"话题王"王某某公开"开撕"，试图危机公关博取更多眼球，却最终声名狼藉，成为众矢之的。其实，从刘某直播给母亲打电话哭诉其所受委屈之时，就已经将自己的工作谎言和职业形象转化为生活谎言、人格欺骗，用错误的价值观导演的这样一场闹剧，其实质是将自己的整个人生押上必败的赌桌，不只是职业生涯，更是给自己的人生带来了毁灭性的打击，如图7-11所示。

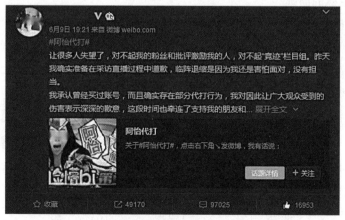

图7-11　主播刘某针对代打事件微博道歉截图
（资料来源：搜狐）

刘某能在开始时博得大量眼球，吸引众多拥趸，其自身不能说没有长处，如果将目标确定为在同行中出类拔萃，对她而言成功并非不可能。即便将目标确定为一举成名也并非不可能，但她却没有在开始代打时问问自己，作为人，这样的代打谎言是正确的吗？在出现信任危机后，编造谎言前问问自己，作为人，能这样利用别人善意的信任持续愚弄别人吗？人生没有如果，没有正确的价值观作为指引，导致身败名裂的选择往往会接踵而至，可以说，失败是注定的，暂时的成功只是为了让人跌得更惨。

## 二、目标的建立

科学的目标，是正确价值观的体现，是人生的灯塔，它指引着前进的方向。目标根据其实现的时间跨度，可以分为人生终极目标、长期目标、中期目标、短期目标和即时目标。其中，人生终极目标是与价值观高度一致的概念，有什么样的价值观，往往就有什么样的人生终极目标，审视一个人的终极人生目标即是审视一个人对于成功的定义。一般而言，预期目标的实现就是成功。

### （一）确定目标的理由

确定这样的目标应该首先问自己，设定这样目标的理由究竟是什么？不论是什么人生终极目标的理由，它必然包含个人价值和社会价值。人类是群居动物，当一个目标的实现好处延伸到最极致的深度欲望时，往往不再充斥着人类自私禀性，而更多地偏重于为社会的贡献和付出的快乐。当然，从广义上也可以理解为是人类自私性的终极体现：希望得到整个社会的回报，超越时间限制的回报。但不得不承认，人类的自私性需要向社会性妥协，也就是在一定条件下，人类明确自我实现的路径：必然是社会化路径。罗列理由会帮我们否定很多不成熟的想法和目标，进而帮我们确定人生的终极目标。

### （二）建立目标的原则

现在我们对确立个人目标已经有了概念，目标不能是海市蜃楼，而应当是具有一定现实性、指导性和可行性的，这样的目标究竟如何建立？需遵循"SMART"原则（图7-12），即一个科学的目标，它必须是：

1. Specific——具体的

订立目标的具体是指不属于抽象概念的，不是个人凭借自己的主观标准而可以不断变化的。不能是成功、受人尊敬，而应当是可以明确勾勒出的具体事项，如成为某级人大代表、买一辆车、成为主播等。

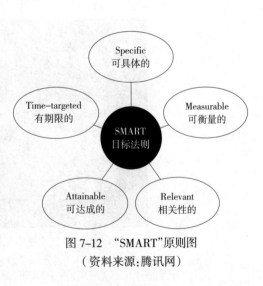

图7-12 "SMART"原则图
（资料来源：腾讯网）

2. Measurable——可衡量的

比如成为一个知名主播，就不是一个量化表述，而成为一名拥有100万以上粉丝的主播则是一个量化表述。量化表述与具体有关联也有不同，具体的不一定是可以量化的，而量化的则往往是具体的。具体的确定了明确的点，而量化的则可以看到这个点中的内容。

3. Attainable——可达成的

任何目标都不应脱离现实，脱离了现实的目标就像一场黄粱美梦。这种现实性，综合考虑了自身特点和长处、自身所处境况、社会发展需要等多方面因素。一个初到城市打工的个体，他的现实性目标可以是买一套房；一个初入行的主播可以靠自己努力月收入8 000元等。这样的目标不能是已经实现的，而应当具有一定的超前性，通过自身努力完成，否则也不能称其为目标。

4. Relevant——相关性的

很多人订立目标的时候常常会想"谋事在人，成事在天"而忽略结果，重视过程，但事实上忽略结果是不可能重视过程的。结果往往是衡量目标最为有效的标准，虽然它并非唯一标准，但在实现目标的过程中，只有结果达到了，订立选择目标时所寻找的若干理由才可能实现。此时，目标的结果成了因，而那些实现目标的理由成了果，如果目标不看重结果，那这个目标往往难以实现。

5. Time-targeted——有期限的

这是一个最好理解，也最难实践的原则。当新晋主播把一个一年粉丝保有量一百万的目标拆分到每天去落实，可能每3天就要涨粉一万人，还要维护粉丝，确保新吸引的粉丝不会取消关注，所有的工作路径，可能在这个目标订立的时候就已经明确下来了。

总而言之，所有目标的订立都应当符合"SMART"原则，这样的目标才是符合客观规律的，才是在正确价值观指引下的有的放矢。

另外，建立目标还应当注意以下四点：不要将没有量化、没有时限的想法当成是目标；将目标建立在现实可能性上，而不是建立在自己的憧憬上；依据现有的信息确立目标，而不是先确立目标，然后寻找帮助目标达成的信息；根据自己现有的能力确立目标，然后逐一准备达成该目标所必备的能力。

## 三、传递正能量

近年来，"正能量"已经成为出镜率颇高的词汇。虽然有些人对之不屑，但其实每个人都需要正能量。很多主播觉得直播与正能量毫无关系，但如果失去正能量的支撑，直播又必然不会走得长远。正能量之所以偶尔被"嘲讽"，正是因为很多人打着"传播正能量"的口号，其内核却毫无正能量可言。

主播一定要心怀正念，以正能量激励粉丝积极参与，切忌把"正能量"玩成粉丝吐槽的对象。也只有心怀正念的主播，才能走得长远。

正能量只有简单的三个字，但其内涵却并非简单几个词汇就能概括。在现代生活中，身体健康、尊老爱幼、独立思考、德才兼备、脚踏实地、爱国主义……这些都是正能量。然而，主播的直播内容不可能囊括其所有的内涵，因此，在心怀正念时，主播也要结合直播间的风格，让粉丝感到既有正能量又好玩。

### （一）具备普适性和激励性

直播间里的正能量无须过于高尚，也无须过于复杂。在给直播融入正能量时，主播要注重普适性和激励性。所谓普适性，就是指主播挑选的正能量适用于大多数粉丝，并符合"普适"价值。举例而言，直播间的主题是运动，那么，身体健康就是一个具备普适性的正能量内涵。

在普适性的同时，还需具备激励性。因为只有如此，主播才能依靠正能量激励粉丝积极参与互动。因此，如果运动直播的专属正能量是身体健康，那么，主播就要将之解释为不断追求更加健康的身体和生活，并为粉丝提供相应的技巧和方法。

### （二）与主播风格相融合

每位主播都有自己的直播风格，主播必须将正能量与之融为一体。很多主播以为这很难，事实上，正能量与主播风格的融合十分简单，主播只需找出直播间的某个关键词，并进行一定的改造即可。

比如游戏主播，可以抓住电子竞技的竞技精神，将"团队合作、坚持不懈、友谊第一"作为直播的正念，并在直播间里倡导团结、和谐、奋进。同时，主播一定要选择自己认可、符合自己正念心的正能量。如果不是真心认可，只是将之作为噱头，主播就很容易在直播中跑偏，导致人设崩塌。比如借着"幽默搞笑"的名义调侃弱势群体或革命先烈，或打着"身体健康"的口号推销保健品。

### （三）明确禁止"负能量"

在传播正能量之前，主播必须在直播间里明确禁止"负能量"。除了平台规定禁止的各种情况之外，主播也要带头避免出现各种打擦边球的情况。很多主播对此不以为然，但要知道，打擦边球的情况会严重损害直播间的氛围，甚至会不断升级导致直播间违规。当然，主播偶尔说两个段子调动气氛并没有问题，但要注意控制节奏，及时将直播带回主题。

### （四）保持开放利他

因为竞争激烈，有些主播开始变得十分自私，一方面希望从别的主播那里挖来粉丝，另一方面又怕自己的忠实粉丝被别的主播抢走……于是，这些主播只想打造出专属自己的封闭社群，疯狂地吸引粉丝加入，并贬低其他主播，想借此让他们留下来，但殊不知，这样做往往会适得其反。

因为竞争激烈，所以主播只靠自己一个人的力量很难实现快速成长，与其关起门来单打独斗，不如保持开放心态，与其他主播一起合作，实现流量的倍增。在这样的过程中，主播要有利他的胸怀，如果只顾着利己，也就不存在合作，如图7-13所示。

图 7–13　淘宝主播连麦 PK 互动
（资料来源：鱼摆摆网）

### （五）鼓励粉丝互助

直播不仅是主播的个人秀，也是一个重要的社交平台。主播既要引导粉丝之间建立联系，也要鼓励粉丝之间互助。在每一次的相互帮助中，强化直播间的关系链，让直播间成为粉丝重要的社交枢纽。为此，主播就要带头做好示范。当粉丝有困难时，要主动给予帮助；当粉丝有需求时，也可以免费提供干货；在平时，主播也可以像那些经常做公益的高手主播一样做些公益活动。

**主播的价值，不只体现在商业！**

目前，很多娱乐主播的影响力开发、商业收益转化大多都选择直播带货，但网络主播的价值开发远远不是只有商业，还比如公益。

例如，在 2022 年国际残疾人日，为唤起社会各界对残疾人事业的关注和支持、进一步促进残健共融，在中国残联的指导下，快手公益联合中国残联宣文部、中国残疾人事业新闻宣传促进会及中华思源工程基金会、金羽翼残障儿童艺术康复服务中心等公益机构共同发起了 2022 "助残 123 行动"。该行动基于快手平台优势，通过短视频互动、助残直播等多种方式打造一系列品牌活动，并联动快手百大主播开启"快手大V助残公益伙伴计划"，建立长效化关心关爱残疾人帮扶机制，倡导社会大众更好地参与到扶残助残活动中来。

据统计，本次"助残123行动"发起的短视频征集活动在快手站内播放量达到了7.1亿次，在12月3日"助残123·向爱出发"特别公益直播中共有47.4万人观看，获得59万次点赞。

为更好地调动站内资源、发挥快手头部主播的向善带动作用，快手公益同步发起了"快手大V助残公益伙伴计划"，旨在携手站内百大主播，以公益捐赠、直播连线、助残带货等多种方式，持续支持助残项目的开展。

据了解，"快手大V助残公益伙伴计划"首批共有5位快手千万级粉丝的助残主播加入，在发布助残短视频的同时，5位助残使者还各自捐赠了20万元，共计100万元用于孤独症青少年相关的康复治疗艺术汇演等工作。

快手一方面联动一众爱心主播开展公益直播，通过上架多种由残疾人生产的产品，借助互联网电商更大范围地支持残障人士的生活与事业发展；另一方面，快手也将为残疾人士搭建直播带货支持通道，帮助解决残疾人主播的灵活就业问题，让残疾人群能在数字化时代，通过自身努力实现人生价值。

（来源：https://baijiahao.baidu.com/s?id=1751363105829211107&wfr=spider&for=pc）

随着快手等数字平台持续践行企业社会责任，其中的关键角色——主播也在用他们自身的影响力持续践行公益，为社会传递温暖。所以，评判主播的价值不应该局限于成交了多少订单的商业价值，主播们也应该增强自身的社会责任感和担当。

## 四、规范自身行为

近年来，网络直播节目大量涌现，网络主播数量快速增长。在此过程中，网络主播队伍素质良莠不齐，进入门槛低，部分网络主播法律意识淡薄、价值观念扭曲，传播低俗庸俗内容、散布虚假信息、诱导非理性消费和大额打赏、炒作炫富拜金、偷逃税、损害未成年人身心健康等违法违规问题时有发生，严重扰乱行业秩序，污染社会风气，人民群众反映强烈，亟须对网络主播行为予以规范、加强监管。

### （一）避免太多极端非正常的直播语言

例如，一个男性故意用女性化的口气、口吻说话，或者是咆哮的方式去直播，推销产品。这些都属于故意制造的非正常直播语言/方式，这种方式会让直播的过程脱离产品本身。因为直播带货的重心应该是产品介绍，可以把产品的话术准备得很精致、很完美，但是不建议在话术的表达形式上太标新立异，那样会适得其反，如图 7-14 所示。

#### （二）避免抽烟喝酒的行为甚至是动作模仿

例如，在直播间直播的时候抽烟，或者是直播间出现喝酒、劝酒等与喝酒相关的行为都是不可以的，甚至连动作模仿都是危险的，比如夹着一支笔放在嘴里，故作抽烟状，就有可能被举报或直接被停播，收到直播间风险提示。

#### （三）避免容易引发误会的产品示范动作

在展示、演示某些产品的时候，要尽量避免动作不雅或者是不太好的暗示。

#### （四）避免换衣服或产品体验中不慎走光

特别是做女装直播的主播，因为女装直播经常要换衣服，换衣服的时候一定要离开镜头，即使里面穿了打底或背心，也不宜直接在镜头前换衣服，因为领口过低也是抖音直播违规行为。或者是在镜头中露了半边身体，就算换衣服很快，也会有风险提示，而且这种情况一般会直接封禁直播间，如图 7-15 所示。

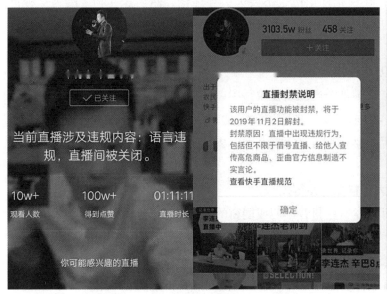 

图 7-14　快手头部主播辛某违规直播通告　　　　图 7-15　抖音直播违规禁播通知
（资料来源：新浪财经）　　　　　　　　　　（资料来源：CSDN）

#### （五）直播带货主播要遵循穿衣规范

女主播要避免低胸、深 V、透视装、肤色、超短裙。男女主播都要避免内衣真人试穿、镜头聚焦不当。因为在直播的时候，手机也是会聚焦的。如果聚焦的时候正好对着女主播的胸部、臀部这类敏感部位，也会被系统识别弹出直播违规的警告，甚至直接下播。特别提醒肉色的紧身衣服，尤其是在夏天，很容易被系统识别为"裸体"，直接封号。

### （六）男女主播避免文身暴露

有文身的主播在直播的时候一定要注意遮挡文身，长时间暴露文身也会被系统警告。

### （七）禁止境外直播

不做境外直播，因为要么无法开播，要么开播之后会被直接关停直播，甚至封号。尤其是旅拍博主要特别注意，因为他们拍视频可能会到国外去，拍视频没有问题，但是如果在国外直播是不被允许的。

### （八）禁止枪支直播出镜

曾经网络上一个达人拍了一个户外 CS 的短视频，视频中有仿真枪出镜，然后这个账号就被封禁了。

### （九）禁止直播间截屏抽奖/评论区随机抽奖

这里说的抽奖指随机截屏，然后公布某某中奖。为什么现在抖音禁止这种随机抽奖、截屏抽奖呢？因为很多主播抽奖之后不兑现，只是吸引关注直播间的噱头而已，然后平台就会收到很多投诉。以前这种抽奖玩法是可以的，现在不行了，所以主播在直播间不要做随机抽奖，另外，在视频评论区也不要去引导评论，然后送礼物，因为这种行为和直播间抽奖一样，没有平台约束，活动真假难辨，用户体验不好，导致客户投诉增加。

### （十）禁止使用通用或万能链接

很多主播偷懒或是为了拿到某个产品的授权，用一个授权卖各种其他东西，比如随便上架一件衣服，然后 1 号链接挂 79 元，2 号链接挂 69 元，3 号链接挂 59 元。但其实直播间卖的是护肤品或其他产品，然后引导粉丝拍 1 号、2 号或 3 号链接，这种就很容易被系统检测出违规。

### （十一）禁止在私信中大量群发产品链接

抖音是可以私信的，可以发一些抖音小店或橱窗的商品链接。但是如果大量发布产品链接，也会对用户造成骚扰，然后被系统检测出违规。

### （十二）禁止引导用户好评返现

现在各种电商平台都有这种规定，绝对不能在直播间或私信直接引导用户好评返现。

### 一、实训主题

主播价值体现和包装。

### 二、实训目的

通过分析电商主播形象包装和价值观引导的实训，指导学生学会如何打造主播价值观。

### 三、知识点

主播正确价值观引导和形象包装。

### 四、实训说明

**步骤1** 教师下发任务：分别安排学生包装某一领域电商主播，并完成表7-3。

**步骤2** 各类领域都选择几名学生展示自己的作业，分享主播包装理念。教师对优秀和还有不足的作业进行讲评。

表7-3 主播包装分析表

| 主播特色和个性 | |
|---|---|
| 用户需求分析 | |
| 主播个人价值 | |
| 主播个人形象 | |
| 直播计划 | |

**步骤3** 评价反馈：对结果和相关包装理念进行讨论，教师给出评价，并完成表7-4。

表7-4 实训评价反馈表

| 实训课程（项目名称） | | | | |
|---|---|---|---|---|
| 评价项目 | 主要内容 | 自我评价 | 小组互评 | 教师评价 |
| 实训规范（10分） | 遵守操作规程，不违规操作设备。<br>实训场地的整洁和工具的正确使用。 | | | |
| 实训准备（10分） | 对实训内容有充分的了解和准备。<br>提前收集了必要的资料和信息。<br>对实训所需的工具和材料进行了适当的准备。 | | | |
| 实训项目（50分） | 是否能够独立或在小组内完成实训任务。<br>在实训中是否能够灵活运用所学知识和技能。<br>在实训中的表现，包括创新思维和问题解决能力。 | | | |
| 实训过程质量控制（10分） | 是否能够对实训过程中的关键点进行检查和控制。<br>是否能够及时发现并纠正实训中的错误和偏差。<br>是否能够根据反馈进行必要的调整以提高实训质量。 | | | |
| 实训效果（20分） | 在实训结束后的成果展示，包括完成的任务、制作的成品等。<br>实训目标的达成情况，以及学生对实训目标的理解和实现程度。<br>反思和总结，包括实训中的收获、存在的问题和改进建议。 | | | |

## 任务 7-3　主播 IP 的打造

**知识目标：**
1. 了解主播 IP 的本质与意义。
2. 了解设计主播 IP 的路径。
3. 掌握主播 IP 的打造方法与技巧。

**技能目标：**
1. 能够充分分析主播自身属性并完成主播 IP 设计。
2. 能够策划设计出 IP 打造路径及可执行方法。

**思政目标：**
1. 具备社会责任感，助力优质产业。
2. 树立定位意识以及 IP 打造理念。

### 一、直播降低了个人 IP 化的门槛

个人 IP 本身是有意为之打造出来的，背后是个人长时间的积累，比如头部主播罗某讲的是人生态度，吴某讲的是财经，如此精细化的团队和内容制作门槛很高。文字时代的李某、今某、安某等凭借超强的文字功底成为第一代网红；图文时代的流氓燕、芙蓉姐姐、奶茶妹妹凭借美女图文夺尽眼球；视频时代的胡某、P 某因生产创意性专业视频内容而独领风骚……所有的 IP 化个人都是数量稀少且极其专业的内容生产者（或有极其专业的推手团队）。

直播平台则不同，它不需要高门槛的内容生产，也不需要专业酷炫的内容剪辑，内容甚至可以是信手拈来（当然，想要在一众主播中脱颖而出仍必须要精细化生产内容），但如果个人想小成本小范围收获影响力，直播无疑是门槛最低的。

在直播平台上，是否是白富美高富帅、声音是否动听等传统评价方式仍然有效，但更为重要的是偶像养成计划开始起效，有特点的个人开始崛起。如果某人碰巧"有貌有脑"，那在直播平台崛起只是时间问题，即使不能为广大圈子所熟知，在直播平台中仍然能成为一个圈子内小有名气的达人，而这个达人的特点不一定是多么漂亮，重要的是代表了粉丝，满足了粉丝的心理认同。

对粉丝而言，重要的不是主播讲什么内容，而是内容是否能体现主播特质，主播是否能与"我"相关联，让一个高高在上的 KOL 变成可触及的人，而且这个人与我相关。粉丝有钱可以打赏，没钱可以互动评论和点赞，都能帮助主播上热榜，都在主播成长的过程中扮演重要的角色。

例如，电竞第一主播的 M 某相貌完全不出众，某些直播时段甚至相当无聊，如有一次她直播翻微博评论每条信息，还直接显示自己的直播界面，造成视频框套视频框的怪异风格，但凭借电竞技艺的加持，粉丝仍然疯狂追捧，其影响力已经超越某些明星。

说到明星与粉丝的交互，做得最好的无疑是 akb48 组合。制作人秋某将一个娱乐公司造星的流程变成了一种"台上演、台下看、台下反馈决定台上出演"的双向传播，将偶像的出道、成长、爆红变成了一种由粉丝决定偶像成长路径和高度的生长机制，偶像的成长全程被粉丝见证，因而粉丝与明星的关系从崇拜变成了"家人"。正如秋某本人所说，偶像是用来见证时代的，akb48 代表着一种新型的偶像，它是一款互动型养成游戏。

直播网站的主播和 akb48 的明星何其相似？粉丝决定主播收入，主播则和粉丝亲密互动，粉丝推动主播上热榜，主播则用好友聊天式的娓娓道来，一次点赞、一次五毛钱的礼物都可能获得主播的口头感谢，直播平台强大的交互能力和实时的交互机制对于打造主播影响力来说无疑是最佳渠道。

## 二、主播个人 IP 化

在直播电商时代打造个人 IP 已经成为一种共识，无论是在淘宝、京东、抖音、快手、腾讯还是其他直播平台上，作为主播都必须打造出自己独具特色的个人 IP，个人 IP 其实就是打造一个人设，主动给自己贴上符合自己属性的主、辅标签，通过积累主播与粉丝之间的交流频次与时长，进而产生一种"朋友"的关系，在增加信任感之后，就会消除观众对商品质量、售后的担忧，从而促使观众在最短时间内购买产品。所以，了解主播 IP 知识并掌握设计和打造主播 IP 的路径成为直播带货的核心环节。

（一）什么是主播 IP

主播 IP 是一个比较抽象的概念，也可以被称为个人 IP，它是直播带货的基础。没有主播 IP，直播带货就如同无源之水，很难持续发展下去。那么我们应该如何具象地理解主播 IP 呢？就像我们提到马云，会马上想到阿里巴巴；我们谈到乔布斯，会马上想到苹果，主播 IP 就是主播与观众经过一段时间的交流后，主播个人转化成了一种符号，而这种符号可以代表品质、价值观、生活方式、有效价值等。简单来理解，主播 IP 就是粉丝对主播及其带货产品的评价和印象，这种评价和印象一定是简约、具体、有效、可描述的。

（二）打造主播 IP 的意义

生活或工作中，当我们有某种需求或明确需要哪类产品时，脑中会想起一些特定的品牌，比如想要买运动鞋，我们就会想到李宁、耐克等品牌，想到之后就会去天猫、京东或者唯品会进行搜索选择，最后在旗舰店、自营店或者官方店下单购买，这是传统电商中基于品牌的认可产生的一个成交路径。打造主播 IP 也是期望实现同样的成交路径，即用户需要购买一款产品，就想到了主播，然后会进入该主播的直播间了解产品信息，最后直接下单购买。

个人IP不仅是主播持续发展的驱动力，建立起主播IP更有助于主播实现获取低成本流量、建立与粉丝间的信任、提升圈层高度及持续收益转化的目标。

1. 获取低成本流量

随着目前在互联网上投放广告的成本不断升高，获客的成本也越来越高，已经达到大部分中小企业无法承受的程度，因此，通过建立主播IP打造影响力吸引新粉丝就成为最具竞争力的获客方式。

2. 建立与粉丝间的信任

直播电商的最终目标是为了成交，而成交的核心支撑是信任。主播如果解决了与新老粉丝之间信任的问题，其实就达成了直播间成交转化的目的。之前我们看到的大部分都是传统的冷冰冰刷屏商业广告，但是有谁愿意去查看和关注呢？其实用户更愿意关注和信任一个真实的活生生的人，这也是建立主播IP的价值与魅力。

3. 提升圈层高度

现在是圈层社交的时代，我们所在的圈子决定了我们的高度和人脉，而主播IP的打造是自主地为自己贴上已经设计好的定位标签。定位标签的确立与宣传即在塑造自己的形象与影响力，也就是主播IP。此时的IP就可以成为通行各大圈子的名片，优质的资源就会被吸引过来，从而形成主播IP强化与圈层升级的良性循环。

4. 持续收益转化

盈利的稳定性是一切商业的终极目标。目前盈利能力也正从"短暂收益转化能力"向"持续收益转化能力"转变。仅能单次成交收益转化已经成为大部分企业需要突破的难题，而主播IP的打造更是与粉丝建立了情感的链接，增加了双方的黏性，从而实现了因为信任而产生的全空间、全时间的经济价值。以前用户购买产品会选择对应产品群中最优秀、最具性价比的品牌，现在因为主播IP的成功建立，用户会选择购买主播推荐的大部分产品。人类对产品的需求会一直存在，而主播IP就是针对性地以用户需求为出发点，基于情感链接而建立了持久的供需关系，实现了持续收益转化的终极目标。

### 从行业的眼光来看主播IP化

个人价值的IP化其实在多年前就成了一个社会现象。2006年前后，中国电视选秀节目的大热诞生了一批观众投出来的草根明星。不过，在那之后，随着传媒业的整体变革，电视选秀显得中气不足，无论是歌手、舞蹈、辩论，都很难再现当年的超女现象。

主播IP化是个人价值在网络经济时代获得的一次重估。它的成因也来自于在注意力经济时代，人们希望能够创造出更多的"注意点"，创造有别于"高高在上"的娱乐圈的另一种娱乐文化。

从行业的眼光来看，主播IP化是直播行业发展的一个必然趋势，也是整个主播产业去芜存菁的一个必然选择。

（来源：https://zhuanlan.zhihu.com/p/31854295）

想一想：你认为主播IP化有什么好处？

### （三）如何设计主播IP

主播IP的设计包含对主播自身特性、资源整合能力、用户画像三个核心问题的分析。首先，气质、兴趣、能力、经历都属于主播的自身特性；资源整合能力是指主播或团队对产品供应链的谈判及掌控能力，简单理解就是我们的人脉圈在哪里，可以找到哪些具有竞争优势并能稳定供应的产品；以客户为中心是所有企业都在遵守的价值观，在主播IP设计中也一样，除了思考主播自身特性和我们的供应链能力外，还需要研究用户。因为需求市场决定了供方是什么样子，所以我们需要精准描绘出用户画像。

1. 分析主播自身特性

观察气质、挖掘能力、顺应兴趣，每个人都有自己独特的特性，主播IP的设计不是创造而是挖掘主播自身的特性，并进行相应的放大与包装。主播自身特性直接影响了主播IP的定位，如果让农民伯伯带货彩妆，那结果可想而知。

2. 盘点周围资源

在分析完主播自身特性后，我们可以确定出适合主播带货的方向，比如某位主播，护肤美妆和服装都符合她的特性，此时就要考虑这位主播或者其团队是否拥有对应的产品供应链资源，假如只有服装的产品供应链资源，那主播的IP定位就可以初步定在服装行业。也就是说，通过分析主播的自身特性我们得到了可能适合主播带货的品类，然后根据周围资源的情况确认哪些品类具备带货的条件。

3. 用户画像分析

用户画像就是根据用户的基础特征、社会特征、偏好特征、购买特征等信息，形成无数个标签化的用户描述。在收集好用户的以上信息后，我们将用户的各种特征标签化，再通过整体描述及分析，就能快速地挖掘到用户的痛点，从而准确地反向为主播IP定位提供重要依据，如图7-16所示。

在做出用户画像之后，我们就可以参考画像做出主播差异化的定位。在这之前，除了要考虑我们可以触达的用户特征外，还要考虑主播的形象是否切合目标用户的特征。如果主播的形象是宝妈，那周围一定会有很多的宝妈群体或者粉丝，假如宝妈带货膨化食品，

图 7-16 标签化用户特征描述分析

这既不符合目标群体的需求，也不符合宝妈的身份，因为膨化食品对儿童健康没有帮助，大部分家长都会控制孩子吃膨化食品的频次。

在主播 IP 设计过程中，"主播自身特性、资源整合能力、用户画像"并没有绝对的前后顺序，想要做好一个主播 IP 设计，这三部分内容需要有主次地应用在所有环节当中。

### （四）如何打造主播 IP

当主播 IP 设计完成后，如何把 IP 内容多维度地传递给用户并让对方认可呢？这个其实就是打造主播 IP 的路径和方法。我们先来看一下主播 IP 形成的本质到底是什么：主播通过各种方式在各种渠道宣发自己的 IP 内容，在受众体验其产品或服务后给予的评价总量形成的影响力就是主播 IP 建立的本质。通过主播 IP 形成的本质，我们可以看出主播 IP 的形成包括两个大的环节，分别是"宣发"和"反定位"。

**1. 宣发**

首先，为什么需要宣发？因为用户不会主动帮我们总结，所以我们希望用户对我们有怎样的印象，就要主动把这些内容告诉或展示给他们，让他们记住并作为谈资传递给他人。那么，我们到底要宣发什么具体的内容呢？主播 IP 又由哪些内容模块构成呢？以上两个问题其实是同一个答案：我们需要宣发的内容是基于主播"价值定位、产品定位、内在定位、形象定位、环境定位"五大模块延伸出的"昵称、核心定位标签、自我介绍、IP 形象、IP 主张、IP 故事"六种传递方式。

**1）五大基础模块**

价值定位：是指可以为用户提供的有帮助的产品或服务，比如"15 天让你成为直播电商行业专家"，就是一句话描述自己是做什么的、能为对方带来什么价值的价值定位宣发。

产品定位：是指通过什么产品为用户带来了价值，比如价值定位为"15 天让你成为直播电商行业专家"的关联产品定位就是"直播电商培训课程"，其实也就是我们选择的产品。需要注意的是，产品定位和价值定位需要保持一致，具有相关联性。

内在定位：可以理解为人设，是主播 IP 建立很重要的内容。我们可以通过"人设"来控制我们留给观众的印象，从而影响观众对我们的评价和行为。比如作为直播电商培训课程的企业教师人设就应该是博学、身经百战、能言善道、干练、拥有激情、意志力坚定等。

形象定位：是指穿着、妆容和行为动作。观众对我们的第一印象大部分来自视觉，也就是说形象定位直接决定了观众看到你的第一眼是否对你有好感。比如教师在授课中穿着要得体，不能穿拖鞋、背心或短裤等不符合场合及形象定位的服装。

环境定位：是指我们适合出现在哪些环境中，比如作为企业教师出现在酒吧，虽然可以理解，但是一旦被传播出去，企业教师的形象就会受到比较大的冲击，造成不良影响。环境定位其实也为我们选择图片素材提供了很好的参考依据。

2）六大方式

宣发中除了需要完成内容创作外，还需要找到与用户的接触点，即以什么样的方式把 IP 内容呈现给用户。在用户了解我们或者我们向用户介绍自己时，我们不会和用户说我的内在定位是博学和身经百战，更不会说把环境定位确定为图书馆只是为了赢得你的认可，而是将宣发的五大基础模块内容转化为"昵称、核心定位标签、IP 形象、IP 主张、IP 故事、自我介绍"六大接触方式的内容。

昵称：就是我们叫什么，我们希望用户如何称呼自己。昵称没有特殊的要求，不过也要满足以下四个特征：有特点、别太长、易记忆、人如其名。其中人如其名是指昵称要与主播形象相匹配，如一名带货农副产品的大叔就不能叫花开，当然使用自己的真实名字也可以，但是也要尽量满足优秀昵称的特征。

核心定位标签：是主播 IP 设计的主要内容，也是价值定位，如：幸福一刻，课间的美味零食；早晚一杯，好奶给孩子健康多一点保障；15 天让你成为直播电商行业专家等。

IP 形象：是穿着、妆容、行为、人设及环境定位的综合呈现，主要体现在主播在直播时的直播间风格、个人装扮和行为等方面。

IP 主张：是指主播坚持的一个原则，比如倡导售卖原切牛排，抵制含有添加剂的合成牛排。通过 IP 主张的宣发有助于用户更加信任我们。

IP 故事：是指讲出自己做这件事的理由、支撑点和共鸣点。故事中会包含过往经历，来表明自己可以做好目前定位的领域；融入由失败到成功的逆袭和对于机会的把握等经验来引起用户的共鸣，也是我们从事这个行业的理由。一个好的故事可以快速赢得用户的认可和信任，也可以达到自传播的效果。

自我介绍：是"昵称、核心定位标签、IP 形象、IP 主张、IP 故事"的内容集合，也是直播欢迎阶段主播主要展现的内容。另外，每个直播平台的账户都需要设置头像、昵称、个性签名、背景墙及发布动态，等等，它们分别对应了 IP 形象、昵称、核心定位标签 + IP 主张、IP 形象、IP 故事等内容，两者的对应结合最大程度且多次曝光了主播 IP 内容，也方便用户可以自主搜索账号了解主播的详尽 IP 信息。

3）常态化内容输出

除了静态内容的持续重复输出，还需要有动态的内容输出。动态的内容一般会穿插在直播各个环节作为与粉丝互动的内容，即和粉丝聊聊自己最近的工作、生活和学习中发生的有意义的事情。此外，这些内容也可以作为粉丝运营的素材出现在朋友圈，丰富的内容结合常态化的稳定输出，一定可以帮助我们打造一个鲜活的人设，服务于 IP 的打造。其中常态化是指每天 1~3 条的内容输出，稳定是指内容质量和类型要尽量保持一致。

4）IP 输出的原则

在主播 IP 宣发中，需要遵循四个原则——持续性、稳定性、预期内、多渠道。持续性是指 IP 输出需要持之以恒，不能短时间内没有效果就马上放弃；稳定性是指输出的 IP 内容质量不能忽好忽坏，也不能跨越性太大；预期内是指输出的 IP 内容要符合用户的期待和评判标准；多渠道是指要借助全网的新媒体平台进行 IP 内容的输出，以增加曝光机会，并作为信任背书。

有关主播内容及其输出可以参考图 7-17。

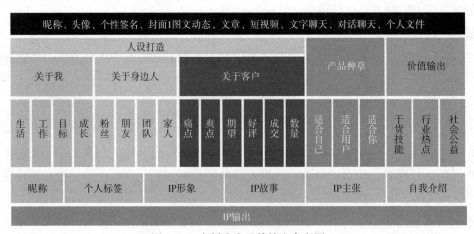

图 7-17　主播内容及其输出参考图

## 2. 反定位

反定位是指我们宣发自己的定位后，用户是否认可我们定位的行为与过程，即用户了解我们之后对我们的定位。IP 内容成功宣发为 IP 建立提供了坚实的基础，只有当 IP 内容得到了用户的认可，主播 IP 才算真正建立。因此，IP 是赢在成交之后，这里的成交可以泛指"下单、入群、关注或知道"等关键性动作。成交之后我们与粉丝建立了初步的链接，但此时粉丝对我们 IP 的认知仅仅停留在知道的层面，想要赢得粉丝的认可，产品、服务和人设就要经得起考验。在多次体验过产品或服务之后，用户才会对我们做出中肯的评价,这种评价不只是好评,更多的是代表了用户转介绍的概率大小,换句话说就是主播 IP 影响力的增加速度。因此,想要打造优质的主播 IP 是需要售后服务支撑的,也可以理解为我们经常讲到的粉丝运营与维护。

### (五)主播 IP 在直播中的应用

主播 IP 对于直播来说是很重要的一部分内容。首先,在整场直播中,主播 IP 要间断性地重复传递给直播间的粉丝,从流量转化能力角度来看,单场直播带货属于短暂流量转化能力,而主播 IP 的打造属于持续流量转化能力,所以单场直播带货与 IP 内容传递的协调统一就成为直播电商可持续发展的重要工作内容。一般情况下,主播的昵称、核心定位标签和 IP 主张可以每 10~15 分钟重复一次,而 IP 故事和自我介绍的展示每场直播有 1~2 次即可。

其次,为了让直播间粉丝更快地记住主播的 IP 定位,我们要把 IP 内容融合到与粉丝的互动中。比如有奖问答,就是在自我介绍结束后让粉丝回答自我介绍中提出的问题,这样粉丝就会比较用心地听和记。再比如截图留言抽奖,即让粉丝在评论区打出主播的昵称及核心定位标签,然后随机截图抽取幸运粉丝。以上做法有助于粉丝深度了解主播,成为忠实粉丝,为主播 IP 的打造插上翅膀(图 7-18)。

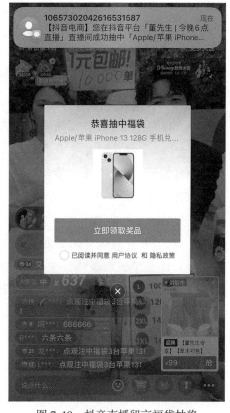

图 7-18 抖音直播留言福袋抽奖

最后,主播 IP 与直播间产品可以相互赋能,简单理解就是互相借力。如果一场美妆直播中我们带货了知名品牌的口红,此时产品就可以为主播的 IP 赋能,帮助主播充分地提升 IP 形象,赢得粉丝更深度的认可;如果直播中我们带货了一款性价比很高但是品牌较弱的产品,此时主播 IP 就可以为产品赋能,解决产品没有品牌知名度的问题,提升产品在直播中的销量。

### 差异化 IP 助力新农人主播破局

2021 年抖音发布的"三农"数据报告显示,农村视频创作者实现收入同比增长 15 倍。与其他类型的创作者相比,自身拥有产品、靠近产品的新农人们在收益转化上有着天然的优势。但更多的数据表明，新农人短视频收益转化效率较低。由于门槛低、品类单一、同质化竞争等因素，加之农业领域限制多，造成"三农"自媒体账号收益转化较为困难的局面。

面对困境，打造差异化品牌IP或许是"三农"短视频账号成功破局的"金钥匙"。这一解决路径也能在抖音新农人Top20榜单上找到答案。在抖音新农人Top20榜单中，粉丝量越多，排名越靠前的大V，其更在乎品牌IP化的塑造。我们可以蜀中"桃子姐"为例来具体分析。

"桃子姐"通过打造个性化IP品牌，开设多家淘宝店铺，成立了自属的食品工厂和相关的传媒公司，并以短视频内容为主，开启了全产业链收益转化之路。旗下钵钵鸡调料、火锅调料、兔肉等一系列带有鲜明个人特色的产品火爆全网，成为网红食品。

"桃子姐"所在的自贡荣丰科技发展有限公司也成为当地的领军企业，她以一人之力带动公司实现营收2亿元，带动县域产品外销，为当地电商注入活力，促进当地人员就业，引领全县农业产业化发展，推动小农经济走向数字化、集约化、标准化生产，深度契合了国家乡村振兴发展战略。

"三农"短视频带货的兴起正在形成示范效应，吸引和带动着更多人才返乡创业、扎根农村。这些掌握短视频、直播技能的新农人，成为了联农带农的载体，推动着农村一、二、三产业融合发展，成为乡村全面振兴一股关键力量。新农人们正站在时代的黄金风口上，相信不久的将来，新农村、新农业也将迎来崭新的面貌。

（来源：https://baijiahao.baidu.com/s?id=1732043873695821126&wfr=spider&for=pc）

新农人主播应加强输出多元化优质内容，吸引更多的粉丝流量，并结合传统文化和当地特色农产品，立足于生活现实，形成鲜明的品牌IP，拓宽收益渠道，进一步提升收益转化能力，并把个人发展与乡村发展纳入协同进步的路径。

### 三、IP化个人是在粉丝互动中形成

传统的个人化IP因渠道本身缺乏与用户交流的工具，大部分IP化个人的品牌建设却并不深入，粉丝基础相对薄弱。例如，某位时尚博主通过社交媒体发布内容，虽然初期吸引了较多关注，但由于她的互动方式局限于单向传播，没有有效利用直播、社群等工具与粉丝保持互动，导致粉丝活跃度下降。最终，当她试图通过个人品牌推出商品时，受到了冷淡的市场反应。这说明，个人IP要想成功实现收益转化，需要与粉丝保持长期有效的互动和沟通。

直播中的互动机制无形中强化了打赏过程，众多的粉丝为了获得主播的注意、口播、

加微信特权或者连麦机会,不惜挥金如土,而这样的互动机制无论对于主播还是用户而言都是大有裨益的。这样的机制其实也是罗振宇线下讲座和会员活动得以大受追捧的原因,粉丝需要的是一个和偶像近距离接触的机会,为了这样的机会付出些许成本是非常容易的。

直播的打赏与受赏过程并不重要,重要的是在这一过程中粉丝和偶像形成了一种交互,进而衍生出一种更为牢靠的关系,这样的交互是线下活动所不能具备的。明星或作家的签售会,本质上也是和粉丝发生面对面的关系,这样无疑会加深二者的关系,特别是粉丝对明星的关系。

直播过程相对随意,主播并不是高高在上,变成了触手可及的普通人,而直播内主播均是生活化的场景。这样的情形下,主播的个人特质更加明显,更倾向于本色,所以直播平台几乎出现了百花齐放的风格,有的嘴毒,有的可爱,有的颜值,有的搞怪……千篇一律的 IP 化打造工厂失效了。

### 一、实训主题

打造主播个人 IP。

### 二、实训目的

通过检索和分析垂直 IP 基础知识与打造技巧、IP 要点提取、全方位人设信息管理,培养学生人设打造、表演呈现的实操能力,同时塑造有领导潜能的学员对直播团队的调度与管理能力。

### 三、知识点

主播 IP 的打造。

### 四、实训说明

**步骤1** 教师下发任务:4 人一组,通过网络检索,选择一个垂直细分领域进行直播分析,将检索和分析得到的主播个人 IP 打造内容填入表 7-5。

表 7-5 主播个人 IP 打造内容

| 外在形象 | |
|---|---|
| 主播风格 | |
| 内容 IP | |

**步骤2** 每小组选派一名代表分享自己小组的检索和分析成果。

**步骤3** 评价反馈：对检索和分析结果进行讨论，小组互评、教师给出评价，并完成表7-6。

表7-6 实训评价反馈表

| 实训课程（项目名称） | | | | |
|---|---|---|---|---|
| 评价项目 | 主要内容 | 自我评价 | 小组互评 | 教师评价 |
| 实训规范（10分） | 遵守操作规程，不违规操作设备。<br>实训场地的整洁和工具的正确使用。 | | | |
| 实训准备（10分） | 对实训内容有充分的了解和准备。<br>提前收集了必要的资料和信息。<br>对实训所需的工具和材料进行了适当的准备。 | | | |
| 实训项目（50分） | 是否能够独立或在小组内完成实训任务。<br>在实训中是否能够灵活运用所学知识和技能。<br>在实训中的表现，包括创新思维和问题解决能力。 | | | |
| 实训过程质量控制（10分） | 是否能够对实训过程中的关键点进行检查和控制。<br>是否能够及时发现并纠正实训中的错误和偏差。<br>是否能够根据反馈进行必要的调整以提高实训质量。 | | | |
| 实训效果（20分） | 在实训结束后的成果展示，包括完成的任务、制作的成品等。<br>实训目标的达成情况，以及学生对实训目标的理解和实现程度。<br>反思和总结，包括实训中的收获、存在的问题和改进建议。 | | | |

# 任务7-4 主播流量转化能力的提升

**知识目标：**

1. 了解主播流量转化能力的具体内容。

2. 掌握主播IP化流量转化的渠道方法。

**技能目标：**

1. 能够生产满足用户需求的直播内容。

2. 能够利用IP化提升流量转化能力。

**思政目标：**

培养脚踏实地、践行实干和奋斗精神。

## 一、生产满足用户需求的内容

直播在内容生产上拥有远比传统视频、文字平台更多的优势,一方面直播降低了内容生产门槛,改变了内容生产方式,另一方面是实时交互的增加让内容生产更契合用户需求。

### (一)降低内容的生产门槛,改变生产方式

从内容生产上看,一方面,直播降低了内容的生产门槛,改变了内容的生产方式。传统的内容生产模式是精细化、标准化的流水线式产出,背后的生产逻辑几乎是一致的。用各个角度的拍摄剪辑成一个看起来是精品的作品,耗时长且难以根据市场的反馈进行优化。很多电视剧一推出市场就只能听天由命,即使有些电视剧根据播出过程用户的观看反馈而拍摄后期的情节进而达到符合消费者预期的效果,但这对整个团队都是极为困难的,这也是为什么到目前为止边拍边播模式仍然不能得以大范围推广的原因(图7-19)。

图7-19 电视剧《彩虹》拍摄现场
(资料来源:搜狐)

直播则无须花费大量的时间,只要一台手机(电脑),就可以产生内容,而内容本身可以多样化,除了复用传统平台所涉及的精细化内容,直播还包罗了旅行、脱口秀、技能展示,甚至聊天式的拉家常等更广泛的内容,人人都可以是主播,人人都可以产生内容,

再小众的内容需求都可能在主播的实时模式下得到，再小众的内容输出都可能在直播平台输出并收获粉丝的支持。

主播每一期直播基本都是实时的（如果不算平台为内容监管而设置的滞后时间），主播可根据热点事件定制内容主题，当紧急事件发生后，主播确定直播主题后即可进行内容输出，这无疑加快了信息的传播速度。比如和颐酒店事件爆红当天就有用户到酒店进行直播，而传统电视媒体介入晚了近一天，类似逻辑思维想要介入则至少又是在半个月甚至更长的时间。

未来直播平台下人人都是记录者，央视等主流媒体接入直播源做素材联通重大事件的当事人获得第一手资料或许就在眼前。直播的内容生产方式尽管不是受到推崇的众包或者分享经济模式，但和二者在本质上是一致的，那就是发挥个人的价值，将其积累起来形成新的势能。这或许和1024文化异曲同工，人人都是内容消费者，但又都是内容生产者。

（二）实时交互的增加让内容生产更契合用户需求

交互的增加让内容生产更契合用户需求。直播不仅大大加快了内容的更迭和调整，同时按需定制也成为可能，主播甚至可以根据自身特质去寻找受众，同时根据受众的意愿定制内容就更容易和快速了。直播过程中的交流也可能产生新的内容，在实时的一问一答互动中，内容会一定程度地脱离原有的规划，思想的交融就会在多对多的方式中产生，每个参与的用户都是内容生产的助力。

并且，直播的内容生产方式更接地气。直播的内容在某些情形下并不是内容越专业、越有价值越能获得用户的青睐，临场表现同样是重要的内容。众所周知，JY的LOL技艺高于小智，但小智的临场表现高于JY，这就带来小智的身价高于JY50%，达到1 500万。

## 二、为用户无聊时间提供更优解决方案

马斯洛说，人有五层需求（图7-20），当基本的生理需求和安全需求被满足之后，人们就需要爱、关注、尊重。而对于伴随着互联网成长起来的独一代来说，关注和爱已成为最重要的生活部分，多角度全方位地调动身体去尝试新鲜事物，直播无疑是目前迅速且高效的沟通解决方案，通过声音、图像、实时交流反馈、激励PK的机制调动用户全部注意力，这也是最能打动年轻用户的地方。

互联网的发展又何尝不是向着实时化、移动化的方式转变呢？从BBS到博客、视频、微博、直播以及移动化浪潮带来的移动互联网兴起，都是在向实时、便捷的方向转变。正如腾讯那句广告词，我要的现在就要，这就是年轻用户选择直播的原因之一。

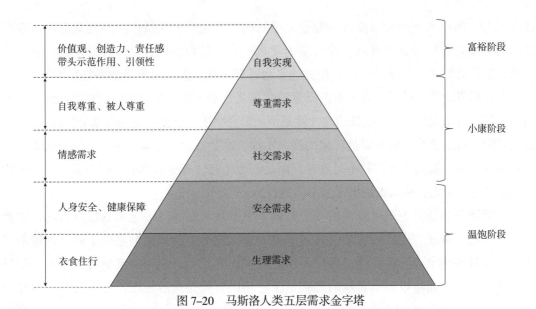

图 7-20 马斯洛人类五层需求金字塔

直播同样是最佳的消耗无聊时间的解决方案，直播正是目前解决无聊的方案，而且还是免费的。在解决用户无聊时间的方式中，具备互动性的实时视频平台无疑是最能调动用户的。在直播平台可以让中意的主播回答自己的问题，双方互动，送出些许礼物就能让主播说一句谢谢或者爱你，并念叨自己的名字，何乐而不为？

akb48 的宅男粉丝们为了和偶像一次握手会不惜一次买下数千张唱片，这样的粉丝在直播中同样不少见，因为无聊而将直播当成解决方案的用户会越来越多。韩国少年金某，每天直播吃晚餐的过程，一个晚上平均可挣 11 000 元。《Her》中孤独的作家西奥多爱上计算机操作系统的女声萨曼莎的事情恐怕已经在上演，只不过西奥多爱上的是虚拟人物，而直播观众爱的是屏幕另一端的主播而已。

在无聊需求之外，用户的窥私、猎奇等需求同样也可在直播平台得到较好的解决。直播平台的兴起为观看他人生活的人找到了一个出口，光明正大地"偷窥"另一个城市或者国家的陌生人的生活成为某些人乐此不疲的爱好。

## 三、IP 化流量转化渠道更通畅

无论是对于 IP 化的个人还是企业，流量转化方式都是绕不开的一道门槛。尽管资本的追捧已经不在意企业目前的盈利水平，但投资的仍然是未来的盈利能力，没有流量转化渠道和方式的 IP 也没有任何商业价值，这也是视频媒体从广告模式转向会员模式的原因之一。

从某种意义上说，头部主播 P 某之所以这么火热，罗振宇赋予其的"新媒体第一可合作红人"的噱头下的较高溢价的商业流量转化方式也是一大诱因。与之对应的是现在红人的流量转化途径乏善可陈，像雪梨的卖货模式、猫力的代言模式都是少数，剩下的全部只是广告模式，但单一的广告模式连平台都养不活，怎么可能养活一群群网红呢？

直播则借助秀场模式开启了新的流量转化方式，平台签约让金字塔顶部的网红得以吃肉，头部主播M某的3年1亿签约虎牙就是例证。金字塔下是公会签约有基础的收入保障，底层是用打赏来进行影响力流量转化的广大主播，这个流量转化渠道是在主播影响力氛围下带动的。网红最大的价值并不是流量，而是心理唤起——唤起你的不同自我，让你短暂地变成另外一个人，从而表现出完全不同的行为。

直播和秀场是天生不可分割的一个整体，以游戏起家的直播越来越接近秀场，或者说秀场模式直接成为直播的地基，9158模式在带来内容监管风险的基础上同样也带来了快捷的流量转化渠道。在直播过程中的用户打赏机制就是最快速的流量转化渠道，实时并且可交互，主播可以根据粉丝的打赏情况评估内容的受欢迎程度，也可根据打赏和观众数评估自己的受欢迎程度。

网红直播的流量转化价值可能有两类人群更能说明。淘宝C店销量第一、微博粉丝200万的是网红张某，她于2016年4月20日在映客进行首次直播，一小时进账5 000元，吸粉13万。众多的专业级演员艺人进驻直播，本山传媒旗下艺人、选美小姐冠军（如香港小姐冠军李玲玉）、网红和专业演员进入直播行业并不是玩票性质，而是长期的固定状态。

**虚拟主播的流量转化能力有多强?**

元宇宙经济浪潮下，虚拟主播对于大家已经不是一个陌生的领域。从2016年11月绊爱的诞生，由真人扮演的虚拟偶像开始出现在大众视野，在绊爱火速走红的带领下，无数团队和个人开始复制绊爱的走红之路，虚拟主播的征程由此开启。

根据2022年3月8日乐华发布的招股书显示，由虚拟主播团体A-SOUL为主要增长点

图7-21　虚拟主播Vox一小时直播打赏金额超100万元

（资料来源：网易）

的泛娱乐收入在2021年达到了3 790万元。另外，根据darkflame数据显示，最近三个月，每个月都有十名左右B站虚拟主播礼物收入月流水超过50万，统计范围内虚拟主播每个月礼物收入总流水在6 000万~7 000万元。

看到虚拟主播带来的巨大市场，流量平台纷纷开始布局虚拟直播，对虚拟主播进行流量扶持。至今，已经有很多虚拟主播在不同的平台上获得了粉丝的喜爱，抖音、快手、B站、虎牙直播等各大流量平台百花齐放、争奇斗艳（图7-21）。

（来源：https://mp.weixin.qq.com/s?__biz=MzAxMjE2NDM5NA==&mid=2650335440&idx=1&sn=6c1d66de144a1880b1f8c91eec53ae6d&source=41#wechat_redirect）

想一想：该如何做好虚拟主播赛道？

### 税务大数据精准监管直播行业税务问题

近年来，电商直播快速崛起，税务部门也在切实加强对新经济新业态的税收监管和规范。在显露监管有力的同时，"大数据"一词被反复提及，已成为新兴业态税收征管的重要手段。

此前，杭州市税务局稽查局有关负责人在介绍"薇娅一案"时明确指出，经税收大数据分析评估发现的黄薇存在涉嫌重大偷逃税问题。不难看出，税务大数据已越来越成为税务治理中的重要工具，也为税务监管精准化提供助力。

税收大数据的优势在于能够明晰企业数据之间的勾稽关系，同时从整体查看企业数据。有时候单看个别指标是看不出来问题的，而从整体的角度就能了解企业的实力、当期获得收入的潜力，例如未来能获取的现金流与现在所拥有的收入资产之间具有关联关系。

以网红主播为代表的直播经济就是比较典型的数字经济。网红主播获取的收入，包括打赏、销售提成、坑位费、直播间销售量等，都是能够看到底层数据的，由此便可知道主播的收入和成本费用，从而进一步发现相关问题，解决相关问题。

在新兴的经济业态中，大数据治理的效果明显正是因为这些新兴业态都是用数据驱动的，即为数字经济。网络主播通过各种手段偷逃税，严重侵蚀了国家财政收入，损害了社会的公平正义，会拉大贫富差距，直接影响到共同富裕的实现，损害国家宪法和税收法律的权威。无论以后身处哪个行业，我们都要有依法纳税的意识，遵守国家法律法规，依法履行纳税义务。

## 实训环节

**一、实训主题**

直播流量转化模式。

**二、实训目的**

通过检索和分析直播流量转化五大模式，了解每种直播流量转化模式的具体内容和特点。

**三、知识点**

直播流量转化模式。

**四、实训说明**

**步骤1** 教师下发任务：4人一组，通过网络检索，直播1.0到直播4.0各阶段的模式，并将结果填入表7-7。

表7-7 直播流量转化模式具体内容和特点

|  | 具体内容 | 模式特点 |
| --- | --- | --- |
| 带货模式 |  |  |
| 企业宣传 |  |  |
| 打赏模式 |  |  |
| 承接广告 |  |  |
| 内容付费 |  |  |

**步骤2** 每小组选派一名代表分享自己小组的检索和分析成果。

**步骤3** 评价反馈：对检索结果进行讨论，小组互评、教师给出评价，并完成表7-8。

表7-8 实训评价反馈表

| 实训课程（项目名称） | | | | | |
| --- | --- | --- | --- | --- | --- |
| 评价项目 | 主要内容 | 自我评价 | 小组互评 | 教师评价 |
| 实训规范（10分） | 遵守操作规程，不违规操作设备。<br>实训场地的整洁和工具的正确使用。 |  |  |  |
| 实训准备（10分） | 对实训内容有充分的了解和准备。<br>提前收集了必要的资料和信息。<br>对实训所需的工具和材料进行了适当的准备。 |  |  |  |

续表

| 实训项目<br>（50分） | 是否能够独立或在小组内完成实训任务。<br>在实训中是否能够灵活运用所学知识和技能。<br>在实训中的表现，包括创新思维和问题解决能力。 | | | |
|---|---|---|---|---|
| 实训过程质量控制（10分） | 是否能够对实训过程中的关键点进行检查和控制。<br>是否能够及时发现并纠正实训中的错误和偏差。<br>是否能够根据反馈进行必要的调整以提高实训质量。 | | | |
| 实训效果<br>（20分） | 在实训结束后的成果展示，包括完成的任务、制作的成品等。<br>实训目标的达成情况，以及学生对实训目标的理解和实现程度。<br>反思和总结，包括实训中的收获、存在的问题和改进建议。 | | | |

# 8 项目8 淘宝直播

## 课程导入

　　直播带来的巨大流量冲击,势必为各行业的商家带来更好更高效的营销方式。淘宝直播,作为中国领先的电商平台之一,已经成功地将直播技术与电商销售结合起来,创造了一种全新的购物体验。它不仅为商家提供了一个展示商品和与消费者互动的新舞台,也为消费者带来了更直观、更互动的购物方式。在本章节中,我们将探讨淘宝直播的运作机制、营销策略以及收益转化方法,帮助您构建起一个完整的直播电商知识体系。

1. 淘宝直播认知。
2. 淘宝直播实施。
3. 淘宝直播收益转化。

# 任务 8-1　淘宝直播认知

**知识目标：**
1. 了解淘宝直播。
2. 掌握淘宝直播发展历程。

**技能目标：**
能够对淘宝直播的发展历程进行分析。

**思政目标：**
培养学生对淘宝直播的正确认知，创建良好的直播环境。

## 一、萌芽期

在淘宝成立的第 13 个年头，阿里巴巴确定了淘宝未来的三大发展方向：社区化、内容化、平台生活化。这意味着淘宝正试图从一个购物平台走向内容生产平台和消费社群。淘宝为此已经做了很长时间的准备，无论 2013 年上线的微淘，2015 年推出的生活消费资讯平台淘宝头条，还是 2016 年的淘宝直播，都是在摸索铺路。

现为淘宝内容生态事业部总经理的闻仲曾是淘宝直播的参与者之一，当时他和团队正在运营淘宝达人，每天想的都是怎样挖掘达人更多的潜能。"让达人来直播"是大家一致赞同的方式，本身达人就活跃在微淘、淘宝头条等淘系生态链中，通过内容生产与用户进行连接，在大家看来，直播则会让彼此的互动更为简单直接。

2015 年"双 11"过后，针对淘宝直播的研发被提上日程，很快首个内部测试版本在 12 月底完成。次年 3 月，功能较为完善的产品上线，进入试运营阶段。差不多时间，斗鱼 TV 对外宣布获得腾讯领投的 B 轮超 1 亿美金融资。

2016 年 4 月的网红 P 某广告拍卖算是淘宝直播受到的第一个高峰关注（图 8-1）。淘宝直播上线 100 天时，官方邀请了李某、陈某等明星直播。这一天，淘宝女装店主张某还以红人店主身份为自己的店铺上新代言直播。2小时内，张某为自己的店铺"吾欢喜的衣橱"赚了2 000万元。

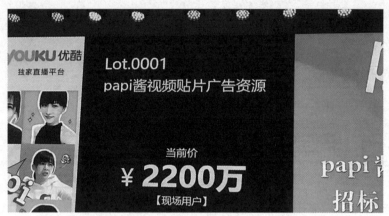

图8-1　网红P某视频贴片广告拍出天价
（资料来源：搜狐）

另一边，某美妆品牌在纽约新品发布会中，借助天猫直播，与明星一起，实现了两小时卖出1万支口红的记录。当时，天猫直播和淘宝直播还是相互独立的两块业务。

事实上，刚刚开始推出淘宝直播的闻仲也不太清楚在电商平台的直播能够走怎样的一条发展道路。一边"求着"主播到淘宝进行直播尝试，一边探索电商直播的发展路径。直到2016年9月后淘宝直播进入到一个相对均衡期，终于有主播自发地开始到淘宝进行直播。

## 二、认可期

2017年2月，淘宝直播和天猫直播宣布合并，两块业务完成打通。闻仲透露，2017年淘系直播做生活消费类直播的定位不会变，但2017年会在内容、流量、玩法三大方面进行升级。

电商头部达人李某便是在这个时期成长起来的。刚开始直播的电商头部达人李某经常面临直播间观看人数只有几百人的窘境，这让他一度产生想要退出直播的念头。网络流传的说法是，2017年初淘宝有意扶持男性主播，因此电商头部达人李某获得了3天的流量推荐位，一场直播下来粉丝暴涨10倍，突如其来的惊喜成了他继续做下去的动力。2017年淘宝直播一周年盛典上，电商头部达人李某在微博写道：2017年，我一定要努力拿到直播大满贯。

内容方面的升级表现在PGC制作者会将电视栏目的制作经验移植到直播内容的生产，同时会更注重互动，而红人同样会提升专业化能力，注重直播内容的设计、脚本写作等。

2017年8月,湖南卫视主持人李维嘉发了一条微博:"维嘉买世界!简直搞事情!哈哈哈哈哈!"为他与淘宝直播合作的节目《维嘉买世界》做宣传。到了11月份,已经有60多档节目在淘宝直播开播,包括吴宗宪的《宪在出发》、黄子佼的《今晚佼点》、杨乐乐的《乐享生机》、冉莹颖的《脱颖而出》。

作为淘内"新生代"渠道,淘宝直播也交上了一份成绩单:2017年"双11"期间,淘宝官方"双11"天团主播组成的600天团主播,累计开播8 032场,共计3.6万小时,中国13.8亿人口平均每人观看10次直播,通过直播引导进店预估数达到7 853万次(图8-2)。这一年夏天,短视频平台美拍在三周年生日会上对外宣布上线"边看边买"功能,试水商业化;6个多月后,西瓜视频在北京举办了首届西瓜PLAY视频嘉年华,表示将在未来一年针对创作者推出"3+X"收益转化计划,其中包括边看边买。短视频在电商收益转化上走出了第一步。

图8-2 2017年"双11"淘宝直播间截图

### 淘宝直播失败案例

主播在重庆,25岁,曾做导购出身,经验丰富,叫卖能力极强,2016年开启直播,经机构挖掘进入淘宝成为主播,首月开启浮现,从美妆试水开播,首月达到场均4k,后发现做美食吃播更容易吸粉,切换第一主类和标签。数据一阵猛涨,场均观看达2.4万,粉丝数到6万。持续增长3个月后,不满足收益,开始接私单和低价产品,刺激转化率增加收益,直播间产品美妆更新比例减少,美妆库存、服饰增多。2017年初主播数据开始急速下滑,从场均3万~4万下滑到7 000~8 000,参加了官方活动的效果不强,开始调整方向,从吃播转回美妆，死粉占比 70%，均低至 5 000，后听说女装涨粉快，又转到服装播尾货，2017 年 4 月违规关闭直播权，后解封数据一直无法上升。

（来源：https://www.esihui.com/33165.html）

想一想：是什么原因导致这个主播的失败？

### 三、爆发期

淘宝直播盛典第二年，电商头部达人李某的淘内粉丝已经达到数十万，并拿到了淘宝直播的 TOP 主播。

一直默默无闻的抖音在 2018 年春节期间成为短视频行业的最大惊喜，与快手一起跻身短视频第一阵营。竞争格局成形，商业收益转化被提上日程。在广告之外，短视频电商收益转化方式成为平台发力的重点。

4 月，快手小范围内测"我的小店"，6 月与有赞合作，推出"短视频电商导购"解决方案，并新增"快手小店"，同时推出"魔筷 TV"小程序，引导用户一键跳转完成购买。5 月，抖音则上线了店铺入口。短视频平台在电商上的涉足，进一步提高了大众对视频购物的接受度。

真正的爆发还需要"双 11"的助力。赶在"双 11"前，快手举办了"快手卖货王"活动，数百名红人通过直播的形式卖货，其中拥有 4 000 多万粉丝的快手红人"散打哥"创造了 3 小时带动 5 000 万元销售额的记录：1 分钟卖了 3 万单价值 19.9 元的两面针牙膏，总销量超 10 万单；十几分钟售出近 10 万套 59 元的七匹狼男士保暖内衣；1 万台售价 658.9 元的小米红米 6 手机秒没……仅 11 月 6 日当天销售额过亿，让外界看到了直播惊人的带货能力。如图 8-3 所示。

淘宝直播的爆发力也开始在"双 11"以实际的销售额显现出来，"双 11"开始后的两小时内，某电商头部达人直播间销售额达到 2.67 亿元，全天直播间销售金额超过 3 亿元。某电商头部达人在与马云的直播 PK 中，5 分钟时间卖掉 15 000 支口红，10 秒钟帮助卖掉 1 万支洗面奶。

图 8-3 "快手卖货王"活动销量排名
（资料来源：澎湃）

到 2018 年"双 12"的时候,抖音全面开放了购物车功能(图 8-4)。抖音红人七某"双 12"这天联合 108 个品牌在抖音上进行了一场直播卖货首秀,6 小时直播里总成交额超过 1 000 万元。

图 8-4　抖音开放购物车功能
(资料来源:点三)

淘宝直播自 2016 年成立以来,平台至今已累计超过 500 亿人次观看。根据相关报告数据显示,2021 年度,淘宝直播的人均观看时长增长 25.8%,平台上架货品数增长 53.0%,淘宝直播成交件数增长 16.6%,这也见证了直播电商越发"常态化"地融入消费者的生活。

### 四、出圈期

即使成绩如此亮眼,但淘宝直播不得不正视一个问题,其大众认知度并不高,"出圈"成为淘宝直播的当务之急。

让头部主播在淘宝之外的平台诸如抖音、快手建立声量是其中一步。电商头部达人李某等相继在抖音等平台开通了账号。在《GQ 报道》的《幸存者李某:一个人变成算法，又想回到人》文章中提到，2018年电商头部达人李某被公司要求去拍抖音，跳手势舞，跟着脚本拍专业的粉底测试，但发布一晚上，只有一两百个赞。最后还是老板建议从李某直播回放里剪取一些好片段，才让沉寂的账号一夜走红。电商头部达人李某的迅速出圈，为淘宝直播带来了流量反哺。在"买它"的号召力下，看他的直播下单成为很多人的购买习惯。

"启明星计划"也可以看作淘宝直播拓展影响力的重要一步棋。在2019年7月的发布会上，淘宝内容电商事业部总经理玄德表示，淘宝直播正在尝试一种新的方式来改变明星、粉丝以及商家、品牌之间的关系，截至7月，已有包括李湘、王祖蓝、刘畊宏等在内的超过100名明星加入淘宝直播的"启明星计划"。

明星的粉丝效应和影响力能够帮助淘宝直播跳出自有生态，辐射到更多增量人群。比如李湘直播卖货贡献了多个热搜，热搜背后都是涌进淘宝直播的流量。除了众多明星亲自下场开账号卖货，电商头部主播的直播间里也不时会有一些明星加入，周震南、朱一龙的到访都登上了微博热搜。品牌商家也开始邀请自己的代言人做客直播间。

2019上半年，淘宝直播在2018年的基础上完成了140%的新增长。根据阿里方面公布的信息显示，天猫"双11"预售首日，1.7万个品牌开启直播，多款品牌单品通过直播引导预售成交破亿。电商头部主播直播间里的商品依然分秒售罄。

完成"出圈"的淘宝直播，也将在"双11"落幕后用一系列数字证明直播卖货时代已来。目前，据有关报告透露，淘宝直播正在进行内容电商策略的调整升级。平台开始全速发力内容创作，致力于打造丰富多样、专业有趣的账号人设和直播内容，优化算法"发现机制"，实现商家主播与消费者之间"双向发现"的精准提效和不断更新。

关注新行业、新垂类，挖掘更多的特色品类，培育更多的新咖主播，打造适配的专业趣味人设，输出越来越多的特色内容，平台正在不断推出各种新政策，扶持行业新生态的发展。

### 淘宝平台内容转型路径

一般而言，淘宝平台包括电脑端与无线端两个部分，无线端指的便是与电脑相对应的手机设备。截至2016年底，无线淘宝已经完成了全量转移，淘宝平台80%以上的成交量都来自无线端，线上零售商家的流量结构中也有80%以上是来自无线端的。无线端的流量既包括淘宝App自带的流量，也包括其他App引导的流量，其结构往往呈现出碎片化、个性化、场景化的特点。追溯手机淘宝的版本更迭，所呈现的内容核心关键词就是内容化、社区化。

从2003年开始，淘宝平台最大的内容就是商品和店铺。作为卖家，生产最多的内容是迎合用户需求的产品，以及一遍遍被优化的商品详情页。

2013年10月手机淘宝App上线后，借助"双11""双12"两个大型活动推进了消费群体从电脑端向无线端的迁移。2014年，手机淘宝App聚焦如何提升用户体验的问题，出现了两个关键词，一个是"优化"，另外一个就是"商家迁移"。

2015年，淘宝平台侧重内容矩阵，即帮助商家适应流量分化及消费升级后对个性化的需求。经历了2015年的社区改造后，2016年手机淘宝App完成了16个版本的更新迭代。如果用一个关键词来描述2016年，那就是"内容化"。2016年1月上线的直播频道经过重度优化，作为内容升级及多维度用户体验提升的营销工具而大放异彩。同时淘宝直播也在2016年受到了极大的重视。2017年，手机淘宝App的版本都侧重提升用户体验，优化各个类目的细节体验。作为众多商家依附的零售平台，通过淘宝版本的变化就可以清晰地看出消费迁移、消费升级、消费行为引导的轨迹。

2018年至今，经过这几年的消费迁移，很多内容导购平台（如蘑菇街等）应运而生。其中一些平台后来发展成为社区化内容电商。同时，淘宝平台也在不断地更新自己的各个频道板块。（资料来源：《淘宝直播书》）

为了更好地适应用户的需求，提升平台的竞争力，包括淘宝直播平台在内的许多电商平台都进行了内容转型。然而，面对种种变化，并不是所有主播都能在电商转型的大潮中屹立于不败之地。了解所在平台建设的探索历程，从实践中汲取经验才能帮助我们更好地应对瞬息万变的外部世界。

一、实训主题

淘宝直播发展历程各阶段的特点。

二、实训目的

通过检索和分析淘宝直播萌芽期、认可期、爆发期、出圈期各阶段的特点，了解淘宝直播发展历程各阶段的特点。

三、知识点

淘宝直播发展历程。

## 四、实训说明

**步骤1** 教师下发任务：4人一组，通过网络检索淘宝直播萌芽期、认可期、爆发期、出圈期各阶段的特点，并将结果填入表8-1。

表8-1  淘宝直播发展各阶段的模式特点

| | 时间段 | 阶段特点 |
|---|---|---|
| 萌芽期 | | |
| 认可期 | | |
| 爆发期 | | |
| 出圈期 | | |

**步骤2** 每个小组选派一名代表分享自己小组的检索和分析成果。

**步骤3** 评价反馈：对检索结果进行讨论，小组互评、教师给出评价，并完成表8-2。

表8-2  实训评价反馈表

| 实训课程（项目名称） | | | | | |
|---|---|---|---|---|---|
| 评价项目 | 主要内容 | 自我评价 | 小组互评 | 教师评价 |
| 实训规范（10分） | 遵守操作规程，不违规操作设备。<br>实训场地的整洁和工具的正确使用。 | | | |
| 实训准备（10分） | 对实训内容有充分的了解和准备。<br>提前收集了必要的资料和信息。<br>对实训所需的工具和材料进行了适当的准备。 | | | |
| 实训项目（50分） | 是否能够独立或在小组内完成实训任务。<br>在实训中是否能够灵活运用所学知识和技能。<br>在实训中的表现，包括创新思维和问题解决能力。 | | | |
| 实训过程质量控制（10分） | 是否能够对实训过程中的关键点进行检查和控制。<br>是否能够及时发现并纠正实训中的错误和偏差。<br>是否能够根据反馈进行必要的调整以提高实训质量。 | | | |
| 实训效果（20分） | 在实训结束后的成果展示，包括完成的任务、制作的成品等。<br>实训目标的达成情况，以及学生对实训目标的理解和实现程度。<br>反思和总结，包括实训中的收获、存在的问题和改进建议。 | | | |

# 任务 8-2　淘宝直播实施

**知识目标：**
1. 了解淘宝直播平台。
2. 掌握参与淘宝直播的条件和步骤。
3. 掌握淘宝直播注意事项。

**技能目标：**
1. 能够明确淘宝直播的入驻要求和参与步骤。
2. 能够避开淘宝直播的某些雷区。

**思政目标：**
培养淘宝直播电商知识技能和实务操作能力。

## 一、淘宝直播平台简介

淘宝直播是阿里巴巴网络技术有限公司推出的消费生活类直播平台，定位于"消费类直播"，用户可以边看边买。淘宝也是新零售时代体量巨大、消费量与日俱增的新型购物场景，更是千万商家店铺用户运营、互动的营销利器（图 8-5）。

图 8-5　纳斯机构内直播中的美食主播

### （一）平台发展

在电商直播平台中，淘宝直播做得比较早。2016 年，大部分人只知道斗鱼、熊猫时，淘宝就开了直播通道，当时淘宝直播入驻机构很少，第一批只有几十家，到 2017 年年底，机构数量都还是严格控制的，基本维持在 100 家左右。

仅用短短 3 年，淘宝直播呈现出极强的爆发性，创造了一个千亿级的新市场。2019 年，淘宝内容电商事业部总经理俞峰在淘宝直播盛典上公布，2019 年，超 4 亿用户成为淘宝直播观众，有接近百万主播成为淘宝直播生态伙伴。淘宝直播带来的巨大商机，让工厂、农村和市场中的优质线下资源，加速进入电商体系。以服饰为例，淘宝直播平台每个月上新的款式数量达到 20 万种，超过了 GAP 等时尚品牌（图 8-6）。

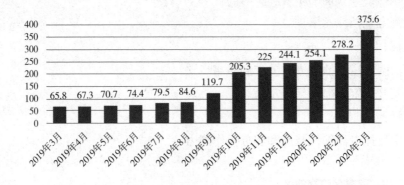

图 8-6　2019—2020 年中国淘宝直播 APP 活跃用户规模变化趋势图

如果说 3 年前淘宝直播平台建立初始，直播带货还属于一种新的尝试，如今，直播已经成为主流的商业流量模式，直播卡位（即主播所占排名位置）已成为商家的必争之地。2020 年淘宝直播的覆盖率迅速攀升，直播带货已经成为商家越来越重要的销售渠道。

观看直播的淘宝顾客数量呈爆发式增长，是淘宝直播创造销售奇迹的基本条件。淘宝的直播销售让网购的模式从商家店铺展示变为以主播为中心，创造了一种类似于贴近真实场景的销售方式。分析显示，淘宝直播之所以占据了流量核心，原因在于其对顾客的吸引力非常高，而顾客在线观看时长的大幅度增加和顾客黏性的提高则带动了成交率的提升。

（二）平台定位

定位于"消费类直播"手淘平台，截至 2016 年 6 月，女性观众占据绝对的主导，女性比例约为 80%，而每晚 8 点至 10 点不仅仅是收看直播最踊跃的时段，同时也是用户们最愿意下单的时间——这似乎证明，女性追起直播也同样疯狂。

（三）平台目标

2020 年 3 月 30 日，在淘宝直播盛典上，淘宝内容电商事业部总经理俞峰宣布，2020 年，要打造 10 万个月收入过万的主播，100 家年销售过亿的 MCN 机构，并发布 500 亿元资源包，覆盖资金、流量和技术。其中针对技术，俞峰表示，将整合阿里巴巴经济体内所有资源，让优质内容和直播间被发现，将投入百亿级别流量。

（四）平台种类

要想在淘宝直播平台成为一名新手主播，我们首先需要了解一下淘宝直播有哪些类型。一般而言，我们将淘宝直播分为店铺直播、达人直播、淘女郎直播以及 PGC（Professional Generated Content）直播四类。

1. 店铺直播

顾名思义，店铺直播就是商家的店铺开通的直播。一般来说，淘宝店铺可分为天猫店、C 店和企业店。天猫店铺指的是在天猫平台运营的店铺。C 店是从 C2C 的意义上繁衍出来的。C2C 全称为 "Consumer to Consumer"，是个人与个人之间的电子商务，即消费者之间的交易行为。因为英文中的发音同 "to"，所以简写为 C2C。因此，C 店其实就是个人店铺、集市店铺。企业店铺则指与个人店铺相区别的、以企业名义开设的店铺。目前天猫店、企业店、C 店都可以开通直播权限（部分经营管制类目的店铺除外）。直播效果较好的店铺的商品类目为服装鞋包和化妆品。

此外，开蚌直播、翡翠玉石类直播的表现也比较突出。开蚌直播更像是娱乐直播，此类直播的销售形式更类似于 Instagram 上先娱乐后购物或是娱乐之余顺便购物的形式，购物反而成了次级需求，使整个直播过程看起来非常轻松愉快。翡翠玉石类直播是在机缘巧合下才兴起的，这类直播所销售产品的价值较难度量。这类淘宝店铺能在直播中大火，甚至出现了月销售额高达数千万元的店铺，这是许多人始料未及的，如图 8-7 所示。

图 8-7　翡翠直播带货
（资料来源：搜狐）

2. 达人直播

达人直播是目前淘宝直播的主力军，由此也催生出许多专门的达人机构。类似于正规军的达人主播在淘宝内容生态中占据了重要的地位。此前，淘宝的内容流量大多集中在少数几位内容创作者身上，这种集中的流量分配让一些头部主播迅速崛起，获得了巨大的商业成功。这一现象吸引了众多后来者纷纷进入直播电商领域，试图通过模仿和跟随实现类似的成绩。

### 3. 淘女郎直播

"淘女郎"这三个字已经淡出淘宝多年,其前身是淘宝的麻豆频道。"麻豆"即英文"Model"的谐音,是早些时候淘宝为了解决卖家找不到模特拍照的问题而专门推出的频道,后改名为"淘女郎"。后来随着电商摄影行业的高速发展,"淘女郎"也逐渐淡出了大众视野。现如今淘宝直播在内容化进程中又出现了商家找不到好主播、直播机构找不到好的网红苗子等问题。"淘女郎"此时重回大众视野,就是为了向商家提供代播服务以及方便直播机构对接优质主播。

### 4. PGC 直播

PGC(Professional Generated Content)即专业生产内容,是指由传统广电从业者按照几乎与电视节目无异的方式进行制作,按照互联网的传播特性进行传播的内容。由地方电视台、新闻媒体和专业内容机构组成的 PGC 直播是淘宝对电视购物直播模式的探索。

目前已经有数百个 PGC 节目在淘宝直播频道上进行直播,其中不乏像《我是大美人》《素人大改造》等拥有优质内容的节目。

## 二、怎么参与淘宝直播

目前,淘宝是国内体量最大的电商平台,不仅众多主播、KOL、演艺人士热衷于在淘宝上开通直播间,越来越多的中小电商卖家也看到了直播的巨大魅力,纷纷入驻淘宝直播平台。淘宝在直播业务方面已经形成了一套成熟的运营体系和管理规则,淘宝直播平台的入驻流程相对而言透明、易操作。

不过,淘宝直播目前是所有直播当中申请最难的,可以毫不夸张地说,目前淘宝直播个人途径进驻的通过率大概只有千分之一到万分之一。越来越多的美女、帅哥及内容输出者们认识到了淘宝直播的红利所在,大家都在争做淘宝主播,可是,随着主播的批量化进驻,淘宝直播团队对主播的要求日益提高,甚至出现了部分投机倒把分子以给主播开通直播权限为由收取高额费用的问题,据了解,市场上最高价已经达到了 3 万元一个直播权限。这也从侧面说明了进驻淘宝直播不容易。

### (一)淘宝直播入驻要求

满足以下三点淘宝直播入驻要求的商家和主播,都可以参与淘宝直播。

#### 1. 条件一

必须有一个绑定了支付宝实名认证的淘宝账号。

#### 2. 条件二

根据账号属性的不同,具体要求也不同。

(1)普通会员/阿里创作者(非商家身份):微博粉丝数大于 5 万,最近 7 天内至少有一条微博点赞数和评论数过百(明显僵尸粉或有转发、评论水军的情况将取消申请资格);

或其他社交平台的粉丝数大于5万（含5万），粉丝互动率高。

（2）阿里创作者：阿里创作者（不含有商家身份）粉丝数大于1万（含1万），最近7天内至少发布过一篇图文帖子。

（3）淘宝卖家：淘宝商家要求微淘粉丝大于4万（含4万）。因为各个行业的不同，对主播的要求也各不相同，以每个行业的要求为准，这里不作强制要求。

3. 条件三

需要有较强的控场能力。要做到口齿伶俐，思路清晰，与粉丝互动性强，因此，需要上传一段主播出镜的视频（视频大小建议不要超过3Mb，5分钟时长左右），充分、全面地展现自己。

满足以上三个条件就能够成为淘宝主播，如图8-8所示。

图8-8　微博主页截图
（资料来源：微博）

### （二）具体参与淘宝直播流程

1. 步骤一

打开手机淘宝客户端，在首页找到"淘宝直播"这个栏目，点击进入，如图8-9所示。

2. 步骤二

在"淘宝直播"页面的右下角有个红色的"发布"按钮，如果没有"发布"按钮说明你还没有直播权限。获取淘宝直播权限的具体操作可以查看上文淘宝直播入驻要求。

拥有直播权限后，点击"淘宝直播"页面右下角的"发布"按钮，点击"直播"就可以看到直播的操作界面，在这个操作界面，可以填写直播的名字、添加直播封面、打开定位分享、设置分类标签、设置清晰度。

图8-9　首页里的淘宝直播栏目

3. 步骤三

首次进入要填写阿里创作者申请，申请通过后就可以成为淘宝主播。

这里的主播申请条件具体来讲包括：喜欢购物，有非常丰富的购物经验，这样别人才会相信你的挑选能力；时尚，有品位；品牌知识面广，可以挖到很多一般人不知道的品牌好货。具备以上几点，去申请阿里创作者才会有成功的可能。

### 央媒淘宝直播公益带货　淘宝成助农第一平台

两个月里《人民日报》上了六次淘宝直播，都在帮农民卖农产品。淘宝已经成为助农的第一平台。《人民日报》新媒体联合淘宝直播共同开启"决战脱贫攻坚"专场直播，上百万网友涌入了主播林依轮的直播间，秒光贫困县农货。

这是《人民日报》与淘宝直播的再次深度合作，携手助农。此前，《人民日报》新媒体曾联合淘宝共同发起"为鄂下单"系列公益带货直播，半个月内五上淘宝直播。包括淘宝主播薇娅、林依轮以及吴倩、周深等明星都参与其中，上亿网友冲入直播间秒光湖北农产品。

在扶贫专场直播中，四川凉山州的金阳青花椒油、云南文山州广南县的八宝贡米、甘肃陇南的特产西和粉条、新疆喀什的薄皮核桃等商品，再次引发直播间的抢购狂潮。

身为厨艺达人的林依轮，还在直播间里把这些农产品都做成了家常美味，红烧肉炖粉条、炒土豆丝，让镜头前的粉丝垂涎三尺。3 000多包西和粉条更是直接卖完下架。

除了《人民日报》，就在一周前，新华社客户端和淘宝联合发起"家乡的宝藏　让电商大有可为"助农直播首秀山东专场。

淘宝主播烈儿宝贝、山东籍演员来喜以及三位山东县、区官员一起在直播间里为山东特产打call。黑蒜、烧饼、海带等产品直播5分钟的销量超过了日常一个月。

《人民日报》、新华社、央视等都频繁来到淘宝直播。在媒体的直播间里，各路明星、主播纷纷响应号召，帮助农民卖农货。带火了金阳青花椒油、砀山梨膏、周村烧饼等优质农产品，切实帮助当地农民提高了收入。

直播带货已经成为助力脱贫攻坚的新引擎。新华社多次报道了陕西省柞水县金米村通过淘宝直播将柞水木耳推向全国。金米村脱贫户陈庆海在培训后成为了一名农民主播，通过直播卖木耳，利润翻了一倍，一季就卖了3万多块钱。

最新发布的阿里巴巴2020脱贫半年报显示，截至目前，832个国家级贫困县在阿里巴巴平台网络销售额已超过2 000亿元。淘宝直播上的农产品直播，累积开展240万场。直播已经成为"新农活"，让农产品的销售找到了新的出路。

（来源：https://baijiahao.baidu.com/s?id=1673085617471226788&wfr=spider&for=pc）

媒体在脱贫攻坚方面履行社会责任，与淘宝直播合作是强强联合。淘宝直播这种扶贫方式是授人以渔的方式,能够"造血式"助农,更是媒体"以社会效益为首位"的集中体现。

## 三、直播应避免踩到的"雷区"

在线上化营销趋势下,直播已然成为众多品牌线上传播的主要阵地,渗透到了人们生活的各个领域。同时,直播参与者越来越丰富,也越来越多样化。明星、CEO、KOL、品牌主纷纷开启带货直播,在直播中取得了好成绩。在激烈的市场竞争中,直播可以带来高强度的曝光,还能成为提升产品、企业形象的有力武器。

淘宝直播作为一个新兴的推广营销渠道,给店铺带来的流量和权重占比相比传统的入口,无疑是一块人人垂涎的香饽饽。但是,我们在尽情享受直播带货拉动企业商品营业额的时候,也别忘了避开淘宝直播的某些雷区。

### (一)直播时长

直播时长是大家首要注意的问题。有的主播或店主"佛性直播"——主播只顾自己玩手机干自己的活,不说话也不与观众互动交流。假如在直播过程中离开镜头超过10分钟,或者是直播时长太短、上架宝贝太少,也会被平台降权。

### (二)直播换人

淘宝直播的基本要求是谁的账号就必须由谁来直播(店铺账号除外)。例如,账号的主人是张三,但直播间里是李四在直播,这种情况一旦被发现直接被封号。所以,假如是机构或者团队的话,原先的主播如果离开,这个账号就不宜继续开播,应该重新申请才是最稳妥的做法。

### (三)空播

空播,顾名思义,就是直播开着但是没有主播在直播的情况。此类卖家基本上都是准备一块写字板或者产品放在镜头正中做这种无声的宣传。要警惕!如果多次因这种情况被处罚后就会直接封号,或是关小黑屋,这样的话浮现权就基本上离你而去了。

### (四)行为不得体不规范

如果主播在直播中出现以下场景,比如谈论敏感政治话题、穿着暴露、语言露骨、抽烟酗酒、播放宣传片等诸如此类的行为,都会被封号!这一点不仅是淘宝直播,其余的所有正规直播平台都是一样的。

### (五)直播宣传

网络直播带货作为新零售经济的代表,近年来发展迅猛,有些直播团队却被"赚快钱"的诱惑迷了眼。2022年1月,上海某网红主播在直播带货中因销售假货,被判处有期徒刑3年4个月,并处罚金人民币40万元。无独有偶,近期,河南省消协也对"辛巴假燕窝事件"提起消费民事公益诉讼,知名主播被索赔7 971万元。

根据《消费者权益保护法》第五十五条规定："经营者提供商品或者服务有欺诈行为的，应当按照消费者的要求增加赔偿其受到的损失，增加赔偿的金额为消费者购买商品的价款或者接受服务的费用的三倍"。案例中，辛巴带货的"燕窝"存在虚假宣传，根据退一赔三的规定，辛巴被要求退款 1 992.853 9 万元销售额的基础上，赔付 5 978.561 7 万元，共计 7 971.415 6 万元。

（六）直播营销

虽然直播的内容各种各样，但不管是画面还是语音或者别的形式，都不允许出现 QQ 号、手机号，以及包含淘系在内的二维码等联系方式，这个处理也比较严格。

（七）直播间背景

淘宝直播间可以获得公域推荐流量的无一例外直播背景都是极其干净清爽，若直播间场景不符合标准，直播间权重会被降低，这个处理极其严格。

如今，从美食、化妆品到吃、喝用品，带货主播们在各个直播间活跃。他们已从一个"销售"，一跃成为拥有自己庞大粉丝群的主播，甚至在粉丝的爱戴中有了明星的待遇。他们人在哪儿货在哪儿，他们带哪种货，粉丝就买哪种。但直播远远没有我们想象得那么容易，若一不留神踩到雷区，很可能对店铺造成不可预计的伤害。

### 淘宝直播"踩雷区"案例分析

近日，发现有部分主播、商家在发起直播内容时，乱选频道栏目标签，如：直播间中售卖的是上万元皮草，但频道栏目标签选择的是"真惠选_99元封顶"标签；直播间中售卖的是水果，但频道栏目标签选择的是"亲子_童装童鞋"标签。

（来源：https://mp.weixin.qq.com/s/dW6y9HoeLOcfoz_QZ5o7hQ）

想一想：试着分析一下以上描述的"雷区"，想一想这样会造成什么后果？

一、实训主题

参与淘宝直播。

二、实训目的

通过实训参与淘宝直播，掌握开通淘宝直播的方法和步骤。帮助学生提升直播专业技能。

三、知识点

淘宝直播参与流程。

### 四、实训说明

**步骤1** 教师发布任务:打开手机淘宝客户端,使用淘宝账号登录,申请成为淘宝主播,参与直播。

**步骤2** 学生使用手机打开淘宝客户端进行操作。

**步骤3** 教师选取学生发表观点。

**步骤4** 评价反馈:对操作结果进行讨论,小组互评、教师给出评价,并完成表 8-3。

表 8-3 实训评价反馈表

| 实训课程<br>(项目名称) | | | | |
|---|---|---|---|---|
| 评价项目 | 主要内容 | 自我评价 | 小组互评 | 教师评价 |
| 实训规范<br>(10 分) | 遵守操作规程,不违规操作设备。<br>实训场地的整洁和工具的正确使用。 | | | |
| 实训准备<br>(10 分) | 对实训内容有充分的了解和准备。<br>提前收集了必要的资料和信息。<br>对实训所需的工具和材料进行了适当的准备。 | | | |
| 实训项目<br>(50 分) | 是否能够独立或在小组内完成实训任务。<br>在实训中是否能够灵活运用所学知识和技能。<br>在实训中的表现,包括创新思维和问题解决能力。 | | | |
| 实训过程质量<br>控制(10 分) | 是否能够对实训过程中的关键点进行检查和控制。<br>是否能够及时发现并纠正实训中的错误和偏差。<br>是否能够根据反馈进行必要的调整以提高实训质量。 | | | |
| 实训效果<br>(20 分) | 在实训结束后的成果展示,包括完成的任务、制作的成品等。<br>实训目标的达成情况,以及学生对实训目标的理解和实现程度。<br>反思和总结,包括实训中的收获、存在的问题和改进建议。 | | | |

## 任务 8-3 淘宝直播收益转化

**知识目标:**

1. 了解阿里妈妈佣金收益转化。

2. 了解阿里 V 任务平台。

3. 掌握阿里 V 任务平台操作流程。

**技能目标：**
1. 能够运用淘宝客申请定向佣金。
2. 能够利用供应链和店铺内容进行收益转化。

**思政目标：**
1. 具备社会责任感，践行社会责任。
2. 具备遵纪守法的意识。

## 一、阿里妈妈的佣金收益转化

### （一）淘宝客解读

淘宝客简称 CPS，属于效果类营销推广。区别于淘宝直通车的按点击付费，淘宝客是按照实际的交易完成（买家确认收货）作为计费依据的。淘宝客支持按单个商品和店铺的推广形式，可以针对某个商品或者店铺设定推广佣金。佣金可以在一定范围内任意调整，较高的佣金设置将会受到更多推广者的青睐。具体佣金费用，将会在每个交易结束后根据相应的佣金设置从交易额中扣除。淘宝客页面，如图 8-10、图 8-11 所示。

图 8-10　淘宝客页面 1

图 8-11　淘宝客页面 2

在淘宝客中,有推广平台、卖家、淘宝客及买家四个角色,他们每个都是不可缺少的一环。

推广平台:帮助卖家推广产品;帮助淘客赚取利润,从每笔推广的交易中抽取相应的服务费用。

卖家:佣金支出者,他们提供自己需要推广的商品到淘宝联盟,并设置每卖出一个产品愿意支付的佣金。

淘宝客:佣金赚取者,他们在淘宝联盟中找到卖家发布的产品,并且推广出去,当有买家通过自己的推广链接成交后,就能够赚到卖家所提供的佣金(其中一部分需要作为推广平台的服务费)。

推广平台、卖家、淘宝客及买家四者的关系如图 8-12 所示。

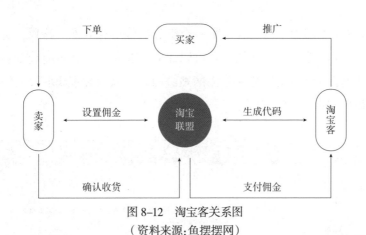

图 8-12 淘宝客关系图
(资料来源:鱼摆摆网)

淘宝客的推广主要可以分为如下三大类:

第一类,拥有独立平台的专业淘宝客:这类淘宝客精通网站技术,搭建专业的平台,如淘宝客返利网站(优秀淘宝站内 APP:开心赚宝、惠集网、返利、QQ 等)、独立博客、商品导购平台、用户分享网来吸引客户,赚取一定的佣金。

第二类,自由的淘宝客:这类淘宝客没有固定的推广方式,不管技术还是实力都不是很雄厚,主要把论坛、博客、SNS 平台,或者微博、邮件、Q 群等作为推广方式,很适合新手。

第三类,最新崛起的淘宝直播:这类利用直播来进行推广的方式,崛起速度快,易被大众接受,影像与声音的结合,让推广更为直接、有效。

(二)淘宝客定向佣金计划的规则及申请流程

1. 淘宝客佣金

淘宝客佣金是淘宝客为卖家推广宝贝获得的酬劳,以宝贝的实际售价 × 佣金比例为准。前期可建立高佣金计划吸引淘宝客的加入,佣金的设置要根据宝贝的自身利润而定

（假定宝贝的利润为 30%，则佣金可设为 10%~25%）。设置好后，卖家可随时在佣金范围内调整主推宝贝的佣金比例，设置好的第二日生效。买家从淘宝客推广链接进入起 15 天内产生的所有成交均有效。

2. 淘宝客定向计划

淘宝客定向计划是淘宝卖家给淘宝客推广的一个设置，为不同等级的淘宝客佣金设置的审核制度。可能规定多少等级的淘宝客在这个定向推广计划中，有淘宝客申请加入此推广计划后，由卖家审核，或可以设置自动审核才能加入这些推广计划中。

也就是可以设置不同的淘宝客给不同的佣金比例。有些淘宝店铺设置有不同种 VIP 推广计划，就是给不同的淘宝客加入不同的淘宝客推广计划中，可以设置不同的淘宝客佣金比例。

3. 定向推广计划

定向推广计划是卖家为了淘宝客中某一个细分群体设置的推广计划。卖家可以选择淘宝客加入，也可以让淘宝客来申请加入。可以让淘宝客在淘宝联盟前端看到推广并吸引广大淘宝客来参加；也可以由卖家与某些大网站协商好，以让卖家获取较大的流量，让淘宝客获取较高的佣金，如图 8-13 所示。

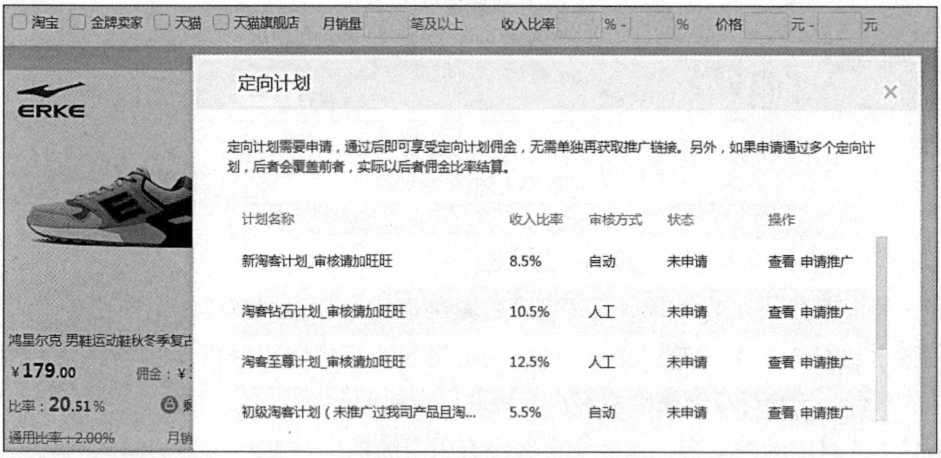

图 8-13　定向推广计划

（资料来源：百度）

除了一个通用推广计划外，掌柜最多可以设置 9 个定向推广计划，在创建定向推广计划时，可以选择计划是否公开（即其他淘宝客是否可以看到此计划）、审核方式（即如果对于不符合申请条件的用户，需要掌柜手工审核），以及开始和结束时间。

4. 佣金设置规则

卖家可以随时在佣金范围内调整主推商品佣金比率。

卖家可以随时在佣金范围内调整店铺各类目的佣金比率。

买家从淘宝客推广链接进入起 15 天内产生的所有成交均有效，淘宝客都可得到由卖家支付的佣金。如果掌柜退出淘宝客推广，退出后 15 天内推广链接仍有效，用户在此期间点击推广链接，拍下商品后仍旧计算佣金。

佣金根据支付宝实际成交金额（不包含邮费）乘以佣金比率计算。

如果买家通过淘宝客推广链接直接购买了这件商品，按照该商品对应的佣金比率结算佣金。即如果买家通过淘宝客推广链接购买了店铺内主推商品中的某一件商品，按照该商品对应的佣金比率结算佣金给淘宝客；如果买家通过淘宝客推广链接购买了店铺内非主推的商品中的其他商品，按照店铺各类目统一的类目佣金比率结算佣金给淘宝客。

5. 定向佣金如何申请

进入淘宝联盟后台，搜索需要推广的产品或店铺，有自动审核通过和手动审核通过两种。如未通过商家审核的，此佣金计划将不生效，此时会执行默认的通用计划。

（三）淘宝客佣金结算与提现

1. 结算

自买家点击商品推广链接起 15 天内，被推广商品的拍下交易，成交后均依卖家设置的佣金比率计算佣金。

2. 提现

进入淘宝联盟结算中心，在账户余额中进行提现，输入想要提取的金额与验证码（验证码需在手机中查看，这个手机号就是当时注册淘宝客时，与支付宝绑定的手机号），单击"确定"按钮，提现成功，提现结束后会直接在下边显示余额。需要注意的是，提现有一定的延时，不能立即到账，这与绑定的银行卡有关。如图 8-14 所示。

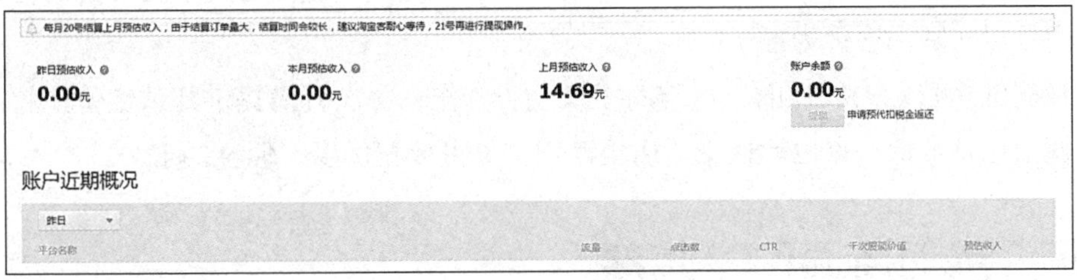

图 8-14　提现后台

（资料来源：鱼摆摆网）

佣金结算日期即佣金支付给淘宝客的时间，具体如下：

一般情况下，每月 20 日结算上个自然月的淘宝客佣金。

如当月 20 日为休息日或法定节假日，将改为当月 20 日之前最近的工作日结算上个自然月的淘宝客佣金。

如遇重大事件或不可控因素影响结算日期的，将提前另行通知。20 日为结算日，由于结算订单量大，结算时间会较长，建议淘宝客耐心等待，21 日再进行提现操作。

### （四）商家沟通技巧

1. 获取商家联系方式

通过钉钉、阿里旺旺、QQ、微信等社交群获取信息。

在淘宝首页各大主题板块选款，再从定向推广计划详情页获取信息。

在淘宝联盟—超级搜中筛选商品，再从定向推广计划详情页获取信息。

在淘宝 PC 端、无线端各展位获取商品信息，再从定向推广计划详情页获取信息。

在各淘客平台中选商品，再从定向推广计划详情页获取信息。

在淘宝联盟首页下载精选优质商品清单，再从定向推广计划详情页获取信息。

2. 商品要求

（1）店铺要求：集市店信誉不低于 3 钻，企业店信誉不低于 1 钻，天猫店皆可；店铺评分 DSR 不低于 4.6（三项飘红优先）。

（2）商品要求：天猫商品评分不能低于 4.6，应季商品优先，高性价比商品优先，严禁《淘宝主播守则》中禁播类目商品。

（3）建议主播根据自身特点去选款导购，形成独有的主播风格，既能吸引忠实的粉丝，又能提升导购效果，令商家满意，实现双赢。

（4）不建议主播什么类目都招，因为这会导致粉丝人群不精确，影响导购转化。

3. 商家谈判流程

价格上的让利是最能吸引粉丝的，"砍价"是选款之后谈判的第一步，根据对市场行情的了解，让商家给出适当的粉丝优惠。

佣金谈判，基于"砍价"的基础上收取一定比例的佣金。主播结合市场行情和自身的导购能力开出商家能接受的比例，除去成本，每单亏损 5~15 元是商家能接受的范围（不同类目商品以实际沟通价为准）。

选择店铺运营能力较强的，可与商家谈全店合作，每次直播提供几款性价比超高的秒杀款，佣金比日常低一点也能接受，店里其他宝贝可放宽优惠、佣金要求。

## 二、阿里 V 任务通告收益转化

### （一）阿里 V 任务平台介绍

1. 什么是阿里 V 任务

阿里 V 任务是阿里官方任务交易平台帮商家解决创作者合作需求，提供创作者按任务与商家进行合作的收益转化方式。

2. 平台可以为我提供什么

商家向创作者发布有偿任务形式，创作者按照约定完成任务后，可获取任务酬劳。任务包括为商家提供商品、品牌的内容创作、渠道推送服务。商家以有一定知名度的品牌商为主。

任务酬劳：收费方式为一口价，由创作者根据自身情况进行定价。创作者按照商家的任务要求完成内容创作、推送到渠道（一期以微淘为主），并通过任务平台完成任务交付，则视为一次任务的完结。任务完成后，创作者可从商家处获取约定的酬劳。创作者粉丝越多、粉丝越活跃，越有机会获取高收益。

3. 平台优势介绍

（1）优选用户：平台拥有海量品牌商家，有机会和一线品牌商合作。

（2）获取更多收益：玩法多样，有机会获取更多收益。

（3）易服务：灵活的玩法及结算机制。

4. 入驻门槛

创作者（即作者）必须为淘宝大 V 认证创作者。如果想入驻成为阿里创作者，可点击 https://we.taobao.com（图 8-15）。

图 8-15　大 V 创作者身份

（二）阿里 V 任务平台的操作流程

1. 如何入驻

**步骤1** 打开浏览器，输入网址 da.taobao.com，单击右上角的"登录"按钮，输入淘宝旺旺（必须是阿里创作者账号对应的旺旺）和密码登录阿里 V 任务，如图 8-16 所示。

图 8-16　阿里 V 任务平台登录页面

**步骤2** 阅读并确认协议，同意平台读取创作者个人信息（如粉丝数、粉丝特征、内容阅读数等），如图8-17所示。

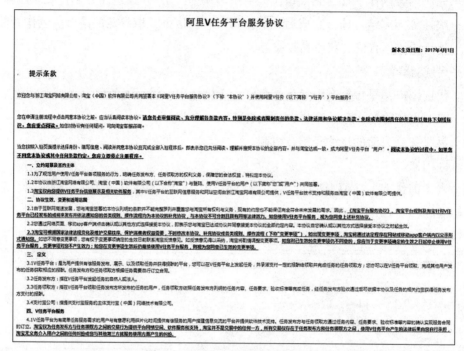

图8-17　阿里V任务平台服务协议

**步骤3** 编辑个人资料，进入下一步。其中创作者简介是商家选择创作者的重要参考因素之一，请务必认真填写，如图8-18所示。

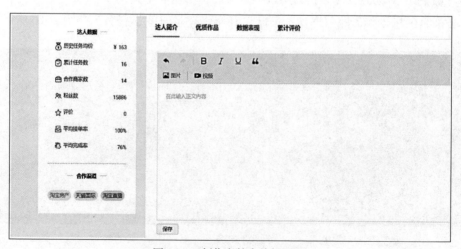

图8-18　创作者简介编辑页面

## 2. 如何设定任务报价

创作者设定任务报价，该价格可直接选择推荐报价，也可自主报价。推荐报价为官方建议价，仅包含微淘流量价值的评估，不包括内容创作的价值、其他渠道的流量价值。

修改报价。创作者设定完任务后，进入任务管理中心。单击任务管理中心页，在右上角下拉选项中选择个人主页，编辑个人资料。单击"编辑"按钮，填写新的报价，并单击"确定"按钮，即可完成报价的修改。该页面支持查看累计任务数、累计收入、任务状态，并可进行接单、交付等操作。

## 3. 如何接单

创作者可通过账号管理中心页面→待我审核/我收到的待接单页面查看所有可接单的任务，并进行接单或拒单操作。距离推送时间为内容推送到微淘的时间，任务必须在任务推送时间之前接受，否则视为超时未接单，订单将不被执行，任务酬劳退回商家支付宝。另外，一旦接单，请务必完成，若接单但不交付的订单笔数过多，将会影响官方建议价，严重者作清退处理。

## 4. 如何交付任务

创作者可通过管理中心页→交付中&已完成页面查看所有待交付的任务。

通过 daren.taobao.com 完成内容创作，并推送到微淘。

登录任务平台，找到需交付的任务，并单击"交付"按钮，打开交付页面。距离推送时间为任务交付时间，若超时未交付，该任务被视为逾期未交付，订单关闭，任务酬劳退回商家。请务必及时交付任务！

将内容链接复制到"内容链接"中，系统会自动转化成二维码，并将链接和二维码推送给商家。创作者可在"有什么想说的吗"中写上想对商家说的话，提升商家的满意度，增加优质评价的可能性，提升接单概率。

单击"提交"按钮，完成任务内容的交付。

## 5. 确认收入

创作者提交任务内容后，商家可以进行确认付款，系统立即打款到创作者账号；若商家没有单击"确认付款"按钮，系统预计在 10 个工作日后自动打款到创作者账户，创作者可在任务管理中心页查看任务结果及收入情况，如图 8-19 所示。

图 8-19　收入情况查看页面

### 三、主播的店铺收益转化

**（一）如何让主播未来打造自己的店铺**

简而言之，粉丝快速收益转化就是"开店卖东西"。相较于帮别人推广商品，经营自己的店铺，粉丝购买力和忠诚度更高。因此，开淘宝店便成了大多数主播的选择。因为各"网红主播"所擅长的领域不同，她们的粉丝群体也千差万别，这时，了解自己的粉丝，推出符合粉丝群体需求的商品，就显得尤为重要。

**（二）利用供应链与店铺内容收益转化**

"网红"店铺的供应链比较柔性，常规淘宝店铺流程为"上新—平销—折扣"，但网红店铺则是"选款—粉丝互动、改款—上新、预售—平售—折扣"。例如，郑予洁在开淘宝店铺后，每天在淘宝直播间与粉丝互动交流，了解粉丝的需求和方向，结合当地供应链进行组货，推出样衣和美照，挑选受欢迎的款式先行生产大货。这种更为柔性的供应链的好处就在于：选款能力强，测款成本低，C2M 的模式将成为可能，这代表着 DT 时代的运营方式。如图 8-20 所示。

图 8-20　组合并上架商品

#### 颜值达人收益转化的难度

2022 年的"双 11"，继 L 主播、Q 主播等爆火主播之后，某传媒超头达人 Y 也奔向了淘宝，开启直播首秀。"双 11"期间 Y 主播几乎每天直播一场，场均 120 万人次观看，带货品类较为丰富，以"美食健康、家居家纺、生活个护、美妆护肤"为主。在抖音上坐拥千万粉丝的 Y 主播，在娱乐直播、变装短视频之外，想寻求更理想的商业收益转化路径。

（来源：https://mp.weixin.qq.com/s/d1WYDoalnHXzwRlVRl1q9A）

想一想：颜值达人收益转化的难度有哪几方面呢？

## 社科院报告称淘宝推动非遗保护和传承

由中国社会科学院舆情研究室、中国旅游报社、阿里巴巴集团等牵头的"文旅产业指数实验室"发布《2022非物质文化遗产消费创新报告》。《报告》认为,直播已经成为非遗电商增长的新引擎。

《报告》认为,天猫持续投入助力老字号复兴,已经成为老字号第一销售平台。此外,淘宝天猫上年成交过亿元的非遗产业带由去年的14个增长到18个。

《报告》分析称,淘宝店铺是推动非遗传承保护的重要途径,直播带货可以多维度展现非遗产品的多样形式、精巧技艺,弥补了传统展陈手段的不足,直播本身,也是非遗文化的一种传播渠道。

2022年天猫"双11"从预售开始以来,超过6 600家非遗店铺开展直播,直播场次近3万场(图8-21)。10月31日晚8点天猫"双11"第一波售卖启动以来,非遗直播带动的成交额近2亿元。2022年,淘宝非遗相关直播引导交易额近80亿元。

既是非遗又是老字号的荣宝斋,其天猫旗舰店在"双11"预售开启后,日均直播约5小时,直播对销售的拉动明显增强,店铺销售额同比增长了10倍。

淘宝天猫还免费为非遗商家提供多项培训,通过"淘宝手艺人"等项目促进非遗商家

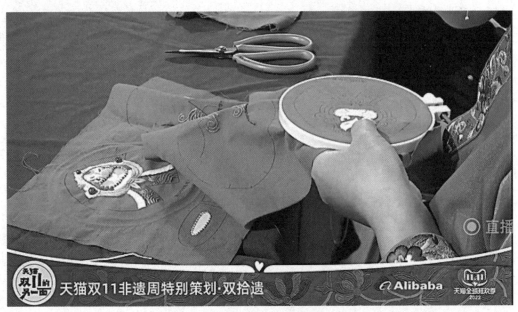

图8-21 天猫"双11"非遗周特别策划
(资料来源:上游新闻)

的成长。2022年天猫"双11"期间,"淘宝手艺人"专门为非遗手艺人店铺设立了"神店榜",为非遗店铺提供更多流量。

"直播不仅仅打开了销路,也提供了更加立体展示文化的机会。比如我们展示文房四宝礼盒,会讲解它的材质、历史典故,并且在直播间360度展示。"荣宝斋电商负责人说。

天猫"双11"期间,阿里巴巴特别策划了"双11·双拾遗"非遗周活动,通过直播连线非遗商品的生产现场,展现苗绣工艺品、手工锻打铁锅等传统手艺。如图8-21所示。

(来源:https://baijiahao.baidu.com/s?id=1748909436906352896&wfr=spider&for=pc)

## 解读

淘宝将非遗文化商品化、大众化,再借由直播等符合年轻人潮流的方式推广到更多人中间,这是推动非遗创新性传承的重要手段,不仅能促进非遗商品销售,而且能让更多的非遗手艺和手艺人被看见,弘扬和传承工匠精神和传统文化。

## 实训环节

一、实训主题

操作阿里V任务平台。

二、实训目的

通过实训操作阿里V任务平台,掌握平台入驻、设定任务报价、接单、交付任务、确认收入步骤流程。帮助学生理解并学会运用解决商家各种需求的收益转化方式。

三、知识点

阿里V任务平台操作流程。

四、实训说明

**步骤1** 教师发布任务:打开电脑浏览器,输入阿里V任务平台的网址进行登录,操作阿里V任务平台。

**步骤2** 学生使用电脑打开阿里V任务平台的网址进行操作。

**步骤3** 教师选取学生发表观点。

**步骤4** 评价反馈:对操作结果进行讨论、小组互评、教师给出评价,并完成表8-4。

表 8-4　实训评价反馈表

| 实训课程<br>（项目名称） | | | | |
|---|---|---|---|---|
| 评价项目 | 主要内容 | 自我评价 | 小组互评 | 教师评价 |
| 实训规范<br>（10分） | 遵守操作规程，不违规操作设备。<br>实训场地的整洁和工具的正确使用。 | | | |
| 实训准备<br>（10分） | 对实训内容有充分的了解和准备。<br>提前收集了必要的资料和信息。<br>对实训所需的工具和材料进行了适当的准备。 | | | |
| 实训项目<br>（50分） | 是否能够独立或在小组内完成实训任务。<br>在实训中是否能够灵活运用所学知识和技能。<br>在实训中的表现，包括创新思维和问题解决能力。 | | | |
| 实训过程质量<br>控制（10分） | 是否能够对实训过程中的关键点进行检查和控制。<br>是否能够及时发现并纠正实训中的错误和偏差。<br>是否能够根据反馈进行必要的调整以提高实训质量。 | | | |
| 实训效果<br>（20分） | 在实训结束后的成果展示，包括完成的任务、制作的成品等。<br>实训目标的达成情况，以及学生对实训目标的理解和实现程度。<br>反思和总结，包括实训中的收获、存在的问题和改进建议。 | | | |

# 参考文献

[1] 徐海婴. 我国网络直播行业的发展研究 [J]. 西部广播电视，2022，43（13）：74–76.

[2] 吴纪魁，陈晓华. 直播合规管理手册 [M]. 北京：人民邮电出版社，2022.

[3] 黄守峰，黄兰，张瀛. 直播电商实战（微课版）[M]. 北京：人民邮电出版社，2022.

[4] 张雨雁等. 直播电商与案例分析 [M]. 北京：人民邮电出版社，2022.

[5] 杨浩. 直播电商 2.0[M]. 北京：机械工业出版社，2018.

[6] 2021 新生意新选择抖音电商生态发展报告 [R]. 巨量算数，2021.

[7] 蔡余杰. 从 0 到 1 学做直播电商 [M]. 北京：中国纺织出版社，2021.

[8] 刘石川. 电商直播销售 [M]. 北京：电子工业出版社，2021.

[9] 韦亚洲，施颖钰，胡咏雪. 直播电商平台运营（微课版）[M]. 北京：人民邮电出版社，2021.

[10] 周莉，邓凤仪，徐小斌，等. 直播电商实务 [M]. 成都：西南财经大学出版社，2021.

[11] 张云青，隋东旭. 直播电商全能一本通 [M]. 北京：电子工业出版社，2021.

[12] 彭军. 直播电商基础 [M]. 重庆：重庆大学出版社，2021.

[13] 骏君，李剑豪. 直播营销：高效打造日销百万的直播间 [M]. 北京：中华工商联合出版社，2021.

[14] 张进财. 快手运营实战一本通 [M]. 北京：人民邮电出版社，2021.

[15] 朱洲，文圣瑜，廖艳琼. 电商直播营销实务 [M]. 长沙：湖南科学技术出版社，2021.

[16] 熊友君. 直播带货：带货王修炼真经 [M]. 北京：中国广播影视出版社，2021.

[17] 淘宝大学达人学院. 内容电商运营系列：淘宝直播运营与主播修炼手册 [M]. 北京：电子工业出版社，2017.

[18] 北京星播文化传媒有限公司. 直播电商实务一本通 [M]. 北京：中国人民大学出版社，2021.

[19] 钱政娟，胡军，等. 电商直播：视频新玩法就这么简单 [M]. 北京：机械工业出版社，2021.

[20] 陆雨苗. 淘宝直播书 [M]. 北京：电子工业出版社，2021.

# 教师服务

感谢您选用清华大学出版社的教材！为了更好地服务教学，我们为授课教师提供本书的教学辅助资源，以及本学科重点教材信息。请您扫码获取。

## ≫ 教辅获取

本书教辅资源，授课教师扫码获取

## ≫ 样书赠送

**电子商务类**重点教材，教师扫码获取样书

 清华大学出版社

E-mail: tupfuwu@163.com
电话：010-83470332 / 83470142
地址：北京市海淀区双清路学研大厦 B 座 509

网址：https://www.tup.com.cn/
传真：8610-83470107
邮编：100084